教育改革のための学校図書館

東京大学出版会

The School Library for Education Reforms

Akira NEMOTO

根本彰

The School Library for Education Reforms
Akira NEMOTO
University of Tokyo Press, 2019
ISBN 978-4-13-001008-5

目　次

教育改革のための学校図書館

第Ⅲ部　外国の学校図書館と専門職員制度

第Ⅳ部　日本の政策的課題

序

ネットのQuoraというQ&Aサイト（https://jp.quora.com/）で次のようなやりとりを見た。

質問「大学生の自分が聞くのもおかしな話ですが、なぜ大学生は大学にはいるとやる気を無くすのでしょうか？」

回答者　Nobumitsu HIRUTA, 教育系の企業
更新日時：２０１８年４月10日
看過できない質問なので、考えてみます。
受験前と受験後では、「成長実感」の違いと「扱われ方」の違いがあるのかもしれません。
1．「成長実感」の違い
受験前は、偏差値や合否判定、評定平均など、他者から数値化された指標があるため、それを上げるために勉強し、消化した分向上がみられることが多いかと思います（成績が上がることが面白くて受験技術を磨く生徒もいるくらいです）。

それに対して、入学後の履修科目については、週ごとの小テストや模試などなく、明確な客観数値が得られません。講義の理解度だけからでは客観的評価（学年末の評価以外）は得る術もなく、相対的評価（他者からの評価）が見えない状況では自己評価を下せない状況になってしまうでしょう。

……［中略］……
2．「扱われ方」の違い
高校であれ予備校であれ、受験学年であれば相応の授業担当をつけることが往々にしてあります。特に予備校であれば、併願作戦立案や模試後の面談及びフォローなど、「かまって」もらえます。

それに対して、大学の「主役」は３・４年生であり、フレッシュマンに対して提供されるサービスは「主役」に比べ貧弱といわざるを得ません。「放置かよ」と思う学生も一定数いるのではないかと思います（その認識が正しいかどうかは措いておくとして）。

以上、述べてきたこと以外にも理由はあるかもしれません。例えば、

・受験勉強に燃え尽きた
・何を目標にしたらいいかわからない
・勉強する気はないが他にやりたいこともない
などの理由もあるかと思います。
しかし、共通するのは「自己評価をする方法が分からない」という点に収斂するのではないかと思います。
他者評価を内在化（させようと）した受験前に比べ、自分にとって重要な他者評価の枠組みが（ほぼ）外される訳ですから、自らパラダイムシフトを起こさない限り、自らを律することはできないと思います。
……［中略］……
3. 対策
・大学の授業に期待しすぎない　※「求めよ、さらば与えられん」の心をしる
・「かまってちゃん」から卒業する　※サークル・バイト先などでかまってもらう
・やる気がなくてもよいので「面白い」「自分が成長できる」と思えるものを履修する
・一般教養を学べる時期はここしかない（それ以外は自学する以外にない）ということをしる
・自分を律するのは自分だけであるという「自由の原則」をしる
自分の「主体性」と向き合える、よい時期だと思います。目を逸らさず、向き合っていただきたいと思います。

少し力の抜けたような質問に対して真正面に受け止めた回答である。高校までの学びが他者評価によるものであるのに対して、大学では自己評価を継続していく必要があって、学ぶ態度の大きな転換が要求されることについて述べている。回答は、この転換を「自らパラダイムシフトを起こ」すこととし、その困難さを説きつつ、全体としてはその状況に柔軟に対応する策を提案している。

最近、千葉雅也『勉強の哲学——来たるべきバカのために』が広く読まれた(1)。千葉は、「バカ」とはノリのいい自分を抑えて、周囲からノリの悪いと見える自己を意識的につくることであり、勉強とはその自己になるために別の考え方を採用することだという。だとするとパラダイムシフトも「バカ」も同じことを指している。

どの国で育つとしても、一定の競争的な環境のもとで、成育条件や選べる学校教育の質の違いを乗り越えて新たな自己を確立するには困難さがつきまとう。新たな自己への移行は容易ではない。しかしながら、そうした移行は学校から

大学、大学から社会へと進む過程で自然に行われるべきものである。中等教育と高等教育の間にギャップがあるとしても、本来の「勉強の仕方」を自分で見出して展開していくべきものだからだ。

西欧社会は二〇世紀の一〇〇年をかけて学校や大学での学びの方法を変え、学校と大学のスムーズな接続を試してきた。だが、日本の教育システムは今でも中等教育から高等教育に移行するのに学習者に大きな自己変革を要求する。それは、科学革命のような稀有な変革なのである。

初等中等教育まで知識詰め込みの反復を強いられ、大学に入ると一転して学びが自己責任になるのはなぜなのか。高大接続が言われるなかで、このような大きなギャップが生じているのをどのようにして修正するのか。ノリのよさのまま大学生活を送り、そのまま就職できたとしてもその後にくる社会の荒波を乗り越えるには、やはり「勉強」のノウハウを身につけるほかないのではないか。

これらの問いは、筆者が前著『情報リテラシーのための図書館』（二〇一七年）で述べた仮説的な命題の延長線上にある。その命題とは、「日本の近代化は、国民が知識にアクセスする機会を限定的に設定したことで、効率的で管理しやすい社会を作り上げた。二一世紀も二〇年が過ぎようとしている今日までそれは継続していたが、すでにさまざまな綻びを見せているし、国の基本方針においてもそれを変更しようとしている」というものである。(2)

知識にアクセスする機会が限定されている状況とは、学習指導要領、検定教科書と入試制度の組み合わせによって学ぶべき知識内容および学び方が規定されてきたことを指している。二〇二〇年の入試改革とそれに先立つ学習指導要領改訂が間近に迫ることで、その状況は変更されようとしている。

知を囲い込むことは普遍的に存在してきたことであるが、欧米諸国では近代化の過程で徐々に放棄されるようになってきている。こうして欧米では、学習者自らが学べるようにする学習方法が選択され、学習の主体は学習者自身に委ねられる。また、そうした学習方法の習得状況の評価が上級学校への入学条件になるものへと変更されてきている。

学習方法および学習内容がこのように自由化されるのが二一世紀の学びの特徴である。これまで日本の学校は学習方法と内容に対して厳しい統制を課されてきた。文部科学省は一九八〇年代以降、外国の状況を参考にしながら規制緩和をしようと試みているのだが、学校、大学、研究者、教科書出版社、受験産業、受験者、親、マスコミなど既成の受験体制を擁護するアクターがそのガードをしっかり固めていて、緩和しにくい状況が続いてきた。実際、二〇一八年秋の時点でこの大学入試改革が最終的にどうなるのかについて展望をもてないでいるし、学習指導要領の改訂についても不明な点も少なくない。

だが筆者は、学びの自由化が二一世紀の残りの年月をかけて徐々に進行するものと考えている。結局のところ、情報や知識は統制しきれないものであるからだ。何よりもネット社会の到来が従来の情報行動を大きく変貌させていることがそれを示している。何をするのにもスマホやPCを操作してそこから情報を得ることが一般的な行動になった。情報はどこにでもある。

もちろん「ポスト真実」が席巻して何をもって信頼すべき情報なのかについて合意を得るのは簡単ではない。しかしながら、これだけ多様な媒体に容易に情報をアップし、そこからあっという間に取り出すことができる情報環境ができている。政治家や官僚のスキャンダルが表沙汰にされ、「#MeToo」のような運動が盛り上がるのは、これまで隠されていたものが一挙に明るみに出ざるをえない環境が形成されたからだ。

そのような情報の拡散状況を前にして、一人一人が情報リテラシーを身につけ、本当の意味での知識が得られるようになるかどうかが問われている。

本書が扱うのは学校図書館という問題である。これから論じるように、図書館は未評価の情報よりも、多くの人々の評価の目を通じて確立されてきた知識を扱う機関である。ただし、図書館が扱う知識は、教員が教える知識や教科書や教材に含まれる知識とは異なる。これまでのカリキュラムや教授法、試験で扱われていた知識はいったん定められたら一〇年間は変更されないような閉じられた知識であるのに対し、図書館が扱う知識は常に評価の過程を動的に受け入れるオープンなものである。

先ほどのパラダイムシフトはこの違いに基づくものである。つまり、「バカ」になるためには閉じられた知識の世界に安住することなく、外部に開かれた知識にアクセスするために図書館に行けということになる。本書は、それを可能にする図書館の仕組みを教育の場に導入するために、先人が議論し、実践を積み重ね、制度をつくろうとしたがうまくいかなかった過程を分析し、それを踏まえて現在の教育改革の課題に直結する考え方を示そうというものである。

日本の教育改革の背景には国際的な動向がある。それも一九世紀末から現在に至る世紀を超えた長期の動向が豊かな示唆を与えるはずである。これまでの学校図書館研究では、日本での実践史や政策動向、関係者の議論、また、アメリカの影響、そしてヨーロッパ各国の実情などがばらばらに検討されるのみだった。本書ではこれら個別のものを包括的に位置づけるための視点として、経験主義および構成主義と呼ばれる教育についての考え方を選択した。これによって全体の相互関係が見えやすくなるとともに、今後の動向への示唆を得やすくなると思われる。

もとより、本書が扱っているのはそうしたマクロな見方で包括する領域の一部にすぎない。だが、こうした視点を採用し、部分的な材料によってでも将来への展望を得ることができるとすれば、抜けているところは後進の人々に補ってもらうことができるだろう。

本書の構想と執筆は、筆者が過去に長らく日本の教育学の牙城の一角に棲息しながら、日本の学校教育と図書館の間にある高いハードルを越えることは容易ではないと感じていたことに端を発する。そこから離れて四年近くになり、ようやく乗り越える方法について考察できるようになった。さまざまな観点を採用して多面的に論じているので、手っ取り早く筆者の考えを知っていただくためには、書き下ろした最終第10章から読み始めていただければ幸いである。

注

（1）千葉雅也『勉強の哲学——来たるべきバカのために』文藝春秋、二〇一七年。

（2）根本彰『情報リテラシーのための図書館——日本の教育制度と図書館の改革』みすず書房、二〇一七年。

第Ⅰ部　戦後の出発点の確認

第1章　戦後学校図書館制度成立期研究の現状

1　戦後初期教育改革と学校図書館の関係

経験主義教育における学校

ジョン・デューイの『学校と社会』（一八九九年）は戦後新教育のバイブルとして多くの教育関係者に読まれた。この本は、デューイが、一九世紀までの伝統的な知識や価値を注入する方法による教育を批判し、所属していたシカゴ大学附属小学校に実験室学校（Laboratory School）を設置し、子どもたち自らの経験を重視し、その学ぶ意欲を引き出す実践を行った三年間についての講演記録である(1)。

この本では、学校がその外部の社会環境とどのように関わるのかを示す数点の図が示されている。そこで示される社会環境とは、第一に家庭、第二にガーデン・公園・郊外（country）のような人為的な自然環境、第三に産業界（business）、第四に大学、専門研究機関、専門学校などの知識機関である。そして、第四の知識機関には図書館や博物館が含まれていた。学校がこれら社会環境との関係から成り立つだけではなく、子どもたちの学びもそこから生み出されるというのがデューイの思想である。つまりはこれら四つの環境は子どもにとっての学習資源だということである。家庭は子どもの基礎的な生活空間であり最重要だが、人為的な自然環境や産業界のような環境もまた学習資源となる。そして、大学や研究機関、図書館、博物館といった知識生産のための機関こそが本書の議論と関わる点である。ちなみにデューイが

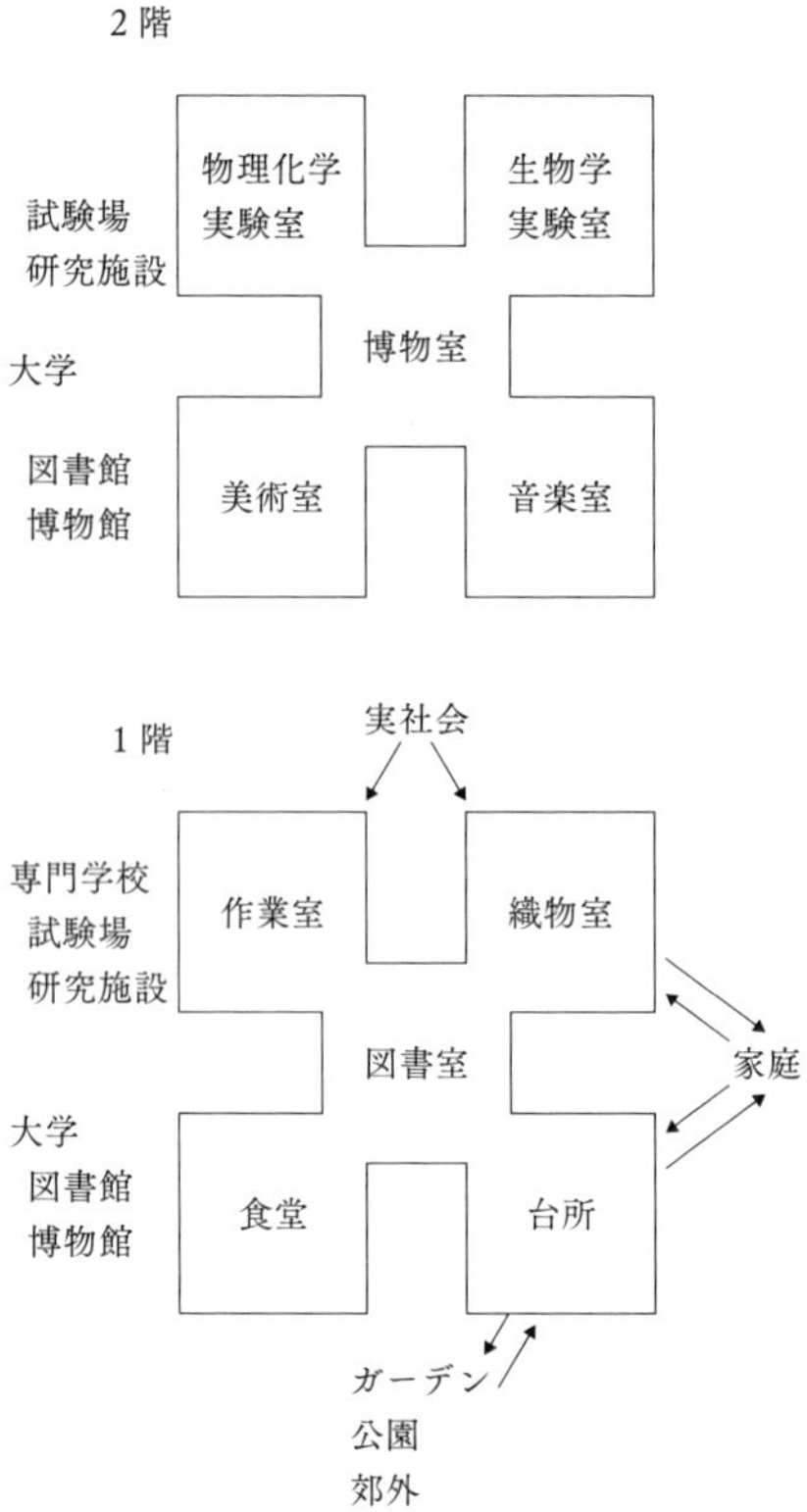

図 1-1　学校の１階と２階

言う経験とは単なる直接的なものだけではなく、子どもたちが自ら探究的に展開していく行為の存在を想定したものである。

　デューイによる学校についての機能モデルを見てみよう（図１－１）。学校の一階は生活と労働の場である。その中心に図書室（library）が配置されている。その配置は、日常あるいは直接経験を知の世界に導く施設として図書室が位置づけられていることを意味している。それに対して、二階は科学や芸術の場であり、その中心には博物室（museum）が配置されている。学校内の図書室や博物室を通じて、学習の場は学校の外部の専門研究機関や大学、図書館、博物館とつながっている。要するに、学校のなかでの生活・労働としての経験は図書室で、実験室や美術室・芸術室での経験は博物室でそれぞれ統合され、それらの経験は外部機関の知の世界とつながることでさらに高められるというモデルである。

　このモデルにおける学校図書館についてデューイは、「中央部には図書室があるが、それはすべてがこの図書室にともに来りもとめるように、すなわち、実際の作業に光明を投じ、それに意味と自由な価値をあたえるところの各種の知的資料の集成にすべてが来りもとめるようにされている様式をあらわしているのである」と述べる[2]。資料を参照するといった図書館を活用した学びが学校の中心にあることをデューイは想定している。続けてその図書館での学びの意義について次のように記述している。

さまざまな経験や問題、疑問を通じて、子どもたちが発見した個々具体的な事実をもちよって、論議する場所が図書館であるということ。そして、そうした事実について論議する目的は、そこに新しい光——わけても他人の経験および世界の叡知の集積たる図書室から来る新しい光——を投ずることが目的である。この考えには理論と実践との有機的な関連がある。子どもは単に作業を行うばかりでなくて、自身の行為についての観念をもまた獲得するのである。(3)

現在の学校図書館の位置づけ

学校図書館はこれまで子どもの読書との関係で議論されることが多かった。読書、ひいては読み書き能力(リテラシー)があらゆる学習の基盤にあることは言を俟たない。だが、読書指導の領域のみに限定されているとすれば、学校図書館の役割の一部しか認めていないことになる。ここでは、教育学の教育課程論や教育方法学において学校図書館がどのように位置づけられているかを検討することから始めてみたい。

まず、日本教育方法学会『現代教育方法事典』を参照する。(4) この事典は二一世紀初めにおける教育課程や教育方法を概観したレファレンスブックであり、全一〇章に五三七項目のキーワードを分類して配置し、それぞれの項目について一、二ページの詳細な解説がつけられている。この事典のなかで学校図書館に関わる用語は次の三項目しかない。丸カッコ内はその項目が置かれている章タイトルである。

「学校図書館」(教育課程と教科・教具)
「司書教諭の仕事」(教科教育・総合学習)
「学校図書室の利用」(生活指導・生徒指導)

「図書館」と「図書室」の双方の用語が使われているのを見てもわかるように、学校図書館は統一的に扱われていない。学校図書館が教育課程を支える教材・教具といった物質的な装置概念との関係で位置づけられている一方、司書教諭は教科や総合学習のような教育課程に位置づけられている。学校図書館の教育方法学上の位置づけはこの程度の周辺的なものでしかないと言える。他に学校図書館に関連する項目として、「図書館の利用」(学校と家庭、地域連携)、「読書アニマシオン」(教科教育・総合学習)、「情報の検索」(情報通信技術教育)、「電子図書館」(情報通信技術教育)、「読書指導」(生活指導・生徒指導)がある。学校図書館に関わる項目が教育方法学のなかで分散的に位置づけられていることは明らかである。

以上のことを確認した上で本章では、現行の学校図書館制度が議論され始めた戦後占領期から、その後の新教育見直しの時期を経た一九五〇年代までの学校図書館史を対象にして主要研究をレビューする。教育改革は振り子運動と言われることがあるように、経験主義教育(学習者の経験こそ教育の本質的要因とする考え)と系統主義教育(知識や技術などを系統的体系に則して習得することを重視する考え)の往復運動ととらえられてきた。(5) その比喩で言えば、本章で扱うのは、占領初期の教育改革で経験主義教育が急に始まり、連合国軍最高司令官総司令部(以下GHQとする)によって導入された学校図書館の制度化が着手される方に振れたはずが、しばらくすると、経験主義教育の見直しが行われて、逆方向の系統主義教育への揺り戻しが起こり、学校図書館についても当初の制度化が中途半端になったまま進行した時期にあたる。

この時期の認識の仕方によって、何度かの往復運動のあげくに再度経験主義に振れつつある現在、学校図書館をどうすべきかについての考え方が変わってくる。本章では、教育課程や教育方法にとくに焦点を合わせて学校図書館史研究の位置づけとその課題について考察する。最初に、戦後初期教育改革についての研究をレビューする(2節)。次に、占領期を対象にした二つの研究を紹介する(3節、4節)。この二つの研究はいずれも筆者が研究指導し論文審査の主査も務めた研究であり、3節と4節はそれぞれの研究が書籍として刊行された際に序文として付されたものである。最後に5節で、一九五〇年代までの学校図書館史を扱った研究を取り上げることで、その現状について確認する。

2　戦後初期教育改革の全体像

教育改革についての歴史を概観するのにこれを読めば全体がわかるというものはない。それは教育改革が動的な概念であり、論じる人たちは、第二次大戦後の各時代の教育改革を自らの現代的な教育改革への関心に引き寄せて解釈するからである。だがたとえば、山本正身『日本教育史——教育の「今」を歴史から考える』の副題が示唆しているように、「今」というものが歴史のなかで変化することに意識的であれば、教育改革についてのバランスのよい記述は可能であるだろう。(6)

戦後教育改革から保革対立の構図「一九五五年体制」が確立した時期を経てから四〇年近くの間、日本の教育政策に意識的であった教育研究者の多くは、各要請に応じて新聞や雑誌で政治的な立場を明確にしながら、自分の考えを発信していた。ときには論壇誌や新聞の論説欄で議論が行われた。また、日本教育学会や日本教育史学会は戦後教育史を総括するシンポジウムを頻繁に開催し、それぞれの機関誌『教育学研究』『日本の教育史学』にその内容を掲載してきた。政治的イデオロギーの対立が明確だった冷戦の時期には、教育改革を推進した当事者の立場とそれを批判的に見てきた立場による、改革をめぐる方法についての政策的党派的な論争があった。(7) 冷戦体制終了後、そうした政治論争を要因とする桎梏から教育は解放されたが、構図はさらに複雑なものになった。教育改革の目的や方法を論じる場面では、新自由主義的な経済政策がもたらす社会的格差や、その結果生じる学力格差についての文脈が前面に出るようになった。また、国際比較の視点がかなり意識され、比較のための共通の教育評価指標についての議論が重視されるようになってきている。次の世代を育てるための教育改革は現状認識から自由ではありえないということである。

戦後初期教育改革

占領期から一九六〇年代の高度成長期までの教育改革を総括するものとして、『戦後日本の教育改革』全一〇巻の大部のシリーズが一九七〇年代前半に刊行された[8]。これは東京大学教育学部の関係者によって編集執筆されたものである。本書第3章で詳しく触れることになるが、東大教育学部の教員は占領初期には文部省と密接な関わりをもち、教育基本法、学校教育法、最初の学習指導要領（案）など、教育制度のもっとも基本的な部分をつくるのに関与した。また当初のカリキュラム運動でも指導的役割を果たした。だが、占領終了後には一転して、文部省の政策に対して批判的な立場に立つ論者が多かった。このシリーズでは豊富な資料に基づいて浩瀚な議論が展開されているが、執筆者たちが戦後改革の当事者であると同時に、その後の教育改革については批判者であったという複雑な立場が反映されているものとして読む必要がある。

一九八三年に刊行された岡津守彦監修『教育課程事典』は、一九七〇年代までの教育課程や教育方法についての学術的成果を把握するのに便利な大判のレファレンスブックである[9]。戦後のカリキュラム運動についてかなり詳細な記述が行われている。この本では、戦後の教育課程を次のような流れとしてとらえている。

第1期　戦後の改革動向と学習指導要領の作成
第2期　一九四七年、五一年指導要領の特質、カリキュラム運動、学力論争
第3期　教育課程行政の展開と一九五五―五八年学習指導要領の特質
第4期　能力主義教育政策と一九六八―六九年学習指導要領の改訂
第5期　一九七七―七八年学習指導要領の改訂と八〇年代教育への模索

第1期のGHQの指導による最初の制度改革の後に、第2期の教育課程や教育方法の改革の時期がきて、第3期になるとその見直しが行われる。一〇年を単位として出されている学習指導要領に対応して、第4期の一九六〇年代の高度経済成長期の教育課程行政を能力主義ととらえ、第5期の一九七〇年代については直近であるので明確な概念でくくってはいないが、一つの時代として区分している。

通常、こうした事典では教科ごとの詳細な記述が行われるところ、『教育課程事典』はあくまでも総合的な教育課程論を体系的に展開しているところに特徴がある。そのなかで学校図書館についての記述がわずかに出てくる箇所がある。4章「教育課程編成の基本問題」の第5節「教材と教具」においてである。しかし、この事典で学校図書館自体が正面切って論じられることはない。この事典で扱われていないということは、学校図書館が教育課程論の対象ではなかったことを示している。

一九七〇年代後半以降に、アメリカの国立公文書館等に残されたGHQ／SCAP資料の分析をもとにした占領政策および日本側とのやりとりの詳細を明らかにする占領史研究が盛んになった。占領期の教育改革についても在米資料の分析によって、それまでの研究の不足を補い、全体を見直す動きがあった。その時期の成果として、鈴木英一『日本占領と教育改革』、久保義三『対日占領政策と戦後教育改革』、阿部彰『戦後地方教育制度成立過程の研究』、土持ゲーリー法一『米国教育使節団の研究』、片上宗二『日本社会科成立史研究』などがある。[10] そうした研究動向の概要は、明星大学戦後教育史研究センター編『戦後教育改革通史』などで示されている。[11] これらの研究では第1期の制度確立期の政策を対象としたものが多く、第2期以降の政策および教育実践については十分に検討されてこなかった。たとえば、コア・カリキュラムなどの教育課程や教育方法の改革についての研究も散発的にしかなされていない。これは、戦後の教育政策の転換を評価するための視点が定まりにくく、視点の設定そのものが論点となったからである。

そうしたなか、小原友行の『初期社会科授業論の展開』は第1期から第3期のカリキュラム改革の実践を整理した研究として読むことができる。[12] 小原は、当時の教育課程に関わる実践を四つの流れに分け、丸カッコ内に示されている四つの学習方法に対応づけている。

コア・カリキュラム型　社会科を中心とした合科的なコアの周りに他の教科を配置するもので石山脩平と梅根悟が指導した。「明石附小プラン」「桜田プラン」などが知られている。（生活学習）

合科カリキュラム型　大正新教育以来の教科を超えた総合学習のプランで「奈良プラン」「新潟プラン」がある。

（生活問題解決学習）

地域教育計画型　海後勝雄らが主導したもので、地域調査をもとにして地域の課題を選びそれを教育課程に適応したもので、「川口プラン」、「魚崎プラン」、「本郷プラン」、「金透プラン」が知られている。（社会問題解決学習）

民教・民教協型　子どもが社会を対象に調べる過程で発見した問題解決を中心にカリキュラムを構成するもので、石橋勝治の「四谷第六小プラン」や今井誉次郎の「西多摩プラン」などがある。（研究問題解決学習）

小原は、これらの学習方法は生活学習→生活問題解決学習→社会問題解決学習→研究問題解決学習の順で問題解決学習としての効果が高まるとしている。ただし、この考えに対しては問題解決学習の具体的記述が足りない等の批判があり、教育史において合意を得ているわけではない[13]。教育課程・教育方法においては、「問題解決」という表現において、何をもって問題とし何をもって解決とするのかの議論はいまだ継続中と考えた方がよいのだろう。本書第3章では小原の研究を学校図書館の実践に引きつけて論じる。

その後の研究

二一世紀になるとゆとり教育批判や学力低下論などで教育改革の是非をめぐる議論が繰り返され、そのときどきの関心から研究が行われてきた。そのなかでも、戦後教育改革との関係で教育課程を評価するのに役に立つ文献を見ておく。

まず、杉浦宏編『日本の戦後教育とデューイ』は、ジョン・デューイの経験主義教育学をベースにしたと言われてきた戦後教育改革を、戦後の教育思想や教育実践のなかに読み取ろうというものである[14]。そこではデューイの経験の哲学が日本の教育学や教員にどのように受け止められたのかが検証されている。とくに社会科の成立やコア・カリキュラム、問題解決学習、探究の方法といった概念が歴史的に捉え直されている。本章冒頭でデューイが『学校と社会』で図書館と博物館を学校の中心に置いたことについて触れたが、この『日本の戦後教育とデューイ』も含めて、そのことについて論及しているものはない。

ただ、歴史的記述が含まれる教育課程の教科書は議論の流れを知るのに参考になる。[15] また、学習指導要領の変遷を扱った書籍も重要である。[16] 教育課程の詳細に踏み込んで議論したものに臼井嘉一・金井香里編『現代教育課程論とカリキュラム研究――学生と教師のための』がある。[17]

苅谷剛彦・志水宏吉編『学力の社会学――調査が示す学力の変化と学習の課題』は教育社会学の立場から学力について実証的に論じたものである。そこに所収されている金馬国晴の論考「戦後初期に「学力」の「低下」が意味したこと」は、占領終了前後に学力低下について批判的な議論が行われたが、その批判の根拠が疑わしかったことを指摘している。[18] そして、比較的近年に刊行されたものである、松下佳代編『〈新しい能力〉は教育を変えるか――学力・リテラシー・コンピテンシー』は、戦後から現在に至るまでの学力論議の変遷を多様な観点からレビューした上で、学力モデルを外国と比較する視点を取り入れて、新しい教育課程論や教育方法論について検討している。[19] この『〈新しい能力〉は教育を変えるか』については、本書第10章で再度取り上げる。また小針誠『アクティブラーニング――学校教育の理想と現実』は、現在の教育改革の重要な柱になっているアクティブラーニングを、大正新教育にまで遡って検討し、戦後改革も含めて相対化しつつ現在の議論で欠如している点を指摘していて参考になる。[20]

これらの研究は必ずしも歴史記述の体裁をとっていないが、いずれも歴史的論点を織り込みながら戦後初期教育改革を批判的に振り返っていて、学校図書館の理論構築のために参考になると思われる。そして、戦後教育全体を総括しながら歴史としてまとめようとしたのが、田中耕治編『戦後日本教育方法論史』である。[21]「カリキュラムと授業をめぐる理論的系譜」と題された上巻と「各教科・領域等における理論と実践」と題された下巻から構成されていて、教育課程・教育方法の全体をまとめて把握できるようになっている。

学校図書館の位置づけ

以上、検討してきた教育学の著作で図書館について論じているのは、『戦後日本の教育改革』の第一〇巻『社会教育』に所収されている小川剛「公共図書館」と、『戦後教育改革通史』に所収されている奥泉栄三郎「図書館政策」だけである。だが、どちらも学校図書館については触れていない。先に述べたように教育課程論・教育方法論のなかで学校図書館は位置づけられなかった。それは戦後教育学の出発の時点ですでに方向づけられていたことについては第3章で論じる。

そうした観点で注目されるのは、先ほど触れた田中耕治編『戦後日本教育方法論史』の下巻第8章、若林身歌・田中耕治「総合学習の変遷」である。この論考では、「総合学習」が戦後まもない時期の自由研究やコア・カリキュラムに遡ることができるという指摘から始まり、比較的新しい京都市立堀川高校の総合学習で行われている評価指標（ルーブリック）に言及して、その評価過程の重要性までが述べられている。評価指標の一覧には「収集した資料などの根拠を基に、探究課題に適した説得力のある考えが論理的かつ明晰に示されている」といった記述が見られる。堀川高校が教育課程に論文執筆を取り入れて学校図書館にも力を入れていることは、本書第6章で触れる。

以上、教育課程論や教育方法学における戦後教育改革のとらえ方を見てきた。そこでは、系統主義から経験主義への転換が少しずつ進んできていることがわかる。この動きは国際的な動向と連動したものであることもいくつかの文献で示唆されている。このあとの節では、学校図書館の研究を通じて教育課程や教育方法がどのように論じられているのかを検討する。

3　占領期の学校図書館改革

以下の二節では、筆者が指導を行い、かつ出版にあたって序文を寄稿した二本の博士論文を紹介している。これらは占領期の教育改革において学校図書館政策がどのようなものであったのかを実証的に検証したものである。筆者の研究もこれらの研究に触発されて行っている。(22)

ジョン・デューイの経験主義の遺産

学校図書館は戦後初期の教育改革期に注目され、一九五三年に学校図書館法が成立して制度的な基盤がつくられた。この法律において、すべての学校に図書館が設置されることが義務づけられ、また司書教諭が配置されることで、「教育課程の展開に寄与し」、子どもたちの「健全な教養を育成すること」が目指されることになった。だが、成立時に「当分の間、司書教諭を置かないことができる」という附則が学校図書館法に設けられた。その「当分の間」が五〇年間続いたために学校図書館の発展が妨げられたことはよく知られている。

学校図書館法の成立とまったく同じ日に理科教育振興法も成立した。この法律は、理科教育振興のために国が積極的に関与し、学校の設備を充実させ、また教員養成の充実をはかることを目的としている。両法は同じ時期に国会で検討され、成立しただけでなく、一九四七年施行の学校教育法で十分に展開できなかった学校の施設面を補うことにいずれも主眼があるという点で、密接に関係しあう姉妹法と考えられる。ジョン・デューイが二〇世紀初頭にシカゴ大学附属小学校で実践しようとした経験主義教育モデルを念頭に置き、それを日本で政策的に実現しようとした点で共通しているからである。

先に述べたようにデューイの学校モデルにおいて、一階は図書室を中心に、織物室、台所、食堂、作業室が配置しており、二階は博物室を中心に、生物学と物理化学の実験室、美術室、音楽室がある。すなわち一階の図書室は日常生活と労働を知の世界に導く場として、二階の博物室は美（ミューズ）と科学の営為を通して学びを総合化する場として位置づけられているのである。図書室と博物室は経験主義的な学習過程の中心にある。

学校図書館法はデューイの学校モデルの一階に、理科教育振興法は二階にそれぞれ対応し、その理念を実現するものと見なすことができる。だが、法律制定後は理科教育と比べて学校図書館は十分に整備されなかった。学校図書館は施設としてはつくられたが、その担い手である司書教諭が制度化されなかったからである。その意味で、学校図書館は理科教員が配置されていない理科教室も同然な存在にならざるをえなかった。

スプートニクショックへの対応の日米の違い

日本で理科教育がクローズアップされるのは冷戦体制下の一九五七年、ソ連が世界に先駆けて人工衛星を打ち上げ、資本主義諸国において科学技術教育の遅れが認識されてからである。いわゆるスプートニクショックである。日本においては、一九五八年（小学校）、一九五九年（中学校）、そして一九六〇年（高校）の学習指導要領は系統主義カリキュラムに傾斜し、理科的な知識は一歩一歩積み重ねて学ぶことで身につくものとされた。一方やはりスプートニクショックを受けて、科学教育の危機が同様に叫ばれたアメリカでも、学力向上を目指す全米的なカリキュラムをつくることが議論されたが、日本とはかなり異なる方針が採用された。その方針で重視されたのは創造性である。というのも、科学技術の遅れを取り戻すためには、すでにあるものを系統的に学ぶのではなく、新しい発想のできる人材を育成することが重要だとされたからである。

アメリカの科学教育のあり方について三五人の学者が議論したウッズホール会議（一九五九年）をもとに、その議長を務めたジェローム・ブルーナーは『教育の過程』（一九六〇年）を出版した。

こうしてアメリカでは、教科を「構造化」し、「科学の方法」「探究の過程」を重視することによってすべての生徒に科学の本質を教えることが可能であるという、科学教育の現代化の試みが始まった。素朴な経験主義教育を批判しながら、形式陶冶——知識を使いこなす能力を発展させることで、思考力がつくとする教育の立場——に基づき、学習カリキュラムの現代化が検討されたのである。またそのための環境を整備する努力がなされた。その一環として国防教育法（一九五八年）を定めることで、科学関係の教材開発や科学書の購入の財政支出が連邦政府によって行われた。これがきっかけになり、一九六〇年代に、従来の学校図書館はカリキュラムの展開を支援するメディアセンターとして整備され、学校図書館員はメディアスペシャリストの役割を担うものとして認識されていった。また同時期に、科学博物館の設置や公立図書館の整備も行われ、社会全体で学習環境を整えていく方針が明確になっていった。

要するに、アメリカでは創造性を養うための科学教育の実現は、単に確立された学習内容についての系統学習によるのではなく、学習者の学習経験を科学的知識と有機的につなげる経験主義的な学びの過程とそのための学習環境の整備を通して達成するということになったのである。そして、学習者に直接的な支援を行う学校図書館メディアスペシャリストの役割に注目が集まった。同じ時期の日本において、学力向上のための系統主義教育が重視され、学校図書館に対する関心が低下していったこととは対照的である。

アメリカで実践されたこのような教育の現代化がその後の全米的な学力低下の原因になったとの批判もある。だが、ここで重要なのは、ブルーナーが述べたように、学校における学習者の学習プロセスは学問の体系および方法に依存しているということである。これは探究者あるいは研究者としての学習者が現実世界の研究過程を追体験することで学習の効果があがるという考え方である。こうした考え方は系統主義や経験主義を超えたもう一つの立場として見なすこともできる。探究的なプロセスにおいて知は開かれていることが前提であるため、知を閉じ込める教科書ではなく、多様な学問的な知にオープンにアクセスできる図書館の役割が重視されることになる。

日本の教育改革

さて日本の教育改革に話を戻そう。一九九〇年代以降のゆとり教育をどのように評価するのかについていろいろな考え方があるだろう。筆者は、日本の教育方法とは系統主義と経験主義の混在したものから探究的な学習に少しずつ移行しようとするプロセスであると考えている。なぜ今探究的な学習なのかと言えば、何よりも日本社会がものづくりを中心とする産業社会の段階に終わりを告げ、自ら知識技術開発を行う知識社会の段階に入っているからである。知識社会へ移行しているという認識は財界においてはすでに一九七〇年代から示されていた。一九八〇年代の中曽根内閣の臨時教育審議会では知識社会に対応するための学習を重視する方針が明確に打ち出された。系統的な知識蓄積型の教育課程の見直しを中心とするゆとり教育はそうした動向の産物であった。子どもたちに開かれた知を提示し、自ら学ぶ姿勢を涵養することが、西欧の後追いではない、創造的な知識開発の基盤を日本においてつくることになると考えられたのである。

だが、ゆとり教育は結果的に学力低下についての論争を巻き起こした。これは、アメリカの六〇年代の科学教育の現代化が創造性をはぐくんだかもしれないが、他方で多くの子どもたちの「学力」を低下させる原因になったという批判とパラレルである。ゆとり教育が学力低下を招くという議論が系統主義的な学力観を前提としていることは明らかである。確かに、江戸時代の身分制を廃して、日本社会がメリトクラシー（能力主義）を原動力として近代化を成し遂げた際、系統主義的な学習観に基づく試験制度がその中心に置かれた。しかし、メリトクラシーが有効であるのは外部に模倣や導入できるモデルがある場合だけだと現在では一般に考えられている。日本社会においては、メリトクラシーが有効的に機能した段階は終わり、自ら創造的なモデルを作り出す時期に至っているのである。

この考え方は日本の教育の国際化の要請と密接な関係がある。国際化の要請とは、英語教育や国際交流といったことではなく、学ぶ内容と学ぶ方法が開かれていることを意味する。それは、権威的で固定的な知を前提とした学びではなく、学習者が動的な知にアプローチし、知のシステムを主体的に内面化しつつ、さらに外に表現していくといった学びの方法である。数度のＰＩＳＡ（ＯＥＣＤ生徒の学習到達度調査）の結果によれば、学ぶ意欲が不足し、学んだ結果を表現したり、学んだものをもとに行動したりする能力が日本の子どもは高くないことが明らかになった。この結果は日本の教育の問題を端的に示している。

文部科学省は新しい学習指導要領（二〇〇八年版）では学力低下批判にこたえる方策（系統学習）を採用しながら、創造性を重視する方向性も取り入れた。時間数としては減るが、各教科のなかに総合的学習が埋め込まれてその実効性が高まることになると思われる。動的な知に直接関与する探究型の学習は、二一世紀になっていっそう重要性を高めることになる。

以上のように学びの過程を確認してみると、図書館の位置づけもおのずから明らかになってくるだろう。図書館は知へのオープンなアクセスを保障し、学習者が主体的に知識にアプローチする場である。この考えは生活や労働の場と図書館を結びつけたデューイ以来変化していない。

占領期の出発点に何があったのか

中村百合子による『占領下日本の学校図書館改革——アメリカの学校図書館の受容』（二〇〇九年）は、学校図書館の制度化が戦後初期教育改革の取り組みの初期における重要な出来事であったとの認識に立ち、日米の一次資料を渉猟するなど広範な文献調査を行い、また当時の関係者を知る人たちにインタビューすることによって、図書館制度化議論の実態を解明しようとしたものである。学校図書館概念の基盤が戦後にどのように形成されたのかを明らかにした初の研究として位置づけられる。

占領初期に、文部省、GHQの民間情報教育局（CIE）および図書館・学校関係者が集まって、日本の学校教育に必要なものとして学校図書館を制度化するための協働作業が始まった。『占領下日本の学校図書館改革』では、文部省の『学校図書館の手引』（一九四八年）と「学校図書館基準」（一九四九年）がどのような議論を経て策定されたのかが丹念に分析されている。その結論として重要なのは、この協働作業において一九二〇年代から四〇年代前半までのアメリカにおける学校図書館論が参照されていたにもかかわらず、学校図書館に配置された専門職員が教授学習過程に積極的に関与して教材や読書資料を提供するという考え方が十分に展開されなかった点と、戦前から学校で読書教育に関わっていた人々が日本側の議論の中心を担ったこともあり、日本的な教員中心の読書指導を展開する場として学校図書館をとらえる考え方がそのまま強調されたことが示された点である。

以上が『占領下日本の学校図書館改革』の主要な内容であるが、さらに補足として「滑川道夫論」が付されている。滑川道夫こそは、アメリカにおける経験主義教育の資料利用の場としての学校図書館概念を日本的な読書指導の場へと換骨脱胎するのに関与した中心人物の一人であった。滑川はアメリカモデルの導入に関わりながら、その本質を矮小化し、その結果日本的な学校図書館モデルの形成につながったことが中村によって示唆されている。

その日本的学校図書館モデルがどうなったのか。先述の二一世紀の新しい学習過程モデルとどのような関係にあるのか。このあたりについては、次節の今井福司の研究が一部を解明し、さらに本書第3章でも検証する。

4　学校図書館制度へのアメリカの影響(23)

二つの占領期学校図書館研究

二一世紀の中盤から後半にかけての日本の学校教育は、欧米に数十年遅れて、子どもが自分で考えること――探究の要素――が大きく取り入れられることになるだろう。今井福司の『日本占領期の学校図書館――アメリカ学校図書館導入の歴史』(二〇一六年)は、現在ではすでにほとんどの学校に図書室が設置され、職員体制が整備されつつある日本において、学校図書館が探究的な学習に大きな役割を果たしてきたことを歴史的分析から明らかにするものである。

『日本占領期の学校図書館』の内容は、先の中村百合子の『占領下日本の学校図書館改革』と密接な関係をもっている。というのも、書名が似ていることからもわかるように、両書は第二次世界大戦後の占領期に日本の学校図書館政策がアメリカの強い影響のもとに始まったことについて述べているものだからである。

『占領下日本の学校図書館改革』が、戦後の占領政策における学校教育のなかでの学校図書館政策を中心に扱っているのに対して、『日本占領期の学校図書館』は二つの点で違いがある。一つは、二〇世紀前半のアメリカにおける学校カリキュラムの改革と学校図書館制度確立の過程が詳細に分析され、日本に導入されたアメリカの学校図書館の実態について述べられている点である。もう一つは、占領期の日本の学校現場の教育改革プランにおける学校図書館の位置づけの実態について踏み込んで分析している点である。

『日本占領期の学校図書館』の内容

『日本占領期の学校図書館』の目次に即して内容を確認する。第1章では、学校史や図書館史等の先行研究を精査した上で、二〇世紀前半のアメリカ学校史のなかでの図書館の位置づけが日本占領期の学校改革にどのように影響したかまでをこの本での対象とすることについて述べる。その際に、学校教育の目標、学校教育実践における学校図書館の活用法、学校図書館を運営する職員を中心に取り扱うこととしている。

第2章では、アメリカの一九二〇年代から三〇年代にかけての学校図書館関係の教育実践について南部地域を中心に検討し、教材資料を備えてカリキュラム展開を支援するとともに、余暇を過ごす場として学校図書館が位置づけられたこと、一部の学校では、配置された図書館員が教員と対等な専門職的立場として認識されていたことを明らかにしている。

第3章では、二〇世紀前半の全米における学校図書館についての議論が、ジョン・デューイの「実験学校」において新教育の一翼を担う中心は図書館であるという提案から始まり、その影響で、カリフォルニア州やヴァージニア州の教育改革プログラムでは学校図書館の役割に言及されていることを分析している。

第4章では、占領初期の日本の学校教育改革の目標が児童・生徒の自発的な活動による個性を伸ばす教育や問題解決学習にあったのに対応して、学校図書館を振興する方法がCIEと文部省によって検討されたことを扱っている。ただし、その際に、アメリカ型学校図書館モデルの矮小化が行われたことが指摘され、アメリカのように学校図書館の運営を担う職員を十分に配置することへの意識が不足していたことが明らかにされている。

第5章では、占領期のカリキュラム改革運動を実践したいくつかの学校が具体的に分析されている。その結果、明石附小プランなどを除いて、図書館専門の担当者がいる学校はきわめて少なかったことが浮かび上がった。

最後の第6章では、以上を次のように総括している。二〇世紀前半のアメリカの学校においては教育を支援する施設として学校図書館を位置づけ、そのための専門職員を配置するという考え方が形成されたが、こうした考えが占領期の教育政策を通じて日本に導入される際に修正が行われた。さらに、占領政策の転換もあり、学校教育と図書館の十分な結びつきが形づくられないうちに、図書館に対する学校関係者の関心は低下していった。

『日本占領期の学校図書館』の成果は、一貫した視点と実証的な方法により、アメリカで行われた学校教育を直接支援する図書館サービスおよびそのための専門職配置の考え方を分析したこと、次に、それらが日本に導入される際に、一部の学校で試験的に実施されたものの十分な定着を見ないままに教育政策の転換に至った状況を明らかにしたことである。

学校図書館法改正を考えるために

『占領下日本の学校図書館改革』が刊行された二〇〇九年から、『日本占領期の学校図書館』が刊行された二〇一六年までに、この分野にとって重要なことが起こった。二〇一四年の学校図書館法改正によって、学校司書と呼ばれる職員が学校に配置されることが法的に決定したことである。だが、それは現行の補助職員的な学校司書の配置を制度的に追認するにとどまるものであり、多くの関係者から従来の司書教諭との関係はどうなるかなどの疑問が表明されている。

一九九七年の学校図書館法改正では、二〇〇三年四月から一二学級以上をもつ学校において司書教諭の配置が義務づけられた。その結果、およそ全国半数ほどの学校に司書教諭が置かれ、形式的な人員の配置は進んだ。だが、このような配置が進められたからこそ明らかになった問題がある。それは、ほとんどの司書教諭は学校図書館の管理に関わるだけで、図書資料のコレクションづくりや児童生徒への資料提供、レファレンスサービス、教員指導への助言といった実質的なサービスを担う余裕はないということである。

学校図書館が関わる学習指導は単なる読書支援や教科指導支援にとどまらない。学校図書館は総合学習や探究型学習と結びつくという点で教科そのものと関わっているのだから、単なる事務職ではその本格的な運営に対応できない。つまり、本来学校図書館の担当者は教科指導そのものを行う必要があるが、教員資格保持を必ずしも前提としない現行の学校司書では対応できないのではないかという問題がある。事実、学校図書館職員の専門職制度がある国の多くでは、それが事務職であれ教員職であれ、教員資格の保持は前提になっている。

学校教育と学校図書館をつなぐために

こうしてみると学校教育関係者と学校図書館関係者がほとんど分断されたまま、それぞれに議論が進んでいることがわかる。これまで学校教育において学校図書館に言及されるケースは、国語教育や読書教育に関わる場合か、教育工学や教育メディアに関わる場合が圧倒的に多く、探究型学習や総合学習等の新しいタイプの学習方法において学校図書館をどのように使用するのかに関する議論は少なかった。これは、日本のカリキュラム構造が教科を単位としているので、それぞれの教科ごとに教育方法が別個に議論されていることが理由の一つだろう。筆者の知る限り、教科の垣根を越えて、総合的な教育方法として学校図書館について本格的に議論したものは、塩見昇編『教育を変える学校図書館』(二〇〇六年)や桑田てるみ編『思考力の鍛え方――学校図書館とつくる新しい「ことば」の授業』(二〇一〇年)に所収された教育学者や教員の論考程度しかない。一般的に、学校教育学における学校図書館は、読書教育の場としてだけ認識され、教科の教育課程を構成する要素になってはいない[24]。学校教育関係者が学校図書館について議論する動きははなはだ低調なのである。これはなぜなのだろうか。

今井の『日本占領期の学校図書館』はこうした状況を招いた原因が、日米の学習方法の違いにあることを示唆している。日本では、中国を手本にした近世以来、決められたテキストを学びの資料として、これを習得することが学習の目的とされた。それに対して、GHQがもたらしたアメリカ型の教育改革は、特定のテキストを学ぶのではなく、多様なテキストをもとに自分の考え方を形成していくタイプの学習を目的としていた。とくに、『日本占領期の学校図書館』の2章と3章で示されるアメリカの学習方法の具体的な検討は、4章で扱われる制度改革を通じて本来は日本の学校にも導入されるはずだったが、5章、6章で分析されるように、表面的な検討はされても真の意味で定着することはほとんどなかった。

しかしながら、実はアメリカにおいても本格的に学校図書館を利用した学習方法が定着していくのは、一九五七年のスプートニクショックにおける連邦政府による教育改革以降である。つまり、占領期に日本に導入されたアメリカ的教育・学習方法はまだ試行的な段階のものであったのである。また占領政策の転換や占領終了もあって、十分な定着へとは至らなかった。その後、日本がアメリカ的教育・学習方法を本格的に導入するまでに、半世紀以上の月日がかかるのはやむをえないことであった。

ということで、課題は最初に戻ってくる。二〇世紀前半のアメリカの学校の状況は現在の日本の学校の状況と類似している。『日本占領期の学校図書館』は、このように一度は失敗したように見える学校図書館の導入過程を再度精査することで、二一世紀の課題に対して学校図書館がどのように学校教育のなかに定着していくのかを初めて追究したものである。

5　戦後初期教育改革期の学校図書館史

以上の二著に対するレビューを通して、筆者は日本の学校図書館研究を相対化するための二つの視点を指摘した。一つは、占領期に導入された経験主義教育および学校図書館は、その後いったん否定されたかに見えたが、必ずしもそうではなく、日本的な知識注入主義（系統主義教育）に対する考え方の見直しは繰り返し行われてきたことである。またもう一つは、アメリカでも一九四〇年代後半から五〇年代前半にかけての時期において経験主義教育は中途の段階にあって決して完成されたものではなく、連邦全体でそれが制度化されるのはスプートニクショック後であったということである。この二つの視点を鑑みれば、学校教育が経験主義教育へ長期的に移行していく過程に学校図書館史を位置づけることの必要性が示唆される。つまり、学校図書館の役割は今後も変容していくということである。

通史的研究

これから学校図書館研究を進めるにあたって、先行研究を確認する意味で、まずは通史的に学校図書館史を扱っている文献の紹介から始め、次に学校図書館についての各論を取り上げる。ただし、ここで取り上げるのはひとまず一九五〇年代までを対象とする研究に限る。「戦後」がどこまでかについてはさまざまな議論があるが、一九五八年改訂の学習指導要領が法的拘束力を与えられたものとなり、これが教育課程行政の大きな転換点になったと考えられるからである。

塩見昇『日本学校図書館史』（一九八六年）は学校図書館史を通史的に扱った初めての研究である。[25]大正新教育期から始まって、戦後の法的制度確立期を経て司書教諭制度をつくろうとしたがうまくいかなかった学校図書館の経緯を通史的に描き出している。この本以前には断片的にしか書かれていなかった学校図書館史を資料の発掘と整理によってまとめ上げ、その後の学校図書館史研究のパイオニア的な役割を果たした。対象としているのは戦後教育改革期までである。その後、塩見は学校図書館について多数の著作を発表しているが、それは歴史として書かれているのではなく、実践史と政策提言を中心としたものである。(26)

戦後の学校図書館史として重要な文献は、日本図書館協会が創立一〇〇周年を記念して出版した『近代日本図書館の歩み——本編』である。所収されている「学校図書館」の章の執筆者は、尾原淳夫、鈴木英二、広松邦子である。(27)この本は全体的に日本図書館協会を中心として、「学校図書館」の章でも学校図書館部会の活動に焦点を合わせてはいるが、多様な資料を参照しつつ占領期以降の学校図書館史をバランスよく描き出している。

これに先だって刊行された、日本図書館協会の『図書館年鑑１９８３年版』は学校図書館運動に関わった執筆者の論考も含め、資料や年表とともに「学校図書館法の30年」という特集を組んでいる。(28)このなかで、専任司書教諭の立場でこの改革を総合的にレビューした広松邦子「戦後教育改革と学校図書館」は歴史的な問題点を整理し、学校図書館史に対して重要な論点を提示した。広松は、一九五八年に出された「新学習指導要領」が「系統学習」重視の方針を打ち出し、「新教育」を事実上否認するに至ったために、「学校図書館運動は冷水を浴びる形になった」と指摘する。なかには「新教育」を継続し、学校図書館を「教材センター」「資料センター」として活用し続けた学校も存在したが、「多くの学校では、図書館は正規の授業とは直接の関係の薄い、課外読み物センターとも言うべき性格のものにならざるをえなかった」(29)と述べ、一九五八年の学習指導要領が学校図書館の基本的性格を決定づけたとしている。

全国学校図書館協議会（全国ＳＬＡ）が学校図書館法制定五〇年を記念して発行した『学校図書館五〇年史』は、学校図書館振興を目的として創立された同会の活動を中心として、物語風に学校図書館運動の流れを描き出したものである。(30)それは所収されている、「若々しい民主主義と学校図書館の誕生」（今村秀夫）、「理念の再確認と行政の不備」（有吉忠行）、「「受験教育」のはざまで苦悩する学校図書館」（平塚禅定）といった章タイトルにも現れている。『学校図書館五〇年史』は分野別の記述（資料選定活動、調査活動、利用指導、行政、戦後初期等々）も含めて、学校図書館の半世紀について詳細に明らかにしていて、学校図書館史を探るためには欠くことのできないものとなっている。

そして、通史的研究の最後に取り上げたいのが、『図書館情報学教育の戦後史――資料が語る専門職養成制度の展開』に所収されている、中村百合子が執筆した「司書教諭養成の変遷――学校図書館法改正による制度改革の模索」という論考である。[31] これは、タイトルの通り、図書館専門職養成教育のなかで司書教諭がどのような変遷を遂げたのかを通史的に描いたものである。この論考は、先述の中村の『占領下日本の学校図書館改革』、今井の『日本占領期の学校図書館』が刊行された後に執筆されたものであり、近年の学校図書館史の成果を取り込んでいる。

通史的なものではないが、戦後初期教育改革と学校図書館の歴史的関係を総合的に考察した論考として、塩見昇ほかによる『学習社会・情報社会における学校図書館』およびその普及版としての『教育を変える学校図書館』がある。[32] これは塩見以外にも、学校教育学、教育メディア論、教育行政学、人権教育を専門とする教育学の研究者たちが学校図書館をそれぞれの立場から論じたものであり、重要な論文集である。このなかでは、教育行政学者の土屋基規が学校図書館法の審議や教育行政における政府方針を分析して、教育振興法としての学校図書館法の性格が当初のものとは変化したことを指摘している。[33]

新資料の発掘とインタビュー資料

続いて、個別領域についての学校図書館史研究を紹介しておこう。占領期については、先に紹介した中村百合子と今井福司の研究が、アメリカの資料を含めて綿密な分析を行い学校図書館研究の水準を引き上げた。中村と今井の研究は相補的な位相にあるので、両研究によって占領期の学校図書館の動きの全体像が浮かび上がってくる。だが、両研究の対象は占領期という特殊な状況における政策過程に限っている。その後、新資料の発掘やインタビューによる当事者からの情報収集、学校での実践分析など、研究資料の充実がはかられている。こうした新資料によって新たな研究も盛んになっていることから、それらの成果も含めて占領期の学校図書館の位置づけを再検討すべき時期になっていると言えるだろう。

そうした新たな研究として、占領期の文部省関係者によって作成された文書資料の発掘をもとに、安藤友張は学校図書館法の立法過程を解明しようとした。安藤は、議員立法の過程で準備された「学校図書館法案要綱」「3月法案」「成立法」の三つを相互比較することで、占領期の文部省が学校図書館法に対して当初から批判しており、単独法での立法化についても否定的であったことを明らかにした。この点については筆者も本書第2章で取り上げているが、安藤は、免許制の司書教諭制度を含む「3月法案」が財政的に実現が難しいのに対して、文部省が国の負担を小さくした「学校図書館振興法案」を準備していたことを明らかにしている。(34)

学校図書館法の立法過程や背景について当事者のインタビューも行われている。一つは、一九八五年に塩見昇が、文部省でこうした一連の施策の推進役を担った初代学校図書館担当者深川恒喜に対して行ったものである。二〇一〇年になって、その録音テープが書き起こされて内容が公表された。(35)そのなかで、一九四八年に出版された『学校図書館の手引』がアメリカの資料を参照しながら執筆された様子や、文部省のなかで学校図書館と視聴覚教育の担当者とがせめぎ合っていたこと、そして全国学校図書館協議会事務局長松尾彌太郎の贈賄事件（第3章注66参照）がその後の学校図書館政策に影響しているなどの発言が残されている。このインタビューに新事実が含まれているわけではないが、当時の政策的背景や人的関係、担当官深川の考え方を探るのには有用である。インタビューを読むと、文部省の政策はさまざまな要素の影響のもとに進められており、学校図書館についても戦略的な働きかけが継続していれば別の展開がありえたのではないかとも思わせる。深川は在職中から雑誌等に学校図書館に関わる記事を積極的に書き、また、退職後も学校図書館の歴史についての文章を執筆している。(36)深川についての研究がさらに必要だと思われる。

学校図書館法当事者へのインタビューとしては他に、青森県立図書館の職員を長らく務め、日本図書館協会の顧問をしていた三上強二に対して安藤友張が行ったものがある。(37)三上は教員として戦後に労働運動に関わり、レッドパージで教員を解雇された後、県立図書館に転職した。その頃、青森出身の社会党代議士で、組合運動を通じての知り合いだった大西正道に学校図書館法の法制化を進言したという。インタビューからは、図書館のみならず、当時の時代背景と教育現場の雰囲気を知ることができる。さらに、学校図書館運動に関わった芦谷清、今村秀夫、鈴木英二、室伏武、松本武に中村百合子がインタビューした記録がある。[38] こうしたインタビューは、学校図書館法以降の運動を支え、また挫折も経験してきた当事者の生の声を聞けるものであるが、これらの声を反映させた学校図書館史はまだ書かれていない。

教育課程との関係を明らかにする

これまで教育課程と学校図書館の関係についての研究ははなはだ不十分であった。近年になって、今井福司は、『日本占領期の学校図書館』において、日本の新教育のカリキュラム運動はGHQを通じてアメリカの経験主義教育の影響を受けていたのに、本来、アメリカの新教育運動を構成する位置づけにあった学校図書館が日本に導入される際にはその位置づけが日本の教育関係者に十分に認識されていなかったことについて論じている。[39] この問題は本書第3章で再度論じることにしたい。

占領終了後の学校図書館についてはさまざまな研究が行われている。それらについては、先に通史的研究で挙げた文献を参照すべきであるが、加えて、戦後初期の教育改革との関係でいくつか注目すべきに論点について触れておきたい。

一点目は、一九七二年までアメリカの施政権のもとにあった沖縄では、新教育が継続して行われ、教育課程のなかに学校図書館が位置づけられていたことである。沖縄で学校図書館が重要な役割を果たしていたことは、返還時の公費雇用学校司書の配置率が八五・五パーセントと当時の全国平均の一三・一パーセントよりはるかに高かったことからも推察できる。沖縄は日本本土とは異なる教育課程政策のもとにあり、学校図書館についても異なった位置づけにあったということである。この問題について書かれた論考がいくつかあるが、沖縄での学校図書館政策が戦後新教育の教育課程がそのまま継続して実施されたものととらえる杉山悦子の研究が注目される。[40] このなかで、琉球政府文教局は一九五三年にコア・カリキュラムのリーダーの梅根悟を招聘し、教育課程についての助言を得たこともあり、その後の沖縄の学校のカリキュラムは経験主義的なものを中心に展開し、学校図書館が主要な位置づけにあったことが示されている。これは重要な視点であり、経験主義カリキュラムと学校図書館を結びつけるという実験的な試みが本土では途中で挫折したのに対して、沖縄では継続されていたと言えるかもしれない。

二点目は、専任司書教諭配置に関する歴史研究についてである。沖縄では一九六五年に学校図書館法が制定され、琉球大学に設置された司書教諭課程において養成も行われるようになった。また、同年から文教局によって公立小中学校の約一〇パーセントに相当する数のモデル校に専任司書教諭が配置された。安藤友張は、専任司書教諭制度が占領下の沖縄以外に、愛知県、高知県、東京都の公立高校で実施されたが、いずれも途中の過程で終了したことの歴史的意味を検討している。[41] 文部省が司書教諭の専門性を認めていなかったにもかかわらず、学校現場での専門職員配置要請の声が強く、都道府県教育委員会によって一時的に制度化されたが、さまざまな問題に直面し、継続して実施されるには至らなかった。

以上の二点は学校図書館史を研究するときに避けては通れない重要な問題を提起している。今後の継続的な研究が待たれるところである。

注

(1) ジョン・デューイ『学校と社会』(宮原誠一訳)岩波書店、二〇〇六年、九六ページ。用語および図は、原文を参照して修正してある。

(2) 同右。

(3) 同右、一〇一ページ。

(4) 日本教育方法学会編『現代教育方法事典』図書文化、二〇〇四年。

(5) このとらえ方は実は、教育方法と教育課程とにまたがる見方である。経験主義は教育方法論の見方であって対概念は教授主義(学習者側から見ると習得型学習)であり、系統主義は教育課程論の見方であって対概念は総合主義(同、教科横断型学習)である。だから2×2の四通りの組み合わせで語るべきなのだが、一九世紀のヘルベルト的教授主義＝系統主義が二〇世紀にデューイ的経験主義＝総合主義に変化したとするのが一般的なので、変化を単純化して二項対立で語るわけである。本書でも、経験主義、系統主義の用語をその文脈において用いることにする。

(6) 山本正身『日本教育史――教育の「今」を歴史から考える』慶應義塾大学出版会、二〇一四年。
(7) とくに本書第Ⅰ部で扱う時期(占領期から一九五〇年代まで)にあった教育に関する論争については、船山謙次『戦後日本教育論争史』(正・続、東洋館出版社、一九五八―六〇年)を参照のこと。今、この本を読むと、教育論争は冷戦体制を背景にして将来の日本人を育成することをめぐっての、思想的政治的に二局に分かれた論争であったことが生々しく伝わってくる。
(8)『戦後日本の教育改革』全一〇巻、東京大学出版会、一九六九―七八年。内訳は、第1巻『教育改革』(海後宗臣編)、第2巻『教育理念』(山住正己・堀尾輝久著)、第3巻『教育行政』(鈴木英一著)、第4巻『教育財政』(市川昭午・林健久著)、第5巻『学校制度』(山内太郎編)、第6巻『教育課程　総論』(肥田野直・稲垣忠彦編)、第7巻『教育課程　各論』(岡津守彦編)、第8巻『教員養成』(海後宗臣編)、第9巻『大学教育』(海後宗臣・寺崎昌男著)、第10巻『社会教育』(碓井正久編)。
(9) 岡津守彦監修『教育課程事典』小学館、一九八三年。
(10) 鈴木英一『日本占領と教育改革』勁草書房、一九八三年。久保義三『対日占領政策と戦後教育改革』三省堂、一九八四年。阿部彰『戦後地方教育制度成立過程の研究』風間書房、一九八三年。土持ゲーリー法一『米国教育使節団の研究』玉川大学出版部、一九九一年。片上宗二『日本社会科成立史研究』風間書房、一九九三年。
(11) 明星大学戦後教育史研究センター『戦後教育改革通史』第2版、明星大学出版部、一九九三年。『戦後教育の総合評価――戦後教育改革の実像』国書刊行会、一九九九年。
(12) 小原友行『初期社会科授業論の展開』風間書房、一九九八年。
(13) 谷川彰英「書評――小原友行著『初期社会科授業論の展開』」『社会科教育研究』第八二号、一九九九年。
(14) 杉浦宏編『日本の戦後教育とデューイ』世界思想社、一九九八年。
(15) 柴田義松『教育課程――カリキュラム入門』有斐閣、二〇〇〇年。田中耕治ほか『新しい時代の教育課程』有斐閣、二〇〇五年。
(16) 小林恵「『学習指導要領』の現在」学文社、二〇〇七年。水原克敏『学習指導要領は国民形成の設計書――その能力観と人間像の歴史的変遷』増補改訂版、東北大学出版会、二〇一七年。
(17) 臼井嘉一・金井香里編『現代教育課程論とカリキュラム研究――学生と教師のための』成文堂、二〇一二年。
(18) 苅谷剛彦・志水宏吉編『学力の社会学――調査が示す学力の変化と学習の課題』岩波書店、二〇〇四年、二三七―二六六ページ。

(19) 松下佳代編『〈新しい能力〉は教育を変えるか――学力・リテラシー・コンピテンシー』ミネルヴァ書房、二〇一〇年。
(20) 小針誠『アクティブラーニング――学校教育の理想と現実』講談社、二〇一八年。
(21) 田中耕治編『戦後日本教育方法論史』上・下巻、ミネルヴァ書房、二〇一七年。
(22) 本節は、中村百合子『占領下日本の学校図書館改革――アメリカの学校図書館の受容』(慶應義塾大学出版会、二〇〇九年)の序文として執筆したものである。
(23) 今井福司『日本占領期の学校図書館――アメリカ学校図書館導入の歴史』勉誠出版、二〇一六年。本節は本書の序文として執筆したものである。
(24) 塩見昇編『教育を変える学校図書館』風間書房、二〇〇六年。桑田てるみ編『思考力の鍛え方――学校図書館とつくる新しい「ことば」の授業』静岡学術出版、二〇一〇年。
(25) 塩見昇『日本学校図書館史』全国学校図書館協議会、一九八六年。
(26) 塩見昇『学校図書館職員論――司書教諭と学校司書の協同による新たな学びの創造』教育史料出版会、二〇〇〇年。塩見昇『学校図書館の教育力を活かす――学校を変える可能性』日本図書館協会、二〇一六年。
(27) 「Ⅳ 学校図書館」『近代日本図書館の歩み――本篇』日本図書館協会、一九九三年、三五一―三九六ページ。
(28) 「学校図書館法の30年」『図書館年鑑1983年版』日本図書館協会、一九八三年、二八二―三二三ページ。
(29) 広松邦子「戦後教育改革と学校図書館」同右、二八八ページ。
(30) 全国学校図書館協議会編『学校図書館五〇年史』全国学校図書館協議会、二〇〇四年。
(31) 中村百合子「第3章 司書教諭養成の変遷――学校図書館法改正による制度改革の模索」根本彰監修・中村百合子ほか編『図書館情報学教育の戦後史――資料が語る専門職養成制度の展開』ミネルヴァ書房、二〇一五年、一五七―二〇二ページ。
(32) 塩見昇ほか『学習社会・情報社会における学校図書館』風間書房、二〇〇四年。塩見昇編『教育を変える学校図書館』風間書房、二〇〇六年。
(33) 土屋基規「学校図書館法の変遷と教育行政の推移」塩見昇ほか、同右、一四七―一九三ページ。土屋基規「学校図書館を支える教育行財政のあり方」塩見昇編、同右、一八三―二二三ページ。
(34) 安藤友張「戦後初期(1952―1953)の日本における学校図書館法の成立過程――諸法案の特徴および比較考察を中心に」『日本図書館情報学会誌』第五九巻第二号、二〇一三年。

(35) 深川恒喜・塩見昇・安藤友張・今井福司・根本彰「戦後初期の日本における学校図書館改革――深川恒喜インタビュー記録」『生涯学習基盤経営研究』第三五号、二〇一〇年

(36) 深川恒喜「戦後におけるわが国の学校図書館発達史試論」『東京学芸大学紀要』第1部門教育科学、第二六号、一九七五年。深川恒喜「学校図書館法の発達史試論」*Library and Information Science*、第一三号、一九七五年。

(37) 安藤友張「戦後日本における図書館史の一断面――三上強二氏インタビュー記録」『教養研究(九州国際大学)』第一九巻第一号、二〇一二年。

(38) 中村百合子「戦後初期の学校図書館について聞く(上・下)」『同志社大学図書館学年報別冊、同志社図書館情報学』第二〇号、二〇〇九年、第二一号、二〇一〇年。

(39) 今井、前掲。

(40) 杉山悦子「1950年代前期の沖縄における学校図書館の形成過程」『図書館文化史研究』第三二号、二〇一五年。杉山悦子「沖縄における学校図書館の展開過程――基準教育課程の編成を中心に 1954―1960」『日本図書館情報学会誌』第六三巻第一号、二〇一七年。

(41) 安藤友張「1950―60年代の日本における専任司書教諭の配置施策」『日本図書館情報学会誌』第五五巻第三号、二〇〇九年。

第2章　占領期における教育改革と学校図書館職員問題

1　学校図書館の法制度

学校教育法施行規則（昭和二二年五月二三日文部省令第一一号）は、第一条で図書館又は図書室を校地、校舎、校具、運動場、保健室とともに学校の目的を果たすための設備と規定している。この省令が出される数カ月前から文部省では学校図書館についての真剣な議論が始まり、のちに報告書が出された。そうした動向は国民的な運動に結びついた。そのなかで専門的な職員を配置することの必要性も主張された。それから六年後に超党派の議員による議員立法で成立した学校図書館法（昭和二八年八月八日法律一八五号）でも、第一条および第二条で学校図書館を設備としている点は省令と同様であった。のちに述べるように専門的な職員の配置については文部省内でも議論があったが、結局のところいくつかの理由で後回しとされてしまった。

学校教育法（昭和二二年三月三一日法律第二六号）第三七条には、「小学校には、校長、教頭、教諭、養護教諭及び事務職員を置かなければならない」とあり、中学校、高等学校、幼稚園においても同様の規程が設けられている。教育職員免許法（昭和二四年五月三一日法律一四七号）の第二条には、「この法律で「教育職員」とは、学校教育法第一条に定める小学校、中学校、高等学校、盲学校、ろう学校、養護学校及び幼稚園の教諭、助教諭、養護教諭、養護助教諭及び講師並びにこれらの学校の校長、教育委員会の教育長及び指導主事をいう」とある。これら学校の教員の種類およびその免許に関して規定した法律において、司書教諭は明記されていない。

教育職員免許法の四年後に学校図書館法（昭和二八年八月八日法律第一八五号）で法制化された司書教諭は、「教諭をもつて、これに充てる」（第五条第二項）とされる教諭の職務の一つである。「教諭をもつて、これに充てる」と同じ表現は学校教育法施行規則で、学校教務主任・主事、学年主任・主事、保健主事などの職務（校務）に対しても用いられており、司書教諭はこれらの職務と同等の位置づけと考えられる。教務主任等ほかの職務は図書主任を含めてとくに資格は要求されず、教員の資質や適性および経験をもとに割り当てられるのに対して、司書教諭には特別の資格が必要となる。このことから、学校図書館法ができたときには司書教諭の必要性は認識されていたが十分な人員が確保できないとの理由で、「当分の間、司書教諭を置かないことができる」という附則がつけられたと言われる。

しかしながら、教諭の兼務と解釈されることが多い「教諭をもつて、これに充てる」という規定が、単なる職務分掌を意味していないとの主張もある。たとえば、西宮市で学校図書館の整備に関わっていた澤利政は、この規定がそもそも「兼務する充て職」を意味していたのかについて検討している。その結果、職務分掌ではなく経験ある教諭をもって専任司書教諭の職に充てることを含意していたと述べている。

1953年8月に、「学校図書館法」が制定された当時の解釈では、「教師たる資格（教員免許状を保有する者）＋司書教諭たる資格（司書教諭講習を修了した者）」が、司書教諭の資格条件であった。「司書教諭には、小学校、中学校、高等学校の教諭として相当年月の教職経験があり、教師としての力量を有する教員の中から、司書教諭講習を修了した者をもって充てる」という趣旨で、それだけ司書教諭の職責を専門職として重要視していたのである。(1)

確かに、学校図書館法第四条には学校図書館の業務内容が五項目にわたって列挙されていて、これを受けて第五条第一項は「学校には、学校図書館の専門的職務を掌らせるため、司書教諭を置かなければならない」となっている。だが、この専門的職務を行う職員が専任司書教諭のことを想定していなかったことは、学校図書館法より前につくられた学校教育法施行規則の条文上から理解できる。「充て職」は教員の兼務であり、その意味で、「教諭をもって、これに充てる」という表現は最初から兼務を前提としていたと言わざるをえないのである。

司書教諭の問題は教員の職務や身分に関わることであるから、学校図書館法だけを見ても理解できない。より広く学校経営や教育行政のなかでその位置づけが検討されるべきである。専任で司書教諭を置くには、そのための定員配置についての制度的措置が必要になる。専任司書教諭設置の根拠としては、先に見たように学校教育法や教育職員免許法に規定されることが必要である。両法には、一般の教員以外にも養護教諭に関する規程が含まれていた。その後の法改正で栄養教諭が教員の列に加わることになった。同様に、一般の教員と異なる専門性を有する専任の司書教諭が必要であるなら、法律によって規定することが必要になる。

その点であまり知られていないが大いに参考にすべきことがある。現行法による司書教諭が兼務を前提とした充て職であるのに対し、学校図書館法制定当時、免許制の司書教諭を配置する法案が国会に提出されたという事実である。いわゆる幻の学校図書館法である。これは法案のままで終わってしまい、日の目を見ることはなかった。結局、同じ年、二度目に提出された法案ではすでに、免許制から一般教員の任用制による司書教諭に切り替えられ、そのまま国会を通過して法律になってしまった。そこで本章では、この時期にどのような議論があったのか、とくに文部省内での議論の実相を検討する。澤の言うような専任司書教諭の考え方が最初からまったく排除されていたわけではなく、当初は有力な考え方とされていたことを確認する意味はあるだろう。

以下、次のような視点を設定する。

まず、学校図書館が設備という概念でとらえられるのか、それとも人の働きを伴う機能的な要素でとらえられるのかという、もっとも基本的な論点に注目する。もちろん設備ととらえても、学校教育法施行規則で設備とされた保健室に教育職員免許法上の養護教諭が配置される例があるから、問題はその設備がどのような機能を担うのかということにある。したがって、学校図書館が当時の新教育と呼ばれる動向のなかでどのように位置づけられたのか、とくに教育課程と教育方法についての議論を明確にすることが必要である。また、司書教諭について議論するためには、教育制度改革のなかで新しい教員養成制度がどのようなものであったのか、さらに、通常の教員のキャリアトラックと異なる免許制の教育専門職がどのように位置づけられていたのかを理解しておく必要がある。

2　占領初期の教育改革と図書館

教育改革のなかに図書館を位置づける動きは一九四六年の早い時期から始まっている。これについて、筆者は過去に、アメリカから日本に派遣された第一次教育使節団（一九四六年三月）が掲げる目的のなかに図書館の状況に留意して調査を行うという文言があったこと、そして使節団メンバー選考の過程でアメリカ図書館協会（ALA）が図書館関係者もそこに含めるよう働きかけを行い、その結果シカゴ大学大学院図書館学校（GLS）教授のレオン・カーノフスキーがメンバーの一人として来日した経緯があったことを明らかにした。(2) 日本側ではそれに対応するべく、GHQの民政局（GS）の担当者として前年に来日していたフィリップ・O・キーニーを図書館担当として、教育改革を任務とする民間情報教育局（CIE）に配置換えすることが行われていた。

しかしながら、第一次教育使節団報告において、他の学校施設や教育機材の記述のなかで学校図書館について言及されているのはほんの少しにすぎない。たとえば、「民主主義的な学校制度を可能ならしめるためには、適当な給料を支給し、教師及びその他の教育関係職員の十分な数を持ち、さらに教科書及び参考書、図書館の書物及びその他の教授上の備品を十分に供給しなくてはならぬ」という一節に出てくる程度である。(3) これは、この時点でのカーノフスキーおよびキーニーの関心が主として成人教育施設としての公立図書館にあり、学校教育改革における図書館への関心にまでは及んでいなかったからだと考えることができる。ただ、第一次教育使節団報告が、これまでの国家統制的な教育内容を否定し、子どもの興味関心から出発する教育課程の採用を積極的に打ち出すものであったことは多くの研究が示している。

これを受けて同年七月に出された文部省の『新教育指針』では、従来の日本の学校教育が「知識の伝達習得に重きをおいたため、注入主義、暗記主義とよばれる弊におちいった」という指摘がされ、教授法の改革について述べられている。『新教育指針』の第二部「新教育の方法」においては、学習者の個性を重視し、自発的で協同的な学習を指向することが民主主義的な教育であると述べられたあとに、「教材の選び方」「教材の取り扱い方」「討議法」についての解説がされ、さらに参考文献の一覧がつけられている。つまりここでは、教授者が一方的に与える教科書による詰め込み教育ではなく、慎重に選ばれた多様な教材をもとに学習者が自分で学び、その過程で他の学習者と討論することで、学んだものが共有され、さらに発展的な学習を行う動機づけが与えられる、という従来とはまったく異なる学習スタイルが提案されている(4)。

そして、学校教育法に基づいて一九四七年四月に発足した新学制は、法的拘束性をもたない学習指導要領、教科書の国定制から検定制への転換、社会科の創設と自由研究の新設、教材の選択・使用についての教師の教育活動上の自由尊重、「学習指導要領（試案）国語科編」における言語教育の改革などにおいて、学校図書館を必要とする教育との関連がうかがえる。とくに新教育の花形と言われた社会科では、学習者が社会生活について自分で調査し、資料を集め、調べた内容を自分でまとめる能力を養うことが重視されていた。また、教科外課程である自由研究については「個人の興味と能力に応じた教科の発展としての自由な学習」を行うことが述べられ、小学校では四年生以上で必修となり、中学校では選択制となった(5)。

こうした文部省の動きに対応して、この時期に試みられた経験主義的教育課程を目指す動向の一つにコア・カリキュラム運動がある。コア・カリキュラム運動は、従来の教科中心のカリキュラムとは異なり、教科の枠を外し、生活改善と民主主義の定着を目的として、学習者と生活環境との相互作用によって問題解決的な学習過程の構築を目指すものである。さらに、子どもたちの経験を再構成することで新しい民主社会と文化の創造をはかろうとするものであった。こうした動きに対応して、新しい形態の教授方法や授業内容を検討するための研究が広く行われた(6)。

学校図書館は、占領初期の教育課程改革の動きにおいて一定の評価を受けていた。本章の冒頭で述べたように、学校教育法施行規則の第一条では、学校の設備として「校地・校舎・校具・運動場・図書館又は図書室」を例示しており学校教育法施行規則では図書館を「校舎」などに含めず別個に規定している点が注目される。図書館が独立して規定された経緯に関連して、中村百合子は、「学校教育法施行規則（省令）要綱」（一九四六年一二月二八日）において「児童の興味を喚起するに力《つと》め自学自習の習慣を養うこと」の記述に続いて「図書館、博物館、物品陳列館等の施設を利用して児童の経験を深めることに留意すること」と明記されていたことを明らかにしている。(7) だが、その「学校教育法施行規則（省令）要綱」では図書館は設備の一種として扱われ、「人」の問題に一切触れられていなかった。新学制が発足した四七年春の時点では図書館は学校を支える要素としてその機能面の一部が注目されているにすぎず、特別な専門家を配置するという考えは見られない。

学校図書館において専門職員の必要性が理解され始めるきっかけは、『学校図書館の手引』の編集が開始されたことにある。そして、学校図書館における専門職員の必要性についての理解を促したのはＧＨＱの民間情報教育局（ＣＩＥ）の「指導」であったと考えられる。ＧＨＱは、一九四七年二月から五月までの三カ月間、ノースカロライナ州で学校図書館行政に関わっていたミー・グラハムを教育専門家として招請し、グラハムは学校図書館基準策定と職員養成にむけたプログラムづくりの指導にあたった。文部省では宗教課にいた深川恒喜が学校図書館担当者となってプログラムのための編集委員会がつくられた。こうしてできたのが四八年一二月に発表された『学校図書館の手引』である。この本の成立についてすでに多くの研究の蓄積があるので、ここでは学校図書館の職員問題についてどのように記述されているかだけを述べておくことにしたい。(8) 該当部分は次のようになっている。

学校図書館はいかに小さい規模のものであっても、形の上からは司書・事務員の二つの職制が必要である。司書は教師の中から選ばれ、学校図書館の経営に全責任をになう。本格的に図書館経営をすることになると、そうとうの専門的知識を必要とするが、現状では、図書館教育をうけた教師もいないことであるから、選ばれた人は、今後、専門的な技術を習得するように進んで行く必要がある。この場合、校長は、図書館の運営について学校全体の立場から、よき助言者であり助力者とならなければならない。小、中学校の場合では、専任の司書を置くことは現状においてほとんど望みがないが、図書館経営にたんのうな教師が、相当な時間をこの仕事のために当てうるようにする必要がある。もちろん現状では、この種の人を求めることも困難であるので、選ばれた人は、むしろ今後を期して、図書館経営の技術を習得して行く必要がある。事務員も、小、中学校では専任者を置くことができないであろうが、運営のしかたによっては、そのつかさどるべき事務の大部分を、生徒の図書係または委員が分担して行うことができると思う。将来、学校の設備と経営が許すようになるならば、少なくとも高等学校では専任の司書や事務員を置くべきであり、小、中学校の場合でも、司書の職を設けて図書館経営についての講義を受けた教師がこれを兼任するようにしたいものである。(9)

戦後、学校図書館職員について最初に述べられた文章なので全文を引用した。まだ、図書館法成立以前であり、ここで言う「司書」は図書館の専門家という意味であり、当面は教員が兼務で行う職務を指している。また、それ以外に事務員の配置についても述べられているが、専任者を置くことが難しいため、その仕事を生徒が分担することも可能であると書かれている。このように、『学校図書館の手引』は専門的職員の必要性については言及するものの、現実の状況に配慮しているため、職員配置の必要性については積極的に主張していない。引用した箇所全体にわたって、今利用できる資源を有効に生かしつつ、新教育を進める手段として学校図書館の可能性を探ろうとしているように見える。

3　学校図書館基準における「人」の問題

『学校図書館の手引』が出てから、いくつかの民間の団体が学校図書館についての意見書を提出している。そのうち、一九四九年三月に日本教職員組合（日教組）が文部大臣あてに出した要望書では、全額国庫負担により全国の学校に図書館を設置することに続いて、「二　学校図書館に専任司書並びに事務員をおくこと」また、「三　全国学校図書館基準を法律化すること。イ．教員養成機関に図書館講座を必修単位として履修せしめること。ロ．現職教員を司書とするために国庫負担による講習会を開くこと」という項目が見られる。[10]この要望書は、『学校図書館の手引』より一歩踏み込んで、司書が専任であることを主張し、さらに、その養成について教員養成機関で図書館学を履修させることと現職の教員のための講習会を開催することの二点を提案している。

一九四八年七月に、文部大臣の諮問機関として学校図書館協議会が設置された。この協議会が一九四九年八月にまとめたのが「学校図書館基準」である。[11]

国立教育政策研究所で公開されている「大田周夫旧蔵資料」のマイクロフィルムのなかに、この「学校図書館基準」を検討する際につくられたと考えられる手書きの「案」がある。日付等は入っていない。[12]大田周夫は一九四九年八月に初等中等教育課長に就任したので、「学校図書館基準」の答申当時、学校図書館行政の責任者ということになる。その課長が目を通したと思われる案と最終的につくられた基準は基本的には同様の内容をもつが、細部で異なっているところがある。とくに「人の構成」の部分で「司書」が「司書教諭」になっているという違いはその後の図書館の「人」の問題に大きな影響を与えたと思われる。両者の相違点を対照して示したのが表2－1である。これを見る限り、いずれも、職員は専任となっているが、大田の案では「教員たる資格をもつ司書」であるのが、公示された基準では「司書教諭」となっている。

司書教諭という名称が好まれる理由として、一九四七年の学校教育法第二八条（当時）ほかにおいて幼稚園、小、中、高等学校に養護教諭を置くことが明記されたことに加え、一九四九年の教育職員免許法で養護教諭は免許の取得が義務づけられたことの影響があったと考えられる。このことについて、「学校図書館基準」の作成に関わった鳥生芳夫が「司書教諭という言葉はこの基準を作る協議会が始めて《マ》使ったものである。ティーチャーライブラリアンの訳語として教員司書などと始めはいっていたのであるが、養護教諭に準じて司書教諭とした」と述べている。[13]明治末以来、各学校に配置されていた学校看護婦が、戦時体制下において、養護訓導という名で教育職員として制度化された。そして戦後、学校教育法によって教員として位置づけられた。[14]これは、学校に一般教員以外の専門的な職員が配置されるときには教員資格をもった職員として免許法上位置づけられるという先例となった。

表 2-1　学校図書館基準（1949）における「5. 人の構成」の異同

大田資料の（案）	最終基準
(1) 教員たる資格をもつ専任の司書をおく。	(1) 専任の司書教諭をおく。
(2) 司書は生徒数 1000 人につき一人、または蔵書 1 万冊につき一人の割合でおく。ただし生徒数 500 人以下の学校ではパートタイムの司書をもって代えることができる。	(2) 司書教諭は児童生徒 1000 人につき一人、または蔵書 1 万冊につき一人の割合でおく。ただし 500 人以下の学校ではパートタイムの司書をもって代えることができる。
(3) 司書のほかに事務助手をおく。	(3) 司書教諭のほかに事務助手をおく。
(4) 一般教員が図書館運営に当る場合は図書館経営についての講習指導をすることが必要である。	(4) 教員が学校図書館の運営に当る場合は図書館経営についての知識技術を習得する必要がある。
(5) 司書たる教員は整備管理用に当たり、また、図書および図書館に関する指導を行う。	(5) 司書教諭は図書および図書館利用に関する指導をも行う。
	(6) 児童生徒の委員を選出して積極的に運営に参加させる。

名称の問題とともに重要なのは、「学校図書館基準」では専任職員の配置が重視されていることである。一九四八年に刊行された『学校図書館の手引』で専任職員を配置することの困難が述べられていたのとは大きな違いがある。その転換の背景には、『学校図書館の手引』の発行後に、その伝達講習会が開催されるとともに、全国学校図書館協議会が結成されるなど、学校図書館を新教育運動の柱として位置づけようという動きが急に活発になったことがあった。

鳥生は「学校図書館基準」の解説のなかで、「図書が図書館の棚にならぶまでの数々の手数、技術、図書が先生と生徒に縦横に活用されるための整備、運用というものは、実に複雑困難なもので、決して二十数時間も持った普通の教諭の片手間仕事では、できることではない。ここに断固として専任の司書教諭の必要を絶叫する理由があるのである」と述べながらも、「現段階として中々実情は専任をおくまでに至っていない」と続け、最後は「当分は間にあわせとしては普通の先生を専任としたり兼任としてお願いするとしても、結局は専任司書の確立にいたらなくてはならないことは明白である」と結んでいる。(15)

この解説ではいくつかの学校の事例が紹介されているが、そのなかで注目されるのは、甲府市立南中学校の事例である。同校は文部省の学校図書館モデル校の位置づけにあったところで、担任時間（授業時間のこと）なしの「専任司書」（専攻科目国語）が一人、図書館専任の事務員が一人いる他に、八人の教師が「兼任司書」として任命されている。兼任司書のうち、三人の担任時間は通常より少ない週一〇時間から一三時間とされ、図書館に常勤しているかたちになっている。[16] このような学校図書館の職員体制を敷くことによってどんな教育実績を上げたのかについては述べられていない。例外中の例外であっても、こうした例を挙げることで職員の専任体制の重要性を訴えようとしていたものと考えられる。

「学校図書館基準」が提出された際に学校図書館協議会委員長河合博の名で文部大臣あてに「建議」が提出された。[17]「学校図書館基準」は大臣諮問に対する答申というかたちをとるものであったが、建議はその趣旨を踏まえてとくに重要なポイントを簡潔にまとめて政策的な優先事項として示したものである。その建議にも、職員について次のような事項が含まれている。

一　学校長教職員及び司書教諭に対して学校図書館についての理解と技術の普及を図ること。
一　司書教諭の職制を確立し、その免許制度を設定すること。
一　教員養成大学に図書館学の講座を設けること。

建議は先の日教組の要望書と同趣旨のものであるが、そこでの名称は司書教諭となっている。このように、一九四九年夏の段階では、学校図書館への司書教諭の配置を目標とする学校図書館職員配置運動がスタートしていた。

一九五〇年二月に民間団体として、全国学校図書館協議会（全国ＳＬＡ）が結成された。その発会式で、文部大臣、大蔵大臣、衆参両院等あてに「学校図書館充実に関する要請書」がまとめられた。そこに次のよう書かれている。

一　専任司書並に専任事務助手をおくこと
　1　専任司書は最低一人、児童生徒一千人を超える場合さらに一名を加える
　2　専任助手は児童生徒五百人につき一人をおく

一　司書教諭を養成すること

1　教員養成機関に図書館学講座を必須単位として履修させること

2　現職教員を司書とするため早急な講習会を開くこと(18)

ここでは、専任司書と専任事務職員と司書教諭とが区別されている。学校には教員資格をもった専任司書を置くことが前提であり、それとは別に司書教諭を養成しなければならないと言っているのである。

次節では、学校図書館のアイディアの源泉であるアメリカの職員制度と新たに成立した図書館法上の司書資格との関係を探る。

4　teacher librarian と司書教諭、学校司書

この時期の学校図書館の司書教諭像に大きな影響を与えた文献として、アメリカで刊行されたいくつかの学校図書館サービスの解説書があった。中村百合子は、『学校図書館の手引』の章構成と、その執筆者が参考にしたと証言している複数の解説書の章構成を比較した結果、メアリ・ダグラスによる *Teacher-Librarians Handbook*（一九四一年）がとくに類似していると述べている(19)。この本のタイトルの Teacher-Librarians が最終的に司書教諭と訳されることで、日本の教育界に定着していくことになったのである。一九五五年にはこの本の第二版（一九四九年）の翻訳が『司書教諭ハンドブック』という書名で刊行されている(20)。

ダグラスの本はアメリカ図書館協会から出版されていることからもわかるように、当時のアメリカの図書館専門職システムの存在を前提に記述されていた。四一年の初版と四九年の第二版の両方に teacher と librarian の関係についての記述がある。「"teacher-librarian"とは、教師であって、できれば図書館学のある特定の課程をおさめた人で、学校のある日のある時間には学校図書館のしごとを、ある時間には授業を兼務する人である(21)」とされている。そして、「南部協

会の中等学校のための図書館の必要条件」が紹介されており、このなかでteacher librarian（TL）とschool librarian（SL）の配置に関する記述が見られる。

それによると、TLとは図書館学の教育を六学期時分（6 semester hours）受けた教員のことであり、SLとは、教員と同じ資格と教育歴をもち、なおかつ認定された図書館学校で一年間に二四から三〇学期時分の授業を受けた者のことである。そして、生徒数が一〇〇人以下の学校では、生徒の支援を受けながらTLが図書館を運営する体制となっているが、それ以上の規模の学校ではSLが勤務することが前提になっている。すなわち、ダグラスの本でいうTLとは、生徒数がごく少ない小規模校において、SLを配置できない場合の代替策として、図書館学の簡単なトレーニングを受け、司書として勤務する教員のことを指しているのである。[22]

このようにTLはあくまでも小規模校におけるSLの代用であり、原則としてSLが学校に配置されるのである。同様の考えは日本でも一九五〇年頃にはまだ存在した。先に見たように、学校図書館協議会の議論では司書教諭とはSL的なものを想定していたが、こうした専任司書（SL）と教員兼任司書（TL）の区別は一九四〇年代のアメリカで始まったことがわかる。

一九五〇年に刊行された図書館教育研究会編『学校図書館学概論』を見てみよう。文部省の深川恒喜や東京学芸大学の阪本一郎、小山田勝治らによる図書館教育研究会を編者として、学校図書館についてまとめた本である。この本は、学校司書、司書教諭、図書館係教諭を分けて記述している。学校司書はschool librarianとカッコ書きをしているにもかかわらず、「公共図書館の司書としての専門の訓練を経たもので、学校図書館に勤務するものをいう」となっている。それに対し、司書教諭（teacher librarian）は「司書としての専門と、教員としての専門の訓練をあわせ経たものをいう。前項の司書よりも一般的には学校図書館にふさわしいし、小規模の学校でも任用しうる利点がある」とされている。[23] TLが代用的司書ではなく、日本の学校に適したものとしている点で、アメリカにおけるTL／SLの定義を日本の現状に合わせて改変している。

学校図書館法制定以前のこの時期に、司書教諭をどのように制度化するのかについては複数の考え方があったと思われる。そうした考え方の一つに、図書館法（昭和二五年四月三〇日法律一一八号）で法制化された司書資格の流用がある。同法で言う司書は公共図書館職員の専門資格である。図書館法の附則第四項は、公立図書館、国立国会図書館、大学の附属図書館の現職の図書館職員に司書ないし司書補の資格を五年間だけ認めるというものであった。その間に講習を受けて改めて資格を取り直すことが求められていたのである。これが一九五二年六月の同法の改正によって、学校図書館の職員で教育職員免許法上の教職免許をもつものについても同様に司書又は司書補となる資格を有するとされた。この法案についての文部大臣天野貞祐の説明が次である。

> 図書館の司書及び司書補の暫定資格を、大学以外の学校に附属する図書館に勤務する、教諭免許状を有する者にも与《あた》えることに改めようとするものであります。すなわち、現行法においては、法施行の際、大学附属図書館の司書または司書補に相当する職員にそれぞれ暫定資格を与えていますが、大学のみならず、小中高等学校等の附属図書館の職員も活発な活動を行つており、かつ暫定資格を得て、受講の機会を持ち、専門職員の資格の取得を望んでいる者が多いので、これらの職員のうち、教諭免許状を有する者に対し、暫定資格を付与し、講習受講の機会を与えるよう改めたいと思うのであります(24)。

図書館法成立当初、司書および司書補は、公共図書館職員や大学図書館職員のみを対象とした専門資格と見なされていた。さらにこれを、法成立の二年後の改正で学校図書館の専門職員にまで適用しようとしたわけである。

この法改正について、公共図書館等を所管していた社会教育局と学校図書館を所管する初等中等教育局の間でどのような話し合いがあったのかは不明である。少なくとも社会教育局には、図書館法の司書・司書補資格と教職資格を組み合わせることで学校司書を認定できるとの考えがあって、このような法改正を行ったのであろう。両者の間に協力関係があったことは、法成立後まもなくの一九五二年六月に、文部省初等中等局長と社会教育局長が連名で、全国の学校を対象にして「小、中、高等学校等の図書館の司書及び司書補暫定有資格調査」を実施し、この法改正で対象になる職員の数について調査していることからわかる。[25]

この調査で注目すべきは、後に司書教諭の職務内容と見なされるものが、学校図書館の司書の職務内容として規定されている点である。都道府県教育委員会あてに送付された調査依頼の文書のなかには、「小、中、高等学校等の図書館の司書および司書補の職務内容」という別紙が添付されていた。[26] 別紙は、暫定資格の対象になっている職員の認定のために用意されたもので、「司書は（中略）次にかかげるそれぞれの職務を、自己の責任と判断によって処理する能力ある者とする。司書補は、次にかかげる職務中〇印のあるものは自主的に、他はそれぞれ司書の事前の指示と事後の検査を受けて助手的処理をする能力ある者とする」と説明されている。そして職務内容は一四一項目あり、司書はそのすべて、司書補はそのうち〇のついている三七項目を自主的判断のもとに処理できるものとなっている。かなり詳細な職務リストであり、専門性を認定する根拠として十分なものであったと考えられる。

このように、この時点では、学校図書館を運営する職員は司書資格をもつ教員とするのか、新たな司書教諭の資格をつくるのかの点についてはまだあいまいであると言わざるをえない。この調査はそのあたりを明確にするために実施されたわけではなく、教員で学校図書館の仕事をする人に司書ないし司書補の資格を与えるために一時的な措置として行われたにすぎないと考えられる。

その後一九五三年の学校図書館法案が準備されているときに、文部省が用意した資料のなかでは「学校図書館係の教諭で司書の暫定資格を持つものは、七、二六〇人、司書補の暫定資格を持つ者は五三〇人であります」と報告されている。[27] この資料で注目されるのは、教員で司書の暫定資格をもつ者を「学校図書館係の教諭」と呼んでいて、専任司書教諭、専任司書助教諭、専任事務職員と区別していることである。つまり、アメリカ的な枠組みでのSLに対応するのが専任司書教諭、専任司書助教諭であり、TLに対応するのが学校図書館係の教諭とされている。そして、SLを「司書教諭」と呼んでいることで、日本的な司書教諭の概念が一人歩きし始めていることがわかる。

5　学校図書館法立法時における司書教諭像

全国的に学校図書館の設立、整備の運動が盛り上がった一九五〇年二月に、先述したように、全国ＳＬＡが設立された。この団体は個人会員制ではなく学校を単位とする会員制であるところに特徴がある。これは、コア・カリキュラム連盟の組織原理を参考にしたものであり、カリキュラムが教員個人ではなく学校を単位とするように、学校図書館もまた学校全体を単位としなければ機能しないという考えに基づくと広松邦子は指摘する。(28) 広松によれば、全国ＳＬＡの結成は、国立教育研究所内にできた図書教育研究協議会の活動を一つの基盤にしていたという。そのことからわかるのは、当初の時期の学校図書館運動はあくまでも学校内における新しい教育方法、教育課程を試みる活動の一環であったことであり、文部省もそれを支持していたことである。だが、実際に全国ＳＬＡが結成されてからは、学校に図書館を設置し専門職員を置くことを最優先とする要求をしたことで、学校教育行政の本流からはずれたところで運動が展開し始めていた。一九五〇年度末で全国の八〇〇〇校が全国ＳＬＡの会員になった。

全国ＳＬＡは一九五二年に司書教諭の配置と図書関係費公費支弁を要求する署名運動を展開し、この年の一二月までに全国で九二万五〇〇〇人の署名が集まったと言われる。こうした運動を基盤として成立した学校図書館法は、先述したように超党派議員の協議による議員立法によってできた法律である。(29) 学校図書館法は、吉田首相による一九五三年三月の衆議院「バカヤロー解散」によって一度廃案になっている。廃案になった学校図書館法案を再度検討してみると、それは学校教育法の改正を伴う免許制司書教諭の配置を規定する内容を含むものであり、今見ても斬新なものであったことがわかる。しかし、廃案を経てその半年後に改めて成立するまでの過程において、大蔵省や文部省による財政面での問題の指摘によって当初の内容が大幅に後退したと言われる。廃案になった法案と成立した学校図書館法の職員に関わる箇所を比較したのが表２－２である。

まず、両者の学校図書館の定義が少々異なる。法案では「施設」となっているのに、成立法では「設備」となってい

表 2–2　学校図書館法の1月案と成立法における職員規定の相違

	学校図書館法案（1953年1月） 衆議院法制局作成	学校図書館法（1953年8月8日） 法律第185号
学校図書館の定義	2条2項　この法律において「学校図書館」とは、学校における施設で、図書、視覚聴覚教育の資料その他必要な資料を収集し、整理し、及び保存して、児童又は生徒及び教員の利用に供することによって、学校の教育過程の展開に寄与し、且つ、児童又は生徒の健全な興味の助成及び児童もしくは生徒又は教員の教養の向上に資することを目的とするものをいう。	2条　この法律において「学校図書館」とは小学校、中学校、高等学校において、図書、視覚聴覚教育の資料その他学校教育に必要な資料を収集し、整理し、及び保存し、これを児童又は生徒及び教員の利用に供することによって、学校の教育過程の展開に寄与するとともに、児童又は生徒の健全な教養を育成することを目的として設けられる学校の設備をいう。
職員配置	6条　学校の設置者は、その設置する学校の学校図書館の整備充実を図り、且つ、その円滑な運営を行うのに必要な員数の司書教諭その他の職員を配置することに努めなければならない。	5条1項　学校には、学校図書館の専門的職務を掌らせるため、司書教諭を置かなければならない。
司書教諭の位置づけ	附則2項　学校教育法の一部を次のように改正する。28条1項中「教諭」の下に「，司書教諭」を加え、同条第5項の次に次の一項を加える。 　司書教諭は、学校図書館の専門的事務及び学校図書館による児童の教育を掌る。 第50条第1項中「教諭」の下に「，司書教諭」を加える。（以下省略） ［附則5項：市町村立学校職員給与負担法、附則6項：教育公務員特例法の一部改正で司書教諭を位置づける旨の記述］	5条2項　前項の司書教諭は、教諭をもって充てる。この場合において、当該教諭は、司書教諭の講習を修了した者でなければならない。
司書教諭の養成	附則7項　教育職員免許法の一部を次のように改正する。 　第2条第1項中「助教諭」の下に「，司書教諭」を加える。 　第4条第2項第3号の次に次の1号を加える。 三の2　司書教諭免許状 （以下省略）	5条3項　前項に規定する司書教諭の講習は、大学が文部大臣の委嘱を受けて行う。 5条4項　前項に規定するものを除く外、司書教諭の講習に関し、履修すべき科目及び単位その他必要な事項は、文部省令で定める。
司書教諭設置の特例	附則2項　小学校、中学校、高等学校、盲学校及びろう学校には、…この法律施行後五年間は、司書教諭を置かないことができる。	附則2項　学校には、当分の間、第5条第1項の規定にかかわらず、司書教諭を置かないことができる。

る。通常、設備は何らかの建物内に設置される細々とした機器を指すことが多いのに対し、施設はある目的を伴った建物やそこが担う機能を想起させる概念である。図書館法上で図書館は「施設」と定義されている。そもそも学校教育法施行規則においては図書館が設備とされていたのに対して、法案ではそれを変更して施設という機能的概念を用いようとしたが、元に戻されたと考えられる。また、定義に関するもう一つの相違点は、法案では児童、生徒の教養に加えて教員の教養の向上も目的として謳っていることである。

第二に、成立法では司書教諭しか規定されていないが、法案においては「その他の職員」の配置も明記されている。法案においても司書教諭は必ずしも専任で置かれるとはされていないので、現実的に図書館の運営にあたる職員が必要になることについて考慮していることが特徴である。

第三に、成立法において司書教諭は教員のいわゆる充て職であり、職務分掌の一つにすぎないのに対して、法案においては学校教育法および教育職員免許法上で位置づけられるものとなっていた。これに連動して、市町村立学校職員給与負担法や教育公務員特例法といった教員給与の負担や身分、職責に関わる法律においても同様に司書教諭が独自に規定されることになった。いわゆる免許制の司書教諭が提案されていたのである。

第四に、法案では、教育職員免許法の改正により、小・中・高校の教職免許を有する者で、学校図書館に関する専門科目を大学において一級免許で一八単位、二級免許で一二単位を取ることで司書教諭免許を取得できると規定された。これは、大学が実施する司書教諭講習において七科目八単位を修得すると規定された成立法と比べると大きな違いがあった。単位数の違い以上に、司書の養成が、大学での専門的学習を前提にするのか、それとも現職司書に講習を受けさせるだけでいいのかの違いは小さくない。

なお、教育職員免許法上の司書教諭の養成の位置づけであるが、同法第五条において大学で修得すべき単位数を規定するのに別表の2の2を新たにつくることになっていた。別表1は小学校、中学校、高等学校、盲、ろう、養護学校の教員免許のための単位数、別表2は校長、教育長、指導主事資格を取るための単位数、そして別表3は養護教諭資格のための単位数をそれぞれ規定していた。つまり、まず通常の教職免許の教員について規定し、次に学校管理や教育行政のための資格について規定し、最後に養護教諭について規定していた。司書教諭が、養護教諭とは違い別表2の2で規定されようとしたのは、当時の養護教諭とは異なり、各学校に配置される司書教諭が指導主事に準じる位置づけにあたることも想定の範囲だったと考えられる。

第五に、法案において実施が予定されていた、司書教諭のための教育職員検定における学力の検定では、図書館法による司書資格を有するものについては司書教諭になるための単位の一部ないし全部を修得したものとみなすという規定が存在した。司書と司書教諭の相互乗り入れが想定されていたのである。

第六に、その後もっとも大きな問題となった「当分の間」司書教諭を置かないことができるという規定は、法案においては五年間という期限が設けられていた。これは全国で三万七〇〇〇校に司書教諭をすぐに配置することは不可能であるという財務当局の意見に従ったものである。ところが実際には「当分」が五〇年に至ったというのは歴史的事実である。

このときの立法作業の中心となった社会党（右派）の大西正道議員との協力関係のもとで、実質的に法律原案を書いたのが（社団法人）教育文化振興会理事の新井恒易である。大西議員が編集した『新しく制定された重要教育法の解説』のなかで、新井は司書教諭について次のように述べている。[30]まず、司書教諭の免許制度ができなかった理由として、二つの方面から問題があったことを指摘している。一つは、「教職免許制度を、現在よりもむしろ単純なものにしなければならぬという要求」であり、もう一つは「養成と司書教諭についての財政的な要求」である。[31]一九四九年の教育職員免許法で一応の教職免許の体系ができあがったが、五二年九月からの教育職員養成審議会の最初の課題として「指導教論、司書教諭、社会教育主事の免許状新設の要否」が検討され、五三年一月三〇日付の「教育職員免許法等改正案要綱」ではこれらの免許状については将来の継続課題となったとされている。[32]

「当分の間」「司書教諭を置かないことができる」とされたのは、司書教諭の給与についての財政上および養成上の制約に基づくもので、「現在から比較的に時間を限定したのにすぎない」はずであった。また、司書教諭が担う学校図書館の専門的職務については、先述の五二年六月の初等中等教育局長と社会教育局長連名による通達にあった司書および司書補の暫定資格を調査するために示された職務内容が今後の参考資料として利用できると新井は述べている。

このあたりのポイントについてさらに明らかにすることのできるものとして、先に示した大田周夫資料のなかに、学校図書館法制定時に法案について文部省が用意した手書きの国会答弁資料がある。全部で一四項目にわたって想定される質問について事前に準備したものである。法案自体は文部省が用意したものでないだけに、かえってそこに文部省の本音を読み取ることができる。[33]主要な箇所について確認する。

まず、学校図書館法の目的についてであるが、問6に、学校図書館の設置義務は無理ではないかとの設問がある。それに対しては、学校図書館を設備として定義しているので、どのような場所でも形だけ設置することができるからその限りでは可能であり、学校図書館の基準の定め方によっては無理な場合もでてくると書かれている。学校図書館を単なる設備として扱えば設置は可能だが、とくに職員の配置の仕方によっては難しくなるということである。

もう一つ重要なものとして、問9では新井の記述にもあった司書教諭の免許制度について述べられている。そこでは新井の言うように免許制度を設けなかった二つの理由について言及されているが、とくに学校教育法の体系との関係について、普通免許と別に司書教諭免許をつくることで複雑化することを避けたかったことが示されている。すなわち、「司書教諭は、免許制度になっていないが、文部省は、これで差し支えないと思うか」との問いに、「現行の学校教育法では、児童生徒の教育を掌さどるものはすべて教諭であるという建前をとっております。それからみまして、司書教諭に教諭とは別の免許制度をしくことには疑義があるようにも考えられます」と述べられている。司書教諭の仕事は教諭の範疇に入るものだということである。

続けて答弁資料には免許制度の再検討と簡素化について述べられているが、事実、その翌年の一九五四年には教育職員免許法の改正により、校長、教育長、指導主事の免許状については廃止されることになった。教育行政の改革のなかでも、これらの教育専門職の免許制導入は教育委員の公選制と並んで大きな改革であったが、いずれも道半ばで挫折した。免許制の廃止は、免許所持者を人材としてなかなか確保できなかったことがあるが、新教育の理想主義の是正という側面も強い。司書教諭の学校における位置づけが教科教諭よりも指導主事に近いものであったから、この時期に新しく免許制に切り替えることは難しかったものと考えられる。

また、免許状を授与する養成課程の不備については、問10で、養成機関がきわめて少ない状態のなかで、指導者を一〇年の時間をかけて養成することが述べられている。

このように、司書教諭をすぐに配置することが難しいという趣旨の答弁が用意され、実際にも、衆参両院の文部委員会と本会議でその趣旨の答弁が行われた。しかしながら、この時点で文部省は司書教諭養成について一〇年程度の計画で実施し、きちんと配置することを想定していたと思われ、とくに司書の専任制を志向していたことは、問11に用意された答えから類推される。これは司書教諭を置く場合に定員を増やす必要はないのかとの質問に対するもので、「学校の種類や大きさによっては兼任で済ませて、現在の定員のままでまかなえる学校もあると思います」とし、「しかし、ある程度大きな学校では、やはり専任の司書教諭が必要になろうと考えますので、定員の方も、それに応じて増すことが、いづれは必要になってくると思います」と続けている。こうしてみると、当時、文部省は、学校教育法や教育職員免許法の体系を維持し、教員の定員を当面増やすことはできないという基本的な姿勢を保持しつつも、学校図書館の重要性については認識し、専任の司書教諭をできるだけ配置しようとしていたと考えることができるだろう。

文部省内ではその後も学校図書館行政への関与は継続された。一九四九年の「学校図書館基準」は学校図書館協議会で審議が続けられ、一九五三年に改訂版として「学校図書館基準案」が発表された。その後、学校図書館協議会が改称した学校図書館審議会で議論が行われ、一九五九年に「学校図書館基準」として文部省編『学校図書館運営の手びき』に掲載されることで公示された。この本は『学校図書館の手引』の改訂版ということになる[34]。「学校図書館基準」で、職員の項目は次のようになっている[35]。

学校図書館職員

1　学校図書館に司書教諭および事務職員を置く。

司書教諭は児童・生徒450人未満の学校では兼任を1人、450人以上の場合には専任を1人置く。

事務職員は児童・生徒数９００人未満の学校では専任を１人、１８００人未満の場合は２人、それ以上の場合は３人を置く。事務職員は専門の知識技術を修得しなければならない。

２　兼任司書教諭の担当授業時間数は、週10時間以下とする。

以上が、文部省が設定した最終的な司書教諭像である。「学校図書館基準案」にあった１の（２）「事務職員は専門の知識技術を修得しなければならない」が削除されて、「３　一般の教諭が司書教諭の職務にあたるときは専門の知識技術を習得しなければならない」と明記された[36]。つまり、図書館業務は、一般の教諭の片手間仕事ではなく、司書教諭と知識技術をもった事務職員で対応するものへと変更になった。そして、一定規模の学校には専任司書教諭を、小規模の学校でも兼任司書教諭を置くものとし、兼任の場合は教諭の授業時間を制限し負担を減らすという配置基準となっている。

しかしながら、すでに一九五九年には学校図書館審議会は廃止になっており、一九四九年の「学校図書館基準」が文部大臣への答申という性格をもつものであるのに対して、この一九五九年の「学校図書館基準」の法的性格はあいまいなものにならざるをえなかった。一九六六年には学校図書館審議会についての条項が学校図書館法から削除されている。加えて、文部省内で一貫して学校図書館行政の中心になっていた深川恒喜がこの『学校図書館運営の手びき』の編集を最後の仕事として退官することになり、学校図書館行政の一つの局面が終了したと言えるだろう。

なお、この新版の『学校図書館運営の手びき』には先に見た「小・中・高等学校の図書館の司書および司書補の職務内容」（一九五二年）が付録として掲載されている。その冒頭にこの資料についての短い解説がつけられているが、そのなかで「ここで司書とあるものはおおむね今日の司書教諭に、また司書補とあるのは、図書館事務職員に当るものとみることができる」と記されている。『学校図書館運営の手びき』の司書教諭の職務内容の説明もこの資料に基づいたものになっている。アメリカの teacher librarian の導入から始まった学校図書館職員の議論はこのようなかたちで落ち着いたと言えるが、これが奇妙な妥協の産物であることについて次節で述べることにしたい。

6　学校図書館問題の困難さの淵源

学校図書館法成立後の学校図書館関係者による同法改正運動や専任司書教諭の要求運動については多くの文献で語られている。それがことごとく失敗したのはなぜなのか。ここまで本書で記述してきた占領期の学校図書館運動における専門職員配置をめぐる議論から、その原因と思われる次の点を指摘しておきたい。

第一に、学校図書館の教育理論的基盤の不在である。学校図書館は新教育によって要請されたものであったが、すべてはアメリカ流の教育方法に基づいていた。学びのための資料を教授者および学習者が自在に駆使しながら学習過程を展開するという方法は、『新教育指針』の第四部で述べられ、その後、コア・カリキュラムや自由研究として各種の実験学校で試みられた。アメリカ的新教育は一九四七年から一九五〇年頃までは文部省や大学関係者も含めたリーダー層にも中心的な課題として受け止められ、さまざまな試みが行われた。しかしながら、それが定着しないうちに教育課程は大きな方針転換によって以前のものに戻ってしまった。学校図書館が定着しないのは、学校図書館を重視する教育思想が占領終了後の日本の教育課程の思想と相容れないからである。そのために、学校図書館は課外読書の場あるいは読書振興の場として存在するにとどまらざるをえなかった。

第二に、学校図書館を一九五三年一月法案では「施設」と規定したが、最終的に「設備」と規定されたことからくる限界である。学校教育法施行規則の第一条を受けて学校図書館法でも設備と規定され、それが義務設置となった。もちろんこの設備が「人」の手当てなしに運営できるものではないとして、司書教諭配置の運動が学校現場では展開されたわけだが、設備としての図書室さえあればそれだけで法に則ったことになるという点で、現状追認の口実を与えることになった。学校図書館が単なる設備ではなくサービス機能を担うものであるという観点が最初からもう少し強調されていれば、教育委員会単位でも複数の学校単位でも専門職員の配置が行われた可能性がある。これは先に述べた新教育に基づく学校図書館の議論が短期間で終わってしまったことと密接に関わるものである。

第三に，司書教諭という職種の奇妙さである。もう一度，その原型であるteacher librarianとschool librarianの議論を確認すると，アメリカではschool librarianを標準とし，teacher librarianは小規模校における代用措置にすぎないものであったが，日本ではteacher librarianを司書教諭と呼んでその専任化が主張されてきた。しかし，専任化を求めるなら，アメリカ的な文脈では専任の学校司書でなければならないし，日本的な文脈では養護教諭に見られるような教育職員免許法上の免許制度が規定されなければならない。一九五三年法の司書教諭は妥協の産物であっただろうが，わずか八単位の講習を受けた程度で専門性を主張することはそもそも不可能であった。附則にある履修軽減規程で，四年以上の学校図書館経験者は「図書の整理」二単位で資格が与えられることになったから，なおのことそれがあてはまる。一九五九年の学校図書館基準が実現される根拠はほとんどなかったと言ってよい。同法に基づいた司書教諭制度を前提にした法改正運動にもまた現実味はなかった。

第四に，図書館法と学校図書館法は同じ時期に別々に法制化され，図書館関係者の力を結集することができなかったことである。本書で検討したように，図書館法成立から学校図書館法成立の間に司書と司書教諭の共通性と差異が検討される可能性があったわけだが，結果的には別個に制度化された。司書も司書教諭もライブラリアンシップという共通基盤をもっていることは確かであるが，教育関係者は学校図書館を有効な施設としてとらえるのではなく，学校内の設備としか見なさない傾向が強かった。これに対して，図書館関係者による批判の声はあったが，「学校司書」ではなく，「司書教諭」の名称が定着した段階で司書の専門職化は潰えてしまった。

二一世紀に入った現在，「ゆとり」「総合学習」「生きる力」などのキャッチフレーズのもとに進められてきた教育改革が戦後の新教育と同様の問題点を指摘され見直しが行われている。教育改革における学校図書館政策の中途半端さについてはここでは触れないにしても，今後の学校図書館問題を考える際に戦後すぐの状況との類似点と異なる点を意識しておくべきである。そもそも戦後直後は学校図書館の実践がほとんどゼロの状態から出発したのと異なり，その後の学校図書館の実践の蓄積がある。そして，当時，学校図書館運動が盛り上がったときはすでに新教育の見直しが始まった時点であったが，今は教育改革の議論と学校図書館改革が同じタイミングで行われる可能性がある。教育改革の理念と学校図書館の機能に密接な関わりがあることが関係者にも少しは理解されていたということである。当時と同じ道を歩まないためにも、これらを精査して次の議論を積み上げる必要がある。

注

（1）澤利政「専科司書教諭を選任——兵庫県西宮市」全国学校図書館協議会編『司書教諭の任務と職務』全国学校図書館協議会、一九九七年、一六三ページ。

（2）根本彰「占領初期における米国図書館関係者来日の背景——ALA文書ほかの一次資料に基づいて」『日本図書館情報学会誌』第四五巻第一号、一九九九年、一—一六ページ。

（3）伊ヶ崎暁生・吉原公一郎編『米国教育使節団報告書』（戦後教育の原典2）現代史出版会、一九七五年、九六ページ。

（4）『新教育指針』第四分冊、文部省、一九四七年。

（5）中村百合子「戦後日本における学校図書館改革の着手——1945-47」（『日本図書館情報学会誌』第四八巻第四号、二〇〇二年、一四八—一五七ページ）がこのあたりの学校図書館運動をもたらす要因を体系的に分析している。

（6）肥田野直・稲垣忠彦編『教育課程　総論』（戦後日本の教育改革6）東京大学出版会、一九七一年に詳しく説明されている。

（7）中村、前掲、一五六ページ。

（8）同右、一五六—一六〇ページおよび篠原由美子「『学校図書館の手引』作成の経緯」（『学校図書館学研究』第四号、二〇〇二年、一五—三三ページ）が詳しい。なお、CIEのなかでどのような議論があったのかについては未解明であるが、中等教育担当官モンタ・L・オズボーンが指示を出し、図書館担当官フィリップ・O・キーニーが実務を担当したと考えられる。

（9）文部省『学校図書館の手引』師範学校教科書株式会社、一九四八年、七ページ。

（10）本章末尾資料1の「司書教諭の設置と養成に関する要請書等の資料」1を参照。

（11）全国学校図書館協議会編『学校図書館基準——解説と運営』時事通信社、一九五〇年。

（12）「国立教育政策研究所教育図書館所蔵大田周夫旧蔵資料」SS180-5-14-768（マイクロフィルム番号。以下同様）なお、後に全国SLAがまとめた『学校図書館基準』にも納められており、そこでは一九四八年一二月作成となっている。全国学校図書館協議会編、前掲、一七四—一七八ページ。

(13) 鳥生芳夫「5．人の構成」全国学校図書館協議会編、同右、四六ページ。

(14) 鈴木裕子「養護教諭の歴史とアイデンティティに関する研究——養護概念の変遷の検討を中心に」『障害・医学・教育研究会誌』第四号、二〇〇二年、一三四—一九八ページ（http://matsuishi-lab.net/yogo.htm）。

(15) 鳥生、前掲、四七ページ。

(16) 鳥生、同右、一〇六ページ。

(17) 末尾資料1の「司書教諭の設置と養成に関する要請書等の資料」2を参照。

(18) 末尾資料1の「司書教諭の設置と養成に関する要請書等の資料」4を参照。

(19) 中村百合子「『学校図書館の手引』編集における日米関係者の協働」『日本図書館情報学会誌』第五〇巻第四号、二〇〇四年。なお、当該書の書誌事項は次の通り。Mary Peacock Douglas, *Teacher-Librarians Handbook*, ALA, 1941.

(20) メアリー・ダグラス『司書教諭ハンドブック』（裏田武夫・佐藤貢訳）、牧書店、一九五五年。

(21) Douglas, op. cit., p.xi.

(22) Ibid., p.xiv. なお、当時の学校図書館サービスの概説書L・F・ファーゴ『学校の図書館』（原著第4版、一九四七年、阪本一郎・藤川正信・若林元典訳、牧書店、一九五七年）にもこの南部協会の基準が引用されていて、SL—TLの関係については同様の理解である（一四一—一四二ページ）。

(23) 図書館教育研究会『学校図書館学概論』学芸図書、一九五〇年、四〇ページ。

(24) 国立国会図書館「日本法令索引」図書館法の一部を改正する法律　昭和二七年六月一二日法律第一八五号、第一三回国会参議院文部委員会第二二号、昭和二七年四月一日、文部大臣天野貞祐の説明。

(25) 「小、中、高等学校等の図書館の司書及び司書補暫定有資格調査」国立教育政策研究所教育図書館所蔵大田周夫旧蔵資料SS180–5–10–498.

(26) 「小・中・高等学校の図書館の司書および司書補の職務内容」文部省編『学校図書館運営の手びき』明治図書出版、一九五九年、四五九—四六一ページ。

(27) 「学校図書館法案に関する国会答弁資料」国立教育政策研究所教育図書館所蔵大田周夫旧蔵資料 SS180–5–21–1137.

(28) 広松邦子「戦後教育改革と学校図書館」『図書館年鑑1983年版』日本図書館協会、一九八三年、二八六ページ。

(29) 図書館法成立に関する状況については『学校図書館の解説』（学校図書館協議会、一九五三年）に運動側から見た解説と資料が掲載されている。国会での審議過程については、土屋基則・土井捷三「学校図書館法の成立と展開」（『教育科学論集』（神戸大学教育学部）第四号、二〇〇三年）を参照。

(30) 新井恒易「学校図書館の開設」大西正道編『新しく制定された重要教育法の解説』東洋館出版、一九五三年。

(31) 同右、二六—二七ページ。

(32) 海後宗臣編『教員養成』（戦後日本の教育改革8）東京大学出版会、一九七一年、三四〇—三四一ページ

(33) 章末 資料2 参照。

(34) 深川恒喜『学校図書館運営の手びき』に収められている「学校図書館基準——作成までの歴史と背景」『学校図書館』第一九三号、一九五九年、八—一二ページ。

(35) 文部省編『学校図書館運営の手びき』前掲、三一ページ。

(36) 『学校図書館法の解説』前掲、一五六ページ。

資料1　初期司書教諭養成関係資料

以下に掲載するのは、国立教育政策研究所教育図書館所蔵の大田周夫旧蔵資料（マイクロフィルム）にある「司書教諭（仮称）の養成ならびに設置について」と題された資料（マイクロフィルムの請求番号SS180–5–22–1141）およびそれに附属していると考えられる「司書教諭の設置と養成に関する要請書等の資料」（同S180–5–10–498、S180–5–22–1140も同内容）を翻刻したものである。原資料は手書きで、日付、執筆者などの情報は一切書き込まれていないが、内容から判断して、執筆者は学校図書館担当官深川恒喜で、書かれたのは一九五二年の一二月頃であると推定される。

司書教諭（仮称）の養成ならびに設置について

学校図書館は、教育課程の実施展開に必要な図書、その他視聴覚資料等を収集し、これを主として児童生徒及び教師に対して利用せしめる学校必須の機関であるが、今日の教育課程の特質、各教科の指導法、教科以外の面における指導等において図書その他の教材が必要とされる度合は、かつての学校教育におけるそれの比ではない。すなわち今日の学校教育が望ましい効果を挙げるためには、学校図書館が、単に図書その他の資料の保管、利用の場所で止まるのみでなく、特に、今日、教材資料の乏しい状況においては乏しい資料を多角的に、各教科及び教科外の諸活動に利用しうるように整理し、積極的にその利用をすすめるための指導的活動が学校図書館に対して要求されている。

このような学校図書館を運営するために、その図書係となる教諭が果さなくてはならない仕事の内容は本年六月十六日付、文社施第二三〇号通達「図書館法の改正にもとずく（ママ）、小、中、高等学校等の司書及び司書補の職員調査について」（別添）に記載されている「小、中、高等学校等の図書館の司書および司書補の職務内容」のとおり極めて多岐にわたっている。

しかも、現在、相当に整備利用されている学校図書館においては、これらの実務は、学年を持ち、あるいは教科をもっている教師の兼任の形で行はれている。すなわち、一例を京都全市の中学校における実態調査（昭和二十六年九月二十日現在）によると、図書係教師は週平均二十四時間の授業を持った上、前期の如き図書諸事務に当っており、又本年九月の東京都目黒区の調査によると、小学校では週平均二十五時間、中学校で二十三時間の受持時間を持った上に、前記の図書館事務に当っている実情である。

このような実情に対して、各学校では、人員をいろいろと差繰り、あるいは、P. T. A. 会費から事務職員を雇うなど、無理をして、図書館経営に当らせたりしてきており、又教育委員会では、実験学校、指定学校等の名目により、ごく少数の定員を差繰り、極めて小数（ママ）の学校に専任の図書係教諭を配置してきているが、（現在、専任の司書教諭は全国で五十名に達しない。）これらはいづれも、応急かつ非常の措置であって学校図書館がすべての学校において充実活用されるようになる日を考えるとき、根本的な措置を講じなければ、重大な教育上の支障となるおそれすら考えられる次第である。のみならず図書係の教員のうちには労働過重のため、病気にたおれた者も生じ、又最近は、図書係を忌避しようとする傾向も看取せられるに至っているのである。

このような図書係教諭の事務内容は、いわゆる新教育の発足するとともに、在来のそれに比し飛躍的に増大しただけでなく、その後のわが学校教育の発展に伴い、ますます増加しつつあるのであって、すでに昭和二十四年、当時文部大臣の諮問機関であった「学校図書館協議会」は、司書教諭の養成、設置を上申し、その後別紙の資料に収載したような要請が各方面から、文部省その他関係方面にもたらされてきたのである。しかしながら、文部省としては、人員、予算等の制約から、これら学校当事者の要望に対して、答える措置を講ずることができなかったのであるが、義務教育費国庫負担法の制定により、教材費の一部が国庫より支給せられることとなり、学校図書館資料が、明年度より、全体的に、急速に充実することとなるに即応し、図書係職員の実務内容も又急速に増加すると思はれるので、この際、在来の各方面からの要請に鑑み、又図書係職員の実情に即しその養成と設置について積極的措置を講ずる必要がいっそう痛切になって来たと考えられるのである。

司書教諭の設置と養成に関する要請書等の資料

1．昭和二十四年三月二十六日　要望書（文部大臣あて）

日本教職員組合中央執行委員長　荒木正三郎

一　全額国庫負担により全国の学校に図書館を設置すること
二　学校図書館に専任司書並びに事務費をおくこと
三　学校図書館基準を法律化すること
イ　教員養成機関に図書館講座を必修単位として履修せしめること
ロ　現職教員を司書とするために国庫負担による講習会を開くこと

2．昭和二十四年八月五日　建議（文部大臣あて）

学校図書館協議会委員長　河合博

一　学校長教職員及び司書教諭に対して、学校図書館についての理解と技術の普及を図ること
一　司書教諭の職制を確立し、その免許制度を議定すること
一　教員養成大学に図書館学の講座を設けること
（註）右の学校図書館協議会は、文部大臣の諮問機関として同年四月設置せられたものである。

3．昭和二十四年八月五日　この日学校図書館協議会委員長河合博氏より文部大臣への上申された「学校図書館基準」に右の一頁がある。

一　人の構成
1　専任の司書教諭をおく
2　図書教諭は児童生徒1千人につき一人、または蔵書一万冊につき一人の割でおく。
ただし、五百人以下の学校では、パートタイムの司書をもって代えることができる。
3　司書教諭のほかに事務助手をおく
4　教員が小学校図書館の運営に当る場合は、図書館運営についての知識技術を習得する必要がある。

4．昭和二十五年三月一日　学校図書館充実に関する要請書（文部大臣、大蔵大臣、衆参両院等あて）

全国学校図書館協議会会長　久米井束
全国学校図書館協議会結成大会参加者一同

一　学校図書館基準を法制化すること
一　専任司書並に専任事務助手をおくこと
1　専任司書は最低一人、児童生徒一千人を超える場合さらに一名を加える
2　専任助手は児童生徒五百人につき一人をおく一　司書教諭を養成すること
一　司書教諭を養成すること
1　教員養成機関に図書館学講座を必須単位として履修させること
2　現職教員を司書とするため早急な講習会を開くこと

5．昭和二十六年六月七日　第2回全国学校図書館協議会第二回総会並びに研究発表大会のさい決議上申された要請書の中に次の事項がある。

要請書（文部大臣、大蔵大臣、衆参両院等あて）

全国学校図書館協議会会長　久米井束
各縣学校図書館協議会会長　京都大会参加者署名

右昭和二十五年三月一日の要請書に次の一項目を加える。

一　司書教諭を養成すること

３　通信教育による司書教諭養成の方策を考慮され度いこと

6．昭和二十七年三月十八日　全国学校図書館協議会から、左の学校図書館に関する請願が国会に提出せられ両院においてそれぞれ採択された。

学校図書館に関する請願

請願者　全国学校図書館協議会会長　久米井束

請願理由　新憲法の精神にしたがい民主的な文化国民を育成する学校教育の中で学校図書館は最も重要な機関であり学校図書館なくして現代の教育は成立しません。それなればこそ学校教育法施行規則の中には「学校図書館または図書室を設けなければならない」と規定せられているし学校図書館は学校の心臓であるといわれています。

今や学校図書館の重要性があまねく認識せられ現場教師児童生徒、P．T．A．理事者等が熱意を結集してその設置実現に邁進しつつあるときわれわれは国家が教育を尊重するその精神と責任にしたがい学校図書館の設置ならびにその公費支弁運営の基礎たる司書教諭の制度を速かに確立せられるよう請願します。

昭和二十七年三月十五日

学校図書館協議会会長　久米井束

両院議長あて各通

7．昭和二十七年九月十九日　第3回学校図書館研究大会のさいの参加者一千五百余名より文部省、その他の関係官庁への要望事項のうちに

○司書教諭の設置と養成

の一項があり、極めて重要な主題として参会者の討議の中心となった。

8．その他　昭和二十三年以降のブロック別研究集会、各都道府県別等学校図書館研究会等において、しばしば司書教諭の養成と設置についての要望事項が決議され、文部省その他関係方面に上申された。

9．全国学校図書館協議会では、目下各都道府県の学校図書館協議会その他学校図書館振興の諸団体を通じて「学校図書館振興のための署名運動」を全国的に展開しつつあるがその請願事項五項目のうち、二、三、四の三項は次の通りである。

二　学校図書館に専任の司書教諭、ならびに専任の事務教員《（ママ）》がおけるようにすること

三　司書教諭制度の法制化をはかること

四　司書教諭養成の方途を確立すること

1　教員養成機関に、図書館学講座をおくこと

2　現職教員を司書教諭とするため、早急に講習会を開くこと

3　司書教諭養成のため、指導者養成の講習会を開くこと

（衆参両院議長、文部大臣、大蔵大臣、各都道府県知事、各都道府県教育委員長あて）

この署名運動は本年六月末から開始されたが現在（十二月八日）約四十万人（十は後から挿入されている）の署名が、

全国学校図書館協議会事務局に集まっており、さらに連日増加されつつある現状である。

資料2　学校図書館法案関係資料

以下に掲載するのは、同じく大田周夫旧蔵資料（マイクロフィルム）にある「学校図書館法案関係資料綴」中の「学校図書館法案に関する国会答弁資料」と題された資料（マイクロフィルムの請求番号SS180–5–21–1138）である。原資料は手書きで、日付、執筆者などの情報は一切書き込まれていない。この資料を含め前後の資料は「学校図書館法案関係資料綴」としてまとめられていた。

学校図書館法案に関する国会答弁資料

問一　学校図書館の現状はどうか。

答　昭和二十七年五月一日、現在の調査によると、小・中・高等学校および、盲、ろう、養護各学校の総数は三七、〇九七校でありますが、このうち、学校図書館を持っているものは約二万校であります。これを学校別に分けてみますと次のとおりであります。学校総数小学校二一、五二八校のうち学校図書館を持つもの一〇、五七六校で四九％、中学校総数一二、三八二校のうち、学校図書館を持つもの六、五七一校、五三％、高等学校総数三、〇三五校のうち、学校図書館を持つもの二、七六四校八七％、盲・ろう・養護学校数合わせて一五二校のうち、学校図書館を持つもの一二二校、八〇％であり、学校図書館を持つ学校が学校総数に対する割合は、六七％になっております。

問二　学校図書館勤務職員の実態はどうか。

答　昭和二十七年十二月の調査によりますと、（六県二市未報告）小学校、中学校、高等学校の専任司書教諭の数は、それぞれ、四六八人、二八人、七二人で合計一四六人。専任司書助教諭の数は、三人、五九人、二八人、計九〇人。専任事務職員の数は、二五人、四一人、四六六人、計五三三人であります。

このように、専任で学校図書館の仕事にたずさわっている者は全部で七六九人となりますが、このほか、兼任でその仕事をしている者は、教諭、助教諭合わせて五四、〇〇〇人と推定されるのであります。

次に、学校図書館係の教諭で司書の暫定資格を持つものは、七、二六〇人、司書補の暫定資格を持つ者は五三〇人であります。

なお、現在、図書館法による司書の単位を取得したものは約三〇〇人であります。

問三　この法案に対する文部省の見解および今後の方針はどうか。

答　この法案によって学校図書館が健全に発達し、学校教育が振興しますことは、ひじょうにけっこうであると考えます。これが制定されましたならば、その法律の趣旨にしたがって、大いに学校図書館の充実発展のために努力いたす所存であります。

問四　学校図書館は学校の設備として、当然学校教育法の規定を受けるものと考えるが、本法案と学校教育法との関係はどうか。

答　学校教育法は学校教育全般のことを規定しておりますので、学校図書館についての条項はありませんが、学校の設備の一部として学校図書館も当然その規定を受けているのでありまして、現に、学校教育法施行規則第一条にも学校図書館のことが明示されているのであります。これに対して本法案は、学校図書館に関する特別法として、学校教育法精神に基き、さらにこれを具体化したものと考えております。

問五　義務教育費国庫負担法の教材費は学校の図書を含んでいると思うが、それと、本法案との関係について、文部省としてはどう考えるか。

答　教材費の方は、原価《（ママ）》償却費をみておりますが、これに対して、本法案の方は、基準に達していない学校に対して基準まで高めるための費用すなわち臨時費でありますので、別のものであると考えております。

問六　この法案では、学校図書館の設置義務をすべての学校に課しているが、文部省としては、これを無理だとは思わないか。

答　本法案の第二条によりますと、学校図書館を設備として定義しております。この考え方では、学校によっては廊下の片側でも、教室の片隅でも、学校図書館としての機能を果たすことができれば足りると思うのであります。しかし学校図書館の基準を定めることになっておりますから、その基準の定め方によっては、学校の種類と規模の如何によって、無理な場合もでてくるのではないかと考えております。

問七　この法案では、私立学校には学校図書館の設置義務を課しているが、補助を出すようにはなっていない。このことについて、文部省はどう考えるか。

答　学校図書館の振興のためには、私立学校に対しても、何らかの方法で助成することが望ましいと考えます。

問八　法案第二条に、図書館資料の中には、図書のほか、視聴覚資料その他の教材が含まれていると規定していながら、負担金の中に視聴覚資料等を含めていないことについてどう考えるか。

答　学校図書館としては、視聴覚資料が含まれることは当然と思われます。本法案で視聴覚資料負担の対象となっていないことは遺憾でありますが、できるだけ、これを含めるような措置がとられることが今後必要と考えます。

問九　司書教諭は、免許制度になっていないが、文部省は、これで差し支えないと思うか。
答　現行の学校教育法では、児童生徒の教育を掌さどるものはすべて教諭であるという建前をとっております。それからみまして、司書教諭に教諭とは別の免許制度をしくことには疑義があるようにも考えられます。またご承知のように、現行の教職員の免許制度については、その再検討と簡素化の声も多い時ですので、これをこの際ますます複雑にするような規定を新たに設けるのも如何なものかという考えもありましょう。これを免許制度にしますと、免許状を授与するために、教員養成大学にそのための養成課程を置かなければならないことになります。ところが現在、司書の養成課程をもっている大学は四つしかありませんので、免許制とした場合、の司書教諭の養成に無理があると思います。このような点から考えますと、むしろ、この法案の行き方の方がさしあたり適当なのではないかと考えております。

問一〇　司書教諭養成の見とおしはどうか。
答　現在、司書の養成課程をもつ機関は慶應大学ほか三大学と国立図書館職員養成所の四つである。（注：四を消して五に直した跡がある）
また二ないし八単位の講座をもつ大学は約二十である。これだけの教授陣では、司書教諭の講習養成は短期には不可能である。
よってまず、指導者を養成し、十年計画で司書教諭を養成したいと考えている。

問一一　どの学校にも司書教諭を置かねばならないとなっているが、そうするとすべての学校の定員を増すことになると思うが、これについて、文部省としてはどう考えるか。
答　本法案によりますと、司書教諭には教諭をもって充てるとありますので、学校の種類や大きさによっては兼任で済ませて、現在の定員のままでまかなえる学校もあると思います。しかし、ある程度大きな学校では、やはり専任の司書教諭が必要になろうと考えますので、定員の方も、それに応じて増すことが、いづれは必要になってくると思われます。しかし、これは当分、困難ではないかと考えますが、われわれとしましては、できるだけ努力するつもりであります。

問一二　司書教諭養成のための講習内容と単位について

答　司書教諭の職務を完全になしとげますには、専門的な多くの仕事がありますが、公立の小・中・高等学校では、約三万五千人、それに学校増加数等をみこみますと、約四万五千の大きに上る司書教諭を養成しなければなりませんので、理想とする単位数の全部の講習を行うことは大へんむずかしいのではないかと考えます。このような理由で、講習計画は約十年間にわたって、一年に約四千五百人に対し1．図書館通論、2．学校図書館概論、3．図書選択法、4．図書目録法、5．図書分類法、6．読書指導、7．図書館利用指導、8．青少年文献などの科目について四単位乃至八単位を履修できるように講習を行うように研究中であります。

問一三　この法案で大学図書館に対する補助を考えていない理由

答　大学に対する補助については、大学が設置されるとき、すでに大学設置基準に定められた各校の条件が備わっているると認められた学校が設置認可をされるのでありますから、図書館においても、ある基準にまで一応到達しているわけであります。この点から補助の対象からはずしたわけであります。しかし、大学図書館の内容については、改善を要する幾多の問題が内在しておりますので、ただいま「大学図書館改善委員会」がその対策を考えておられます。文部省においてもその改善にはできるだけ協力したいと考えております。

問一四　学校図書館と公共図書館の相違について

答　小学校、中学校および高等学校の学校図書館は、学校教育法の精神に基き、学校教育の目的をじゅうぶん達成するためこれらの各学校に設けられている設備であります。すなわち教科及び教科以外の指導を充実させ、また児童・生徒の一般的な教養を育成するために、必要な図書館資料を収集、整備し、主として児童・生徒及び教師の利用に供するものであります。

公共図書館は、社会教育法の精神に基き、図書館法に根拠を持つ社会施設であって一般公衆を対象として、その教育と文化の向上発展に寄与しようとするものであります。図書館奉仕という点においては公共図書館も学校図書館も同様でありますが、学校図書館の場合は奉仕的機能より一歩進めて、指導的な機能、たとえば、読書指導、図書館の利用指導、児童生徒の余暇利用の指導などの働きを持っているところに大きい特色があります、以上が両者の本質的な特質でありますが、学校図書館と公共図書館は相互に協力する必要があります。図書館法ではその第三條に学校教育を援助し、学校図書館に連絡協力する必要を規定し、学校図書館法案では、その第四條で相互協力を規定しているのは、そのためであります。

なお、現状におきましては、学校図書館の設備や内容が貧弱であるため公共図書館の利用者の半数以上が児童・生徒によって占められておりまして、そのため公共図書館として一般公衆への奉仕活動がじゅう分に行えない実情にあります。学校図書館の整備が要望されるのは、このような実状にも根拠があるわけであります。

第3章　戦後教育学の出発と学校図書館の関係

1　教育学と学校図書館を結びつけて考える意義

二〇一四年に学校図書館法が改定された。これにより、従来からの「学校図書館の専門的職務を掌らせるため、司書教諭を置かなければならない」（第五条）に加えて、「専ら学校図書館の職務に従事する職員」としての「学校司書」を「置くよう努めなければならない」（第六条）となった。注意しなければならないのは、司書教諭の配置は義務であるのに対して学校司書は努力義務規定であることである。文科省はガイドラインを示しただけで、学校司書の養成については現場ないし大学関係者の議論に委ねることになった。また、学校図書館という現場に法的に配置される二職種の関係についてはさまざまな意見がある。

学校図書館法では、「学校の教育課程の展開に寄与すること」と「児童又は生徒の健全な教養を育成すること」と、学校図書館の二つの目的を掲げている。「教育課程の展開」は教育職員の仕事であり、その展開に学校図書館が寄与することの困難さが多々報告されている。(1) 二〇一四年の学校図書館法改正でできることは児童生徒の健全な教養育成に対応することであり、図書館が教育課程の展開に寄与するようにするにはかなりの制約があるように見える。前章で検討したように、司書教諭という資格がつくられ、その養成が行われているのに、現実の司書教諭は多くの場合、教員の兼担業務として位置づけられているにすぎない。そもそも、この状況を放置したまま、学校司書という新しい資格をつくろうとしていることに対する根本的な疑問も存在する。

教育課程の展開への寄与に関する政策措置が行われにくい理由を探ることが本章の課題である。政策措置がとられるためには広い範囲での合意を得る必要がある。そして合意形成のためには教育現場およびそこに密接に関わる教育学アカデミズムの後ろ盾が必要である。現在、「主体的、対話的で深い学びの実現」という教育改革の目標が掲げられ、教育課程整備や個々の教育委員会や学校ごとのカリキュラム・マネジメントが行われ始めている。教育改革において学校図書館をより有効に機能させるためには、教育課程に関わる教職員が学校図書館のことをよく理解することが必要である。そのためには教育課程や教育方法、教育メディアなどの領域と学校図書館の機能に関する研究とを関連づける必要がある。

本章では、学校図書館が制度化された戦後初期の教育改革（新教育）において、教育研究と学校図書館とがどのような関係にあったのかについて考察する。現在の教育改革はこの時期の教育改革と類似の目標を立てている。たとえば新教育は子どもたちが自発的に学ぶ態度の育成や知識を一方的に授けるのではなく経験を通して学ぶ方法を重視していた。とすれば、それを支えるはずだった学校図書館が当時の教育関係者にどのように受け入れられようとしたのか、また、それがうまく制度化できなかったのはなぜかを検証することは、今後の教育学と学校図書館との関係を考える上でも有効なはずである。

2　戦後教育初期改革と学校図書館

戦後初期教育改革とは何か

戦後の最初の教育改革について、次の三期に分けて考えることが一般的である。(2)

基本制度策定期　一九四五年八月―一九四七年三月

最初は、占領下において教育の基本方針と制度がつくられる時期である。敗戦後、連合国軍最高司令官総司令部（GHQ／SCAP）は四大教育指令を出して超国家主義的な教育体制を覆すとともに、アメリカから教育専門家（第一次教育使節団）を招聘して基本的な指針を示した。これに基づき、日本政府は教育専門家や学識経験者からなる教育刷新委員会を設置し、教育改革の骨子を検討した。これらの議論とGHQの指示に基づいて、一九四七年三月三一日に教育基本法および学校教育法が制定され、教育改革の方向性が定められた。

新教育検討期　一九四七年四月—一九四九年七月

次が、最初につくられた基本制度に基づきアメリカの学校教育のやり方を導入した時期である。教育行政をレイマンコントロール（行政などを部分的に一般市民に委ねること）による委員会制で行うための教育委員会法が制定され、教育課程を自由化した学習指導要領（試案）が発表された。これにより、アメリカの学校で行われていた経験主義をもとにしたカリキュラムの考え方が導入されて、全国の多くの学校で新しい科目である社会科を中心にしたカリキュラム運動が展開された。また、新しい理念に基づく教員養成を大学で行うために、教育職員免許法と国立学校設置法が制定された。それにより旧帝国大学に教育学部が設置され、かつての師範学校は国立大学教育学部や学芸学部に編成された。

新教育見直し期　一九四九年八月—一九五三年八月

最後は、それまで導入された自由主義的な教育制度が統制的なものへと転回する時期である。GHQは日本を「共産主義への防波堤」とすることに占領方針を転換し、さまざまな政策を実施した。大学から共産主義者とその同調者を追放することを求めるイールズ声明（一九四九年七月）が出され、教育委員を任命制にする地方教育行政法が制定された。一九五一年九月にサンフランシスコ講和条約が締結されて五二年四月占領が終了したのちの教育政策は、一九五三年八月の教育課程審議会の答申「社会科教育の改善について」に見られるように、経験主義カリキュラムから、学習指導要領が教科の内容を定める系統主義への転換が進んだ。

カリキュラム改革

戦後初期教育改革のなかでも教育課程に関わる指針とそれに対応する学校現場の運動が二期目の「新教育検討期」に展開したことを簡単に見ておきたい。一九四七年三月に文部省は「学習指導要領一般編（試案）」を公表した。これは、当時のアメリカで広く採用されつつあったジョン・デューイ以降の経験主義教育学に基づくカリキュラムの考え方を取り入れたものである。「学習指導要領一般編（試案）」では学習者の自発的な学びが中心とされ、各地で経験主義的なカリキュラムを学校現場で実現するための研究が行われた。またカリキュラムを開発・発展させるためのカリキュラム運動が繰り拡げられた。小学校および新制中学校では従来の修身、国史、地理といった教科ではなく社会科を新設することになっていた。また、GHQにおいて教育政策を担当したCIEと文部省は共同で教育指導者講習（Institute for Educational Leadership Training in Japan: IFEL）を開催し、積極的に新教育の定着をはかった。自由研究が小学校の四年から六年までの必修となり、中学では選択科目とされた。

『現代教育方法学事典』ではカリキュラム運動について、一九四七年の学習指導要領（案）で小学校から高校一年までを対象に総合社会科が新設されてから独立回復した一九五一年の学習指導要領改訂までの期間と、その後、この運動が批判を受けながら少しずつ変化していき、一九五七年の文部省教育課程審議会答申で教科道徳の設置を認めることで総合社会科が解体した期間とに分けている。(3) 二期目の新教育検討期に社会科の教育課程をめぐって種々の実践活動が行われた。その際に参照されたのがヴァージニア州の公立学校のコア・カリキュラム（ヴァージニア・プログラム）であり、それをもとにしつつ日本の学校それぞれの事情に合わせた展開が見られたとされている。

アメリカの経験主義カリキュラムはCIEによって文部省や教育関係者に提示された。これが導入されるにあたって重要な役割を果たした著作として、倉澤剛の『近代カリキュラム』（一九四九年）がある。(4) この本は、ヴァージニア・プログラムとカリフォルニア・プログラムを中心としてアメリカの州政府が出している新しいカリキュラムの内容を紹介したものである。倉澤は女子高等師範学校教授を経て、東京学芸大学教授になった人物で、この当時はアメリカのカリキュラム運動についての紹介を行う著書を多数執筆していた。そのなかでも本書は理論書としての『単元論』（一九五〇年)[5]と並んで日本のカリキュラムづくりに影響を与えた。そのことについては次節で述べる。

実践面では、国語教師で作家の無着成恭の著書『山びこ学校』(一九五一年)が、戦前の生活綴り方の方法を踏まえて、生徒が自らの生活を基盤においた作文を書くことで問題解決学習をはかったことを描き出している[6]。また、コア・カリキュラムはカリキュラムの中心に置かれた社会科や理科の知識や扱う技法を生活の経験や活動と結びつけ、遊び、体験、作業、調査、討論、発表、劇などを通じて教科横断的な学びに発展させるというものである。学校や地域の名前をとった「桜田プラン」「奈良プラン」「明石附小プラン」などが具体的なコア・カリキュラムとしてよく知られている。東京高等師範学校と東京文理大学等が統合してできた東京教育大学の石山脩平や梅根悟を中心に一九四八年一〇月にコア・カリキュラム連盟がつくられ、機関誌『カリキュラム』を通じて全国の学校に普及したことからコア・カリキュラム運動は大きな力をもった。他に東京大学教育学部の関係者が関わった「川口プラン」などの地域教育計画と呼ばれる活動もあった。

カリキュラム運動は一九四八年から一九五一年くらいまでは盛り上がりを見せたが、三期目の見直し期に入ると、経験主義カリキュラムに対する批判が行われるようになった。東西冷戦体制が明確になると、占領政策は反共産主義的なものに変化した。それに伴って、自由を標榜した占領初期の教育改革は国家的な支持がなくなり、推進力を失った。また、冷戦体制においてソビエト教育学の強い影響を受けた論者による新教育批判が行われた。その批判は、資本主義体制を前提とした経験主義は個人主義的なものに終始し、社会的な教育目標を欠いているというものであった。また、新教育の教育課程が試行錯誤によって開発されつつあるなかで、子どもたちの学力低下が問題とされたこともあった。「はいまわる経験主義」という経験主義カリキュラム揶揄の言葉が現在でも残っている。

一九五七年の道徳科目の新設は戦前の倫理を復活させるものだと批判されたが、一九五八年の学習指導要領改訂では系統的な学習が必要だとして経験主義と決別することになった。こうした系統学習へと向かう動きに同調するように、科学教育研究協議会や数学教育協議会、歴史教育者協議会のような学術的な専門分野に応じた研究者団体が結成され、所属する学者・研究者がそれぞれの学問分野の学力低下状況を批判する論陣を張った。数学者遠山啓の「教えすぎではなく教え足りない」という言は研究者の本音を言い当てている。コア・カリキュラム連盟は一九五四年に生活教育連盟と改称した。これは生活空間における学習者の経験を重視する方法については保持しつつも、コアを中心としてカリキュラム全体の構成を展開するという考え方はやめることを表明したものである。こうして、経験主義を前面に出した教育課程運動は終了することになる。

カリキュラム運動のなかでの学校図書館

これまでの戦後新教育研究は、コア・カリキュラム連盟および地域教育計画のみを取り上げて議論するものが多かった。その後の「逆コース」の論争において経験主義と系統主義を対置させることが続いたために、子どもたちの直接経験の重要さだけを新教育は強調していたとする議論が主流だった。だが、実際には間接経験の場である学校図書館の重要性もまた新教育においては重視されていたのである。

第1章で見たように教育史において学校図書館が議論されることはほとんどなかった。アメリカでは経験主義教育と学校図書館設置が結びつけられて教育計画が進展していたという事実が教育関係者から無視されがちだった点について、今井福司は、日本のカリキュラム運動で参照されたヴァージニア・プログラムやカリフォルニア・プログラムには専任司書のことが明示されているのに、これらを紹介した倉澤剛の『近代カリキュラム』では学校図書館のサービス体制や職員についての記述があいまいであったと指摘している[7]。つまり、アメリカの学校図書館を紹介する過程で、情報の選択が行われ、その実像についてゆがめられていたというのである。確かにそういうことはあっただろう。だが、日本の新教育でも学校図書館の利用につながる動きは存在していたのである。

今井によると、ヴァージニア・プログラムでは、「社会適応主義」に基づく経験主義的なカリキュラムが志向されていた。そのなかで学校図書館はカリキュラムを活性化させるのに役立つ施設とされ、子どもたちに情報の探し方を教えることがその重要な目的だと書かれていた。一九五三年版のヴァージニア・プログラムではカリキュラムを「能力表」として示しているが、そのなかには図書館利用教育に関連する能力が列挙されていた。たとえば、「参考図書を用いる」

は一年生から七年生まで比重が1とされているが、「書物から適当な部分を選んで用いる」は三年生から六年生までは比重が3から5と高く、他の学年は1か2と低くなっている。そうした記述は州教育委員会の別の図書館活用マニュアル *Library Manual for Virginia Public Schools* を参照しながら書かれた[8]。このように、プログラムでは学校図書館の役割についても具体的に検討した上で、その結果をカリキュラム案に反映させていた。

今井は、コア・カリキュラムプランである明石附小プランを中心に検討を行い、明石附小プランが「多様な資料を活用した学習活動を取り入れながら、部分的に学校図書館の利用を想定していた」事例であると指摘している[9]。そして、ヴァージニア・プログラムを参考にしてつくった「中心学習」を行うための「中心学習能力表」には、「図書館で図書を索引する（目録を使って図書の検索を行うの意味：引用者注）」や「資料を蒐集して評価する」「資料を能率的に読む」という項目があり、それぞれの項目に対して学年ごとにどの程度の比重をもって時間数を割り当てるかが示されていた。実際に、コア・カリキュラムでも資料を用いた学習が行われていたのである[10]。さらに、今井は、別の新教育プランである川口プラン、本郷プラン、桜田プラン、北条プラン、豊島プラン、奈良吉城プラン、福澤プラン、業平プランを検討し、教科書や参考書、それ以外の資料を利用した学習が行われていること、そのなかでも桜田プラン、業平プラン、福澤プランは学校図書館の必要性を挙げていると述べている[11]。

コア・カリキュラム連盟の機関誌『カリキュラム』一九五〇年一〇月号と一一月号は学校図書館を取り上げている。とくに一〇月号には『学校図書館の手引』の執筆者の一人、久米井束が「新教育と学校図書館」という論考を書いている。「学校図書館は、新教育を実践するために基礎的な施設である」「社会見学を行う場合にも、あらかじめその見学の内容について、予備的な研究を行っていくとか、あるいは見学の後に、それを基礎として、研究を深めていくというようであれば、その見学はもっと自分のものとなるであろう。効果的なものとなるであろう。そしてその予備的な研究や見学の後にする研究は、多くの場合図書資料によるのがつねである」と学校図書館が新しい教育方法の基礎的な位置づけにあることを述べている[12]。さらに一一月号は、学校図書館の設置運営に関わる問題を広く取り上げている。

これらの論考は学校図書館関係者が書いたものであるが、『カリキュラム』一九四九年一二月号では、桜田プランの東京都港区桜田小学校教諭樋口澄雄が「いったい資料や資材をどうするか」という論考を書いている[13]。そのなかで、教科書を含む参考図書類、雑誌、新聞等の刊行物類、写真、映画、幻灯等の写真類など多様な資料類を挙げ、学習を行う際に、それらの入手にさまざまな問題があることについて述べている。樋口の論考には学校図書館にはまったく触れられていないが、経験学習において日常的に、資料類を利用していたことがわかる。コア・カリキュラム運動と資料利用は結びつけられていたのである。

資料類の利用は、コア・カリキュラム運動に限定されず、当時の経験主義カリキュラム全体にあてはまるものだった。小原友行は、経験主義カリキュラムに基づく当時の社会科学習を「問題解決学習」としてとらえて詳細に分析した[14]。第1章で述べたように小原によると「問題解決学習」は、「生活学習」「生活問題解決学習」「社会問題解決学習」「研究問題解決学習」の四類型に分けられる。そのうちの最後の「研究問題解決学習」は経験主義カリキュラムのなかで、「社会の問題を知的に解決させていくことによって、意識変革につながる科学的認識の形成を重視しようとする」ものとされている。取り上げられた事例として「四谷第六小プラン（四六プラン）」や高知県社会科教育研究会の実践には、経験を深めて考察する手段として、事実調べや研究問題の発見に加えて、それらをまとめて発表したり展示会を行ったりすることが児童生徒の経験学習の展開のなかに含まれていた。小原は、「生活学習」から、「生活問題解決学習」「社会問題解決学習」、そして「研究問題解決学習」へという展開があったとまとめ、これは「一教科としての社会科授業の確立という戦後社会科の歴史的課題が解決されていく過程でもあった」としている[15]。

具体的には「水害」をテーマにした学習では、調査グループを組織し、現地で観察し、関係者から聞き取りをしてノートをつくり、それを持ち帰って調査資料を使いながら整理の上、討論するというのが基本的作業である。その際に、書籍、新聞、地図などを使って、水害の原因が何であるか、その対策はどうあるべきか、自分たちは何ができるのかといったことをまとめていく[16]。小原の言う「研究型経験主義カリキュラム」は、アメリカの経験主義カリキュラムに近いものが実施されていた例であった。だが、小原は資料面での学校図書館サポートについては触れていない。

次節で、文部省の新しい教育課程実験校として位置づけられていた東京学芸大学附属小学校（世田谷校）において、

「図書館教育」が開発されていたことについて検討する。東京学芸大学附属小学校のカリキュラムを検討した水原克敏によると、カリキュラムは経験主義をベースとした「経験学習」と教科をベースとした「基礎学習」により構成され、各学年の単元において、「経験学習」がさらに「学習活動」と「生活指導」に分かれ、「基礎学習」が「言語」、「数量形」、「音楽」、「造形」、「図書館その他」に分かれていた。そして学校図書館について次のように水原は述べている。

図書館利用が「基礎学習」の重要なひとつであることは、児童生徒の問題解決の学習活動を展開する上で不可欠な位置を占めるからである。図書館教育のスコープとして、図書の愛護、本のこしらえ、図書の選択、辞書、百科事典、図書館、図書の分類、カード目録、本の読み方、特殊参考書、本の歴史、本の製作と配給の12領域が設定され、その領域・学年ごとに単元が設定されている。（中略）このような指導を通じて、図書館の利用の仕方や資料の収集の「基礎学習」がなされる。それらが調査研究の方法を習得する上で大事なスキルとして設定されていることは注目に値する。主体的な課題追究・問題解決学習を基本としているカリキュラムであるが故に、その解決の方法・情報収集のスキルを系統的に教えることが重視されていたのである。[17]

学校図書館を新カリキュラムに組み込んで展開することについての検討がなされ、実験的な展開が行われていたことを水原は指摘している。ただし、これはCIEや文部省の指導のもとに行われていたものであったことも確かであって、そのことについてはこのあと詳しく検討することにしたい。なお、この水原の記述は最近になって、ようやく教育課程の研究者が学校図書館に注意を向けることになったことを示すものであることを指摘しておきたい。

アメリカでは、資料を利用した学習活動は学校図書館と学校司書の存在を前提としていたが、それがカリキュラム案においては前面に出るものではなかったので、日本に紹介されるときにそうした制度的な整備に触れられることは稀だった。学校教育と学校図書館にこのような懸隔があったことが、その後の日本の学校図書館に対する桎梏となり続けたのである。

3　戦後初期の学校図書館構想

学校図書館制度づくりの概要

この時期の学校図書館制度についてはすでにいくつかの研究が行われている[18]。それらを踏まえて記述した前章までの概略を記すと、新教育についての指針を示した第一次教育使節団のメンバーにシカゴ大学の図書館学者レオン・カーノフスキーが含まれていたが、使節団の報告書に学校図書館についての言及はなかった。しかしながら、その後のGHQの教育専門家派遣プログラムのなかに、アメリカで学校図書館行政に関わっていたミー・グラハムが含まれており、一九四七年二月から五月まで滞在したことから、文部省において『学校図書館の手引』の編集が始まる。教育専門家派遣プログラムの人選にはアメリカ図書館協会の東洋委員会委員長チャールズ・H・ブラウンが関わっていたことが明らかになっている[19]。文部省は『学校図書館の手引』を一九四八年一二月に刊行し、その「伝達講習会」を開催する。また一九四九年八月に「学校図書館基準」が公表されたことで、学校図書館の振興が本格的に始まった。これに呼応するように、一九五〇年二月に全国学校図書館協議会が設立され、学校関係者、図書館関係者の間で学校図書館を学校のなかの施設としてつくっていくという運動が拡がりを見せた。

学校図書館法は右派系社会党議員を中心とする議員立法として発議された。最初の一九五三年三月の案では免許制の司書教諭の配置が、同年八月の最終案では現職の教員が講習を受けて資格を取る任用資格制に後退した[20]。学校図書館法は成立した。しかし、野党議員の立案による議員立法であったことや、当時行われていた教職免許についての審議との兼ね合いもあり、学校図書館法は政府が積極的に進めたものではなかった。このことが、その後の学校図書館の位置づけを難しいものにしたと言える。実際につくられた学校図書館は校舎の片隅に置かれた、図書が並んだ部屋にすぎないものが多かった。司書教諭の配置は進まず、配置されたとしても教務との兼務であり、多くの場合、図書館を運営するのはPTA雇用による非常勤職員や児童生徒による委員会であった。

学校図書館設置を進める動きはその後も継続的にあったし、法改正して司書教諭の配置を進める動きも何度かあったが、結局のところは二度の法改正により、司書教諭、学校司書の二職種並記が常態となり現在に至っている。(21)

『学校図書館の手引』「学校図書館基準」編集に見る教育と図書館

『学校図書館の手引』の編集は一九四七年春から始まり、一九四八年一一月に刊行された。その一ページ目には、「学校図書館は、新しい教育においては、きわめて重要な意義と役割を持っているので、学校図書館の発達を促すために、文部省は昭和二十二年の春、「学校図書館の手引」編集委員会を設け、この手引書をつくることになった」と明記されている。(22)

委員は全部で二〇人であるが、このなかに、教育関係者として、青木誠四郎（文部省教科書局教材研究課長）、石山脩平（東京文理科大学教授、元文部省教科書局教材研究課長）、阪本一郎（東京第一師範学校教授）、勝田守一（文部事務官、文部省教科書局勤務）、鳥生芳夫（板橋区立上板橋第一中学校校長）、滑川道夫（成蹊中学校教諭、同小学校主事）、深川恒喜（文部事務官、文部省教科書局勤務、編集主任）が入っていた（役職は同書の表記による）。青木、石山、勝田はもともと教育学を修めた人たちで、戦後の教職追放令で軍国主義者の解職が行われた後に文部省の職員を務めていた。彼らは教育改革の土台をつくる仕事をするとまもなく大学に戻り、戦後教育の研究や実践のなかで重要な役割を果たしていく。

図書館関係者は有山崧（日本図書館協会総務部長）、岡田温（国立国会図書館整理局長、元国立図書館長）、加藤宗厚（国立図書館長、元文部省嘱託）、河合博（国立東京大学助教授兼同大学附属図書館司書官）が入っていた。河合は一九四八年七月に文部省の諮問機関としてできた学校図書館協議会の委員長となり、「学校図書館基準」（一九四九年八月）の策定に関わるが、まもなく弁護士に転ずる。それ以外は上記の深川を含めて戦後の図書館界で活躍した人物である。

『学校図書館の手引』本文では、「過去の日本においては、教科書の学習に全力が注がれ、したがって、課外の読書や個人的な調査が軽んぜられ、そのための時間もほとんど与えられなかったため、図書館あるいは図書室は多くの場合、教科書を勉強したり、暗記したりする場所にすぎなかった」（［3］ページ）と記されている。このように学校教育をとらえ、学校図書館は、生徒の興味を引き出したり、個性を発揮させ、また、多面的な考え方や答えを提供する場であることが強調されている。そして、子どもたちにとっては読書習慣を身につける場であり、教員のためには、学習指導の参考書や研究書を備え、父母に対しても利用できるようにすることが述べられている。

『学校図書館の手引』全体では学校図書館の運営法についての概略が述べられている。冒頭の理念に対応して教育課程との関係で何が述べられているのかを見ておこう。第五章には学習活動の例と評価が示されている。だが図書や図書館の使い方や運用の仕方が中心で、あとは読書会等の行事の開催、読書記録や学習記録や成果の保存利用体制などが触れられるにすぎない。教科に関わることについては、参考となる資料の目録や索引の作成や、それを公開、保存したりすることが述べられている程度である。このように、学校図書館の利用法についての記述はあっても、教育課程、教育方法についての言及はほとんどない。

先述の編集委員のなかで、実質的な執筆者とされるのが、深川、加藤、鳥生、阪本、滑川の五人であった。戦後最初の学習指導要領（案）の検討の責任者であった青木、あるいはその後のコア・カリキュラム運動の中心にいた石山が加わっていないことから、理念的には学校図書館が重要だとしていても、学校教育の新しい展開に学校図書館がどのような位置づけになるのかについての意見の一致はなかったと考えるべきだろう。また、読書指導については戦前からの連続性があって取り入れられていたが、それはあくまでも図書を扱う局面だけのものとして取り扱われていて、カリキュラムのなかで子どもたちが学ぶ方法としての位置づけではなかった。また、配置される職員も司書ないし事務員とあり、当時参照されていたアメリカの事情とは異なっている(23)。

その後、文部省は完成しかかっていた『学校図書館の手引』を政策として打ち出すために、一九四八年七月、省内に学校図書館協議会（委員長：河合博）を設けて「学校図書館の充実・活用を図る方策の如何」を諮問した。三〇人ほどの学校関係者、教育関係者、図書館関係者が議論して、一九四九年七月に「学校図書館基準」を公表した。

「学校図書館は学校教育の目的にしたがい、児童生徒のあらゆる学習活動の中心となり、これに必要な資料を提供し、その自発的な場とならなければならない」を基本原則として、具体的な施設や資料についての考え方が示されている(24)。

注目すべきは、『学校図書館の手引』では図書館の運営を教員と生徒による図書委員会が担うとしていたのに対して、「学校図書館基準」では「専任の司書教諭を置く」としているところである。これがアメリカの teacher librarian の訳語である「教員司書」を言い換えたものであることについては第2章で述べた。(25) teacher librarian は、専門的な担当者を配置しようとしているわけではなく、教員の兼務であり、単なる名称変更にすぎなかった。学校図書館の機能については、資料を収集し、分類と目録作成の作業を行って排架し、自由な利用に供することが「学校図書館基準」には書かれている。

「学校図書館基準」本文では「学習活動の中心となる」学校図書館を担う司書教諭が通常の図書館員としての業務以外に何を行うのかはまったく明らかにされていない。発足したばかりの全国学校図書館協議会（全国ＳＬＡ）が発行した『学校図書館基準――解説と運営』では、「学校図書館基準」について解説されている。そこでは「司書教諭は図書及び図書館利用に関する指導をも行う」と述べていて、東京学芸大学附属小学校と小淵沢中学校の「教育単元」の事例が掲載されている。(26) これらの学校は後に述べるように学校図書館のモデル校として位置づけられていた。文部省で検討されていた学校図書館構想においては、教員兼務の司書教諭配置を前提としていたが、カリキュラムとの関連についての踏み込んだ議論はなされていなかった。

それでも、この時期に文部省が学校図書館についてそれなりに本気で取り組もうとしていたことは、一九四九年一一月に公布された教育職員免許法施行規則において、教員資格を取得するための科目として図書館学一単位が取り入れられたことからもわかる。同規則の第五条三項において、教職免許取得のための専門科目（教職教養科目）に選択科目が設けられ、教育哲学、教育史、教育社会学、教育行政学、教育統計学と並んで図書館学が受講できることになった。当時、教職に関する専門科目を重視する考えが強かったため、この措置によって、旧制師範学校を母体にしてつくられる教員養成系の大学や教育学部・学芸学部の多くが図書館学を開講することになった。ただ、ここでもやはり図書館は学校教育とは切り離された機関として位置づけられたにすぎず、教員養成カリキュラム体系において学校図書館は明確に位置づけられていない。

初期学校図書館モデル

学校図書館を中心としたカリキュラム構築の試みについて、これまで十分に研究されていなかった。今井福司は、そうした試みを紹介した書籍が五点刊行されており、それ以外に当時の出版物で紹介された事例が三つあったとしている(27)。それらの出版物を一覧で示したものが表3－1である。そのうちの下の三点は多数の学校図書館の活動事例を紹介した図書である。一九五〇年代前半の短期間に学校図書館についての関心が急速に高まり、各地で研究活動が行われたことを示している。これまで、これらの出版物について検討されたことがないのでやや詳しく見ておこう。

最初に掲げられている『小学校の図書館教育』は、『学校図書館の手引』の執筆者の一人である阪本一郎が校長をしていた東京学芸大学第一師範学校附属小学校の事例を取り扱っている。同校は文部省とＣＩＥによって学校図書館のモデル校とされていた。その序文として、当時設置されたばかりの東京学芸大学の学長木下一雄が次のように書いている。

書物を通じてわれわれは学者や芸術家たちの人間に触れることが出来る。自分たちの研究に貴い資料を与えられることがある。激励もし、啓蒙もしてくれる。図書館は偉大な教育のセンターである。

然し図書館はただ書物を集めたばかりでは、その機能を発揮することは出来ない。実に図書館はその経営の方面から、或はその管理の技術方面から、或は指導に関する教育的方面から、真に能率を挙げるだけの科学的研究が必要になるのである。ここに図書館学成立の由来がある。

わが東京学芸大学・第一師範学校男子部附属小学校はもう二年ほど、文部省の実験学校として学校図書館のすすめ方につき研究して来た。そして本校の教育研究所もこれと協同して、学校図書館のあり方について研究をつくした。本書はかような真摯な研究からの一つの成案である。新しい日本の教育の向上のために、一つの資料ともなれば、まことに幸いである(28)。

木下の記述から、大学を挙げて学校図書館モデルを推進しようとしていることがわかる。『小学校の図書館教育』に

表 3-1　学校図書館活動の紹介図書

東京学芸大学第一師範学校附属小学校編著『小学校の図書館教育』学芸図書，1949.
甲府市立南中学校編『中学校における学校図書館運営の実際』三養書店，1950.
小淵沢町立小淵沢中学校編『学習に直結せる学校図書館経営の実際』暁教育図書，1952.
東京都港区立氷川小学校『小学校における学習指導と図書館活動』東洋館出版，1957.
川崎市立富士見中学校『中学校における図書館経験の展開と指導』東洋館出版，1957.
竹下直之『学校図書館運営の実際と読書指導』西荻書店，1950.
全国学校図書館協議会『学校図書館実践叢書』全６巻，明治図書，1954.
文部省『初等教育指導事例集八　学校図書館編』明治図書，1957.

は、東京学芸大学第一師範学校附属小学校が一九四八年四月に文部省から実験校に指定され、一から図書館をつくり、図書館を学習活動の中心に据えた教育課程の編成を志向し、活動を行った一年半あまりの記録がそのまま記述されている。最初の学期に学校図書館の理論的研究を行い、学校図書館の目的と使命、アメリカの学校図書館の運営の実際や教育課程との関係などを検討している。その年の二学期には、児童の読書調査などをし、資料を選択し、図書館の施設設計を行って、学校図書館運営の基本的方針を決定している。三学期の一九四九年一月に図書館は開館し、一九五〇年四月以降に図書館利用を前提としたカリキュラムの整備をし、実際に学校図書館をつかった授業を行う。こうしたプロセスについて記されている。

「あとがき」で阪本は次のように書いている。

この書は、われわれの附属小学校が、学校図書館に関する実験学校として文部省から指定されてから約一年間の研究を収録したものである。昨年（昭和二十三年）の春、この話が成立した頃は、まだ文部省の手引き書も出版されておらず、校内での新しい学校図書館の認識は皆無と言ってよかった。

その後やっとたちあがるまでに半か年を要している。教育研究所は、その指導を一任されていたので、所内に学校図書館研究部を特設し、主催に千々和教授をお願いして、毎週一回、研究例会を持った。秋になってイーストリック氏を迎えることができるようになって、ようやく陣痛期に入り、明けて今年の一月、ついに開館の運びに至ったので、研究所は手を引き、学校の自律自営にまかせたが、その後間もなくまたスランプにおちいってしまった。——これ自体は、おそらく今日のどの学校も踏みつつある現実ではあるまいか。この間に私は、全国各地の学校図書館の研究集会に列席する機会を持ったが、どこでも同じ事態を見聞した。そして痛感したことは、進歩的な学校長の見識と、理解ある教諭全体の協力と、そして文字通り粉骨砕身する係教諭の情熱との三拍子が揃わなければ、学校図書館は遅々として前進しないということである。

いつの間にか、この三つの条件をそなえた他の学校は、われわれを追い抜いて行った。しかしわれわれは落胆しない。われわれは、附属小学校という特殊の条件が容易にわれわれの学校図書館を作ったのではなく、却ってこの条件が大きな障壁となったのであり、この障壁を乗り越えようとたゆまぬ精進を続けて来た間に、単なる線香花火のようではない、大きな見通しと心構えとを持つことができたからである。われわれはただ、学校図書館ができればよいというのではなかった。われわれは、われわれの学校教育が、真に図書館を必要とするように導き、その必要に応じた学校図書館を作ろうとしたのである。ふたたび秋を迎えて、われわれはついにその段階に達することできたようである。

たまたま全国の学校図書館運動が、今秋を期して一せいに点火される機運にあるのを聞き、われわれの歩んできた道が多少でも、その運動の一翼に貢献できればと思い立って、ここに急いでこの書を綴った次第である。これはまだ粗いタッチの素描にすぎないが、学校図書館は新教育とともに、これから成長するのである。[29]

何もないところからスタートするにあたって試行錯誤しながら活動した苦労が偲ばれる。『小学校の図書館教育』の特徴は、図書や参考図書の扱い方、図書館の使い方、そして図書の歴史や出版文化までを学ぶ「単元表」が学年に合わせて示されたことである。また、学年別に月ごとの単元に合わせて「経験学習」と「学校図書館活動」を組み合わせた総合的な図書館教育カリキュラム案も提示されている。この学校では「司書教諭」と呼ばれる教員と事務助手が学校図書館の運営を担当していた。これらからわかることは、東京学芸大学附属小学校が阪本を中心とした学校図書館運動の最初の拠点であり、図書館を中心とした資料利用の教育を経験主義カリキュラムの柱としようとしていたことである。

先述の『学校図書館基準――解説と運営』で東京学芸大学附属小学校とともに「教育単元」の例として触れられてい

たのが、山梨県小淵沢町立小淵沢中学校である。その小淵沢中学校について取り扱われているのが表3－1の三番目にある『学習に直結せる学校図書館経営の実際』である。その「はじめに」に校長の宮沢一夫が書いているところによると、新制中学校において、「生徒の個性の尊重が叫ばれ、自発活動による課題解決、問題解決が要求されるようになった」こと、農村地域での「村全体の文化水準の向上に資する」こと、そして人間の自己完成への努力を生涯続けるために、「自から学習し、自から研究調査する態度習慣を養う」ために、一九四九年に学校図書館の経営をテーマとして山梨県の実験学校を申請することにし、文部省の深川に相談しながら、教育課程に関わる学校図書館を開設したという。(30)『学習に直結せる学校図書館経営の実際』は表題に「学習に直結せる」と謳っているように、新たに学校図書館を開設して運用し、それを教育単元として学校全体の教育課程に位置づけている。学校図書館に置くべき図書の一覧表が教科別、学年別に示されているだけでなく、教科の単元と各図書との関係が明示されている。全部で二〇〇〇冊あまりになるそうした本のリストが一〇〇ページにわたってつけられていて、他校でも参照できるようになっている。教科教員が入念に図書の選定にあたったことがうかがえるし、教科単元と学校図書館との関係を知ることができる。また、「図書館教育」については東京学芸大学附属小学校の実践をもとにして、教科学習および経験学習のいずれにも位置づけられるように工夫していると述べられ、それに「利用単元」と名前をつけたとある。(31)その内容は単なる図書館の使い方を教示するのではなく、図書資料（ここには視聴覚資料も含む）を使用する生活指導の全分野を指すとして、次のような課程を示している（表3－2）。

図書館利用教育にあたるものが、教育単元として学年別に割り振られている（表3－3）。この一つ一つの単元における学習活動が詳細な一覧表として別に示されている。(32)さらに、教科単元との関係についても示されている。たとえば、一年次の図書館教育と他教科との関係の課程表の一部を示すと次のようになる。図書館教育単元にある「図書館の組織と規則」が社会科の「小淵沢中生活の設計」（三時間）およびホームルーム二時間の単元と対応するかたちで展開され、「図書の構成と愛護」が国語（二時間）および職業科（二時間）、工作科（二時間）と対応する。科目を超えた単元間相互の関係を明示するのはコア・カリキュラムでも行われていたことであり、この当時の考え方に忠実なものになっている

表 3–2　小淵沢中学校の図書館教育課程

	一年	二年	三年
図書館の組織と規則	わが校図書館の利用	学校図書館の運営	公共図書館
図書の構成と愛護	本の構成	図書の修理	出版文化の保護
図書の分類と整理	わが校の図書分類と整理	分類の必要とその効果 日本十進分類法とその他の分類法	
辞書	辞書の使い方	辞書の意義と種類	
百科事典	わが校の百科事典	事典の種類及び利用法	
特殊参考書	各種事典の使い方		叢書と全集
カード目録	わが校の図書目録	カード目録の使用法と記入法	
とじこみと雑誌		新聞ときり抜き	雑誌のよみ方
読書の方法	図書の選択	読書技術	

表 3–3　小淵沢中学校の図書館教育単元とカリキュラムとの関係（部分）

関連			学習題材	スコープ
内容（連絡単元名）	時間	科目		
淵中生活の設計	3	社会	わが校区図書館はどんな役目と組織をもつか	図書館の組織と規則
	2	HR	わが校図書館にはどんな資料が具えてあるか	
	2	国語	図書の構成はどんな風になっているか	図書の構成と愛護
淵中生活の設計 室内装備	2 2	職業 工作	本の取り扱いと修理	
わが村の生活改善	2 1	社会 国語	わが校図書館の図書の分類と書架の配列	図書の分類と整理

表 3-4　『学校図書館学叢書』（学校図書館研究会）

第１集	『学校図書館学概論』　1950.6　修正再版 1951.5　改訂３版 1953.2　改訂４版 1954.3　改訂５版　1955.3
第２集	『図書館教育：読書指導の手引』　1951.4　1952.7
第３集	『学校図書館資料の整理』　1952.8　改訂版　1954
第４集	『学校図書館資料の選択』　1953.11　再版　1955.10
第５集	『学校図書館の活動：運営と管理』　1954.12
別巻	『中学生の読書指導』　1953
別巻	『小学生の読書指導』　1953

ことがわかる。後半部には読書教育への取り組みについての単元表もつけられている。

学校図書館カリキュラムの完成

ＧＨＱの第三代図書館担当者としてジェーン・フェアウェザーが一九四七年春に着任し、日本側の教育指導者の再教育の場としてつくられた教育指導者講習（ＩＦＥＬ）で図書館講習の講師を務めている。フェアウェザーは滞在中にメンバーを集めて毎週一回東京で研究会を開催していた。同年九月に帰国後も研究会は継続していた。これは「学校図書館研究会」と名づけられ、その研究成果は『学校図書館学叢書』として刊行された（表３－４）。この叢書は、戦後最初期の学校図書館学の考え方を示すものとして重要である。その第一集として一九五〇年六月に刊行されたのが『学校図書館学概論』であり、末尾には二五人の学校図書館研究会メンバー一覧とこの巻の執筆にあたった五人のリストが掲げられている。『学校図書館の手引』に関わった深川、松尾、阪本が研究会のメンバーとして参加しており、深川と阪本は『学校図書館学概論』の編集執筆を行っていることがわかる[33]。

『学校図書館の手引』の執筆メンバーのなかで教育学者と言えるのは阪本一郎と滑川道夫である。このうち先に述べたように滑川道夫は戦前から教員として生活綴り方や読書指導に関わり、戦後は大学教員として国語教育の指導方法や児童文化論を一貫して説いた人物である。戦前の成蹊小学校で図書主任も経験したが、戦後の彼の考え方は読書指導を中心として学校図書館に関わるものであった[34]。他方、阪本一郎は教育学者としてただ一人学校図書館の理論化にも携わり、「図書館教育」のリーダーとなった。その経緯を見ておきたい[35]。

そもそも阪本が学校図書館に関わるのは、一九四四年に書いた『読書指導の研究』を読んだ文部省事務担当の深川恒喜から『学校図書館の手引』の編集委員になることを打診されたからである。阪本が当時のことを回顧した文章によると、最初、米国流のやり方に抵抗があったが、勤務校の東京学芸大学において、一九四八年秋から始まった教育指導者養成講座（ＩＦＥＬ）の図書館学班の担当を務める機会があり、アメリカの教員らと交流するなかで図書館学に親しんでいったという。[36] 阪本はこの文章のなかで、『学校図書館の手引』の図書館の利用指導の記述は不十分だったと述べ、同時に、利用指導の記述のあとに読書指導の項目があるのは、参考にしたアメリカの学校図書館論にもなかったことだとつけ加えている。図書館教育研究会の研究成果である、『学校図書館学叢書』の第２集『図書館教育——読書指導の手引』と別巻の二冊『中学生の読書指導』『小学生の読書指導』の編集を阪本は行っている。

先述の『小学校の図書館教育』でいう利用指導のことを、阪本は「図書館教育」と呼んだ。

『図書館教育——読書指導の手引』には、阪本を中心とする研究会メンバーの考え方がよく現れている。[37] まず第１章では、かつての教育の教科書万能主義とは異なる、教科書を学習の手引書とする見方を採用する。また読書についてはそれを目的とするのではなく、学習のための読書が重要であり、教科書以外のさまざまな図書資料を読む必要があるとする。そこで、のちに述べる城戸幡太郎の「図書教育」についても触れ、さらに「映画教育」「放送教育」「視聴覚教育」も含めてこうした教材を通した教育が必要であると述べる。

第３章で、図書館教育の具体的内容が述べられる。そこでは経験主義教育のなかで教員は単元やプロジェクトといった概念のもとで、子どもたちの経験を重視した授業計画を立てていく。その際、自らの直接経験だけではなく、代理経験（vicarious experience）も経験なのであり、そこにこそ、本を読んだり資料を通して学んだりすることの重要性があると言う。そして図書館がそうした本や資料を管理し提供することが重要であり、学校では適切なガイダンス計画をつくって子どもたちの基本的要求を導くことが必要であると説いている。

第４章以降はそのような考え方をもとにして、各教科や特別教育活動（ホームルームや職業指導など）などでの図書館教育単元の進め方について述べている。図書館教育は全体的な目標を掲げたあとに学校・学年別に目標と内容を示している。そして教育内容を具体的に展開する教育系列を決定してから各単元を設定するという順序になる。単元も、問題を提示する「問題単元」、そして教員が学習の動機づけをし、学習活動を展開するための資料を準備する「資料単元」があり、それによって「学習単元」が構成される。

第8章「一般教育課程との関係」では、図書館教育の教育課程を、①教科型教育課程と関連して行う場合、②経験型教育課程と関連して行う場合、③それ自体独立した教科として行う場合の三つに分けている。通常の学校では教科型教育課程と関連する場合が一番多いとして、教科の単元のなかに融合され、その導入や発展として取り扱われる場合と、別に系統づけて設定した図書館教育の単元を教科のなかに位置づけて取り扱う場合があると述べている。そして社会科と国語科、理科で行う図書館教育についての注意点を解説している。

経験型教育課程とは、コア・カリキュラムなど、教科を組み合わせながら子どもたちの経験を中心に単元を作り上げる教育実践である。そこに図書館教育を組み合わせることについても述べられている。経験型教育課程は「児童生徒の現実の興味や要求にねざした生活課題を発展的に組織立てる」ことであるから、それを系統立てた単元として用意することは容易ではないとしている。だが、「図書館教育の体系をとくに強調する必要もある」ので、「東京学芸大学世田谷附属小学校における実験をあげてみたい」として、詳細に学年別の単元表を掲載している[38]。

最後の独立教科として実施する場合については、ここでは取り上げておらず、「将来において、機構の改善と指導者の問題が解決されれば独立教科として取り上げられることも考えられるし、また今日、技能面における体系を他の教科から独立させて、「図書館科」として独立させる方向へすすもうとする研究もなされている」と述べるにとどまっている。なおここで研究と言っている試みは、関西での『学校図書館の手引』伝達講習会があった天理大学で行われたものを指している。天理大学図書館研究会ができ、小学校から大学までの教育課程において図書館科を設定し、図書館の利用法を中心としたカリキュラムをつくろうとしていた[39]。

阪本が学校図書館の現場担当者と研究しながら共同執筆した『図書館教育——読書指導の手引』は、図書館に関わる知識とそれを利用して教育課程を展開するための手法を緻密に示したものであった。アメリカで行われていた学校図書館の実践を参照しながら書かれているので、理論的にはアメリカと同等のレベルを保持していたと言える。だがこの教育を実施するのが誰かという部分になると、教員と図書館事務担当者を分離して専門家である教員が指導にあたるとし、その教員は図書館学の訓練を要するとしている。まだ学校図書館法制定前で、図書館法（一九五〇年）が制定されたばかりの時期に、専門的職員についての制度的議論がしにくかったことはあるが、アメリカにおいては学校司書（専任）、司書教諭（兼任）、図書館係教諭の区別があることが紹介されているだけである。教育の担当者であるから教員が担うという日本の事情に合わせた考え方を選択している。

『小学校の図書館教育』の「あとがき」のなかで、条件が整っている学校が他にあり追い越されたと阪本が述べたのが、先ほどの表3－1のリストにあった学校である。小淵沢中学校についてはすでに述べたが、東京都港区立氷川小学校と神奈川県川崎市立富士見中学校も、同様に文部省の実験学校とされたところであった。氷川小学校は戦後の早い時期（一九四六年）に久米井束校長の発意で学校図書館を教育課程に位置づけてきた学校であり、久米井は『学校図書館の手引』の執筆者の一人になり、のちの全国学校図書館協議会初代会長になる人物である。久米井は、図書館での調べ物を組み込んだ単元を各教科学習に入れた「問題解決学習」を行っていて、これは当初の経験主義カリキュラムの考え方に忠実なものと言えるだろう。また専任の図書係教諭が配置されていることも特筆すべきである。

もう一つの実験校である富士見中学校は、新制中学として一九四七年四月に小学校の一部教室を使って創立されたもので、最初から教育課程の一環に公立図書館の支援を受けながら図書室をつくってきた。一九五二年に文部省の実験校に指定されたときの主題は、「義務教育の終期迄にどのような図書館経験を生徒に与えたら良いか」というものであった。氷川小学校と違い、こちらは図書館づくりを課題とするだけでなく、新制中学の教育課程をつくりながらそこに学校図書館を関係づけるという難しい課題を背負ってのスタートであった。とくに教育課程との関係で言えば、すでに教科が明確になってきた時期に差し掛かっているので、各教科および教科外活動における学校図書館との関係が意識され、また、教科書および補助教材や視聴覚教育の位置づけが整理されていた。全体にはすでに読書指導へのシフトが見られる時期であり、中学生の読書の実態を把握して「図書館経験」を語るというものになっている。

以上に見てきたように、一九四九年から数年の間に学校図書館を教育課程に位置づけるモデルプランをつくる試みは

表3-5　『学校図書館実践叢書』（全国学校図書館協議会）の構成

第1巻	『学校図書館づくり』	（久米井束編）	秋田県大館市城南小学校など10校
第2巻	『資料構成』	（深川恒喜編）	北海道函館市松風小学校ほか9校
第3巻	『学校図書館の事務』	（若林元典編）	目黒区月光原小学校ほか8校
第4巻	『学校図書館の活動』	（久米井束編）	仙台市東六番丁小学校ほか10校
第5巻	『学校図書館教育』	（久米井束編）	福島大学学芸学部附属小学校ほか7校
第6巻	『読書指導』	（久米井束編）	港区氷川小学校ほか8校

文部省の深川恒喜や東京学芸大学の阪本一郎の尽力もあって全国の学校で行われていた。その特徴は図書館教育や図書館科といった言葉で示されるように、図書館の利用法を通じて各教科の教育課程と関わっていく方法であった。

表3−1にあった全国学校図書館協議会編の『学校図書館実践叢書』が刊行されたのは一九五四年と新教育見直しの時期に入ってからである。全六冊からなる『学校図書館実践叢書』は、表3−5のような構成になっており、それぞれの巻で具体的な学校の例が全部で四〇校ほど紹介されている。

その第2巻の『資料構成』の序文で編者の深川恒喜は、次のように述べる。

> 今日の教育は、代理経験や、ヒナガタ経験よりも、より多くの「実体験」をこどもたちに与えることをその重要な特色としている。経験学習とか、現場学習とかは、このような方向を端的にあらわしていることばである。このような面から学校図書館は、また「代理経験のオンリー」であってはならないということも、留意されてよい点になると思う。すなわち、学校図書館資料は、許され得る範囲、代用物や模型やヒナガタだけでなく、実体験を再現し、あるいは新たに産みださせる種類のものを含み、さらにこのような生活経験を発展させるように利用方法が指導されなくてはならない。[40]

ここでは経験主義的な教育方法が明確に意識されており、そこにおいて代理経験と実体験があり両者の発展的な利用指導が目指されていることがわかる。第5巻の『学校図書館教育』では、すでに述べた図書館教育が実際にいくつかの学校で実施されていることが報告されている。

『学校図書館実践叢書』では『読書指導』が独立した巻として設けられている。そして、表3−1の最後にある、文部省が新しい学習指導要領に合わせて編集し一九五七年に出された『初

等教育資料集八　学校図書館編』となると、全一一章のなかで「第6章 学校図書館利用による教科学習を計画的にするにはどうするか　黒部市立三日市小学校」以外の一〇章は読書指導にあてられている。すでに大きな方針転換があったことを見て取ることができるだろう。

4　戦後教育学と学校図書館

戦前から戦後の教育学へ

ここでは戦後の教育学形成期における学校図書館の位置づけを論じる。戦後教育改革初期には戦前からの教育学者の何人かが文部省における制度づくりに重要な役割を果たしていた。教育学者らはその後の教育課程や教育方法の検討期にも、学校現場と協力しながら指導的な役割を果たしていた。また、彼らは教育学の枠組をつくるのにも貢献していた。そのような経緯から、当時の教育学と学校図書館の関係を見ておくことが有効である。

最初に、戦前の教育学とはどういうものであったかを確認しておこう。教育学は、教育現象を学術的に研究する領域と、教育に携わる専門職としての教員を養成するための知識や技能を対象とする領域とがあった。前者に関しては、いくつかの帝国大学文学部には教育学講座がもうけられて専任の教員がいた。また、文学部には心理学講座があり、そこでも教育がテーマになることが多かった。ただ戦前に帝国大学で講じられていた教育学はドイツの新カント学派の観念論哲学をもとにした思弁的なものか、西欧および中国・日本の教育史をテーマとするものが一般的であった。心理学もドイツ哲学を人間の思考や行動にあてはめたものが中心であった。

後者の専門職としての教員を養成する場が師範学校であり、そこで行われていた師範教育が教育勅語に基づく一方的な知識注入主義だとして、戦後解体されることになる。東京と広島には高等師範学校および文理科大学が置かれ、各地にあった中等教育レベルの師範学校の教員養成の役割を果たした。教科ごとの専門家がいて、それぞれの学術研究を行いながら教員養成を実践していた。東京文理科大学は東京文理科大学教育学会をもち、機関誌『教育学研究』（一九三二

—四三年）を出していた。師範学校系の高等教育機関は教科ごとの研究成果を掲載する傾向が強かった。

一九四一年一二月末に日本教育学会の第一回総会が東京帝国大学で開かれている。日本教育学会は、広島文理科大学の長田新が全国の教育学研究者に呼びかけて結成したものであり、敗戦までに四回の大会を開催した。ちょうど太平洋戦争が始まったところであって日本教育学会は大政翼賛的な性格もあったと評されている。[41] 一九四四年からは東京文理科大学教育学会の機関誌『教育学研究』を引き継いでこの学会の機関誌とした。これは現在まで続いている。

他方、法政大学で心理学を講じていた城戸幡太郎は、教育現場から離れた教育学のあり方に満足できず、「教育科学」の用語を積極的に用いてより実証的な学問を模索し、一九三一年から東京帝国大学の教育学者阿部重孝とともに『岩波講座教育科学』（全二〇冊、一九三一—三三年）の編集に携わった。これは教育をテーマにした論文集シリーズであり、戦前で唯一の体系的な教育学構築を志向するものだった。ここから現在にも続く教育科学研究会（教科研）が生まれた。このシリーズの附録冊子が独立して、同会の機関誌『教育』（一九三一—四四年、一九五一年—、国土社）となる。なお、このシリーズの第二巻に今澤慈海の論考「図書館教育」が含まれていたが、そこで論じられたのは社会教育や高等教育も含んだ広義の教育に図書館が関わっているというものであった。

戦後の日本教育学会は、一九四六年五月に東京帝国大学で第一回の研究会が開催されるところからスタートする。それまでは少数の高等教育機関に所属する教育者・研究者の集まりであったが、教育改革において師範学校も含めて大学に昇格する動きがあり、研究者が大幅に増えていった。また、教育改革のもとでは、教育委員会や学校を単位として教員自らも実践的な研究をしながら教育活動をすることが求められたので、一気に研究的関心が増えていき、研究会への自主的な参加が増えていった。

東京文理科大学『教育学全書』と松本賢治『学校図書館』

戦後の教育改革の動きを反映したもっとも早い時期の出版物に、東京文理科大学教育学会編の『教育学全書』全七巻がある（表３-６）。ここに並んだタイトルを見ると、戦後新教育を支える新しい教育学の要素を解説するものであるこ

表 3-6　東京文理科大学教育学会編『教育学全書』

1	松本賢治『学校図書館』1948.4
2	金子孫市『PTA 研究』1948.11
3	梅根悟『カリキュラム改造：その歴史的展開』1949.6
4	石山脩平『地域社会学校』1949.12
5	波多野完治『視覚教育論』1949.12
6	倉澤剛『単元論』1950.8
7	和歌森太郎『歴史教育論』1950.12

とがわかる。これらの著者のなかで、梅根悟と石山脩平はコア・カリキュラム運動の中心メンバーであり、倉澤剛はアメリカのカリキュラムを日本の教育現場にいち早く紹介した人物である。波多野完治は心理学者で文章読解の心理学など多数の著書を刊行しているが、ここでは視聴覚教育につながる著作を書いていることが目を引く。金子孫市は理科教育分野でスタートしたが、東京教育大学で教育課程論を担当することになる。和歌森太郎は民衆史研究で知られる歴史学者であった。

新しい教育学を構成するものとして学校図書館を扱った巻があることが注目される[42]。これがシリーズの一番目にあるのは編集の都合で決まったものと思われ、順番にとくに意味はないだろうが、学校図書館が新教育の柱の一つと位置づけられていたことがわかる。『学校図書館』を執筆した松本賢治は、執筆当時神奈川師範学校教員でのちに横浜国立大学教育学部教授になる人物である。この本の「序」「跋」には、たまたま図書館担当になり、図書館整備を経験したことを通して、当時編纂中の文部省『学校図書館の手引』を補う著作を書くことにしたとある。母校東京文理科大学の『教育学全書』発刊に合わせて一九四七年夏から執筆を開始し、一二月には書き終えたということである。石山脩平、深川恒喜と連絡があったことが記されていることから、おそらく東京文理科大学の先輩であった石山脩平からこの著作を書くことを依頼されたものと思われる。

『学校図書館』の内容を見ると、全体としては学校図書館の資料や設備、また分類法や目録法について概説している。戦後の新教育において学習者の個性の尊重や自発的な学習活動が重視されることが述べられ、アメリカでは全米教育協会（NEA）とアメリカ図書館協会（ALA）とが協力して学校図書館の図書標準を発表していることに触れている。図書館を利用した教育を行う「教科としての図書館科」についての部分がこの時期のカリキュラム運動との関係をもっとも示唆する部分である。だが、『学校図書館の手引』と同様にそこで書かれているのは、図書館とは何かから始まって、分類法、目録法の基礎について述べ、あとは参考図書の使い方を解説するものであり、ひと言で言えば図書館の利用方法についての記述が中心であった。

著者の松本は、カリキュラム運動に参加していたわけではなかったし、まして図書館の専門家でもなかった。『学校図書館』は、学校図書館の素人がそれまでの図書館学の文献と何冊かのアメリカの学校図書館の文献をもとに書いたものである。とくに、アメリカの学校図書館についてはL. F. Fargo, *Library in the School* が典拠となっている[43]。『学校図書館』は戦後出た学校図書館に関する本のなかでは最初期のものであり、コア・カリキュラム運動の中心にあった東京文理科大学の新教育の構想のなかに位置づけられていたという点で重要である。しかし、参照している『学校図書館の手引』と同様に、そこでの学校図書館は学校において資料を利用する場にすぎず、カリキュラムとの関係については十分に記述されていない。

城戸幡太郎と『図書教育』

一九四九年夏から約一年間の短い期間であったが、教育学と学校図書館の関係を考えるにあたって見過ごすことのできない重要な動きがあった。その動きを推進した城戸幡太郎と雑誌『図書教育』についてはこれまで十分に検討されたことがないので、やや詳しく記述したい。

国立教育研究所（現国立教育政策研究所）は、一九三二年に設置された文部省直轄の国民精神文化研究所を前身とする。国民精神文化研究所は「皇国教学の指導者としての信念と識見との醇化」を指導方針としていて、戦時中は教学錬成所と名称を変えた。戦後はＧＨＱにより超国家主義組織であるとして解散させられ、講師陣は公職追放された。その後一九四九年に国立教育研究所と改称されて新教育の理念のもとに復活した。文部省学校教育局長だった日高第四郎が研究所長として着任した。

国立教育研究所の最初のプロジェクトの一つに図書教育研究協議会があった[44]。ＧＨＱの指示で進められていた学校図書館振興の検討を日本の学校教育と結びつけて研究することを意図したものである。その委員の名簿が表３－７である。

表 3-7　図書教育研究協議会委員

委員長	国立教育研究所長	日高第四郎	委員兼専門委員	東京都立第一女子高校教諭	若林元典
副委員長	国立教育研究所調査部長	村上俊亮		成蹊学園初等部主事	滑川道夫
委員	文部省初等中等教育局	深川恒喜		東大教授	宗像誠也
	文部省社会教育局	小和田武紀		青少年文化懇話会幹事	関野嘉雄
	東京学芸大学教授	阪本一郎		国立教育研究所員	山田清人
	東京外国語教授	小川芳男		国立教育研究所庶務部長	北岡健二
	東京都目黒第七中教諭	今井重雄		家庭大学長	青木誠四郎
	第一高等学校教授	竹山道雄	専門委員（交渉中も含む）	東大教授	中野好夫
	国立教育研究所員	古川晴男		作家	久保田圭雄
	東大講師	宮原誠一		作家	神崎清
	学習院教授	勝田守一		東大助教授	緒方富雄
	東大教授	海後宗臣		新教育協会	周郷博
	東京文理大教授	依田新		東京都麻布小学校	落合聴三郎
	東京都緑ヶ丘小学校教諭	松尾彌太郎		国立国語研究所長	西尾実
	東京都梅ヶ丘中学校教諭	佐野友彦		文部事務官	坪井敏男
				津田塾教授	三石巖
				東京都白金小学校校長	大石譲
				津田塾講師	黒田孝郎
				文部事務官	諸井三郎
				職業指導協会主事	伊藤祐時

委員長が研究所長の日高第四郎であり、文部省の深川恒喜を筆頭にして一三人の委員が選ばれた。委員兼専門委員にはその後全国学校図書館協議会で重要な役割を果たす若林元典をはじめとして七人が、専門委員には一三人が選ばれている。

ここに挙がっている人たちは、新生文部省の関係者とそれに近い立場にあった学者・文化人である。「図書教育」を掲げて新しい領域をスタートさせるためには、そうした幅広い人たちに声を掛けて賛同を得たと思われる。また、文部省からすれば、経験主義カリキュラムに基づく新教育課程の研究という意味合いもあったのだろう。

だが、図書教育研究協議会が実質的な協議の機会をもったかどうかについては不明である。少なくとも現在までに会議録や協議についての記事は見つかっていない。「図書教育」がわずかにその姿を現すのは雑誌『図書教育』の発行を通じてであった。この雑誌は、この協議会のもとにつくられた編集委員会「図書教育研究会」によって刊行された。編集委員は表3－8の通りである。委員長が城戸幡太郎であった。城戸は戦後文部省教育研修所所長や教育刷新委員会委員などの文部行政の要職についていたが、公職追放で辞任したところだった。[45] 深川恒喜以下一二人の名前が挙がっている。

ここには、これから学校図書館制度をつくろうとしている際の中心メンバーである深川恒喜、松尾彌太郎と、新しい教育制度づくりに関わっていた宮原誠一、勝田守一、宗像誠也、山田清人、周郷博、そして読書指導や視聴覚教育という立場から関わろうとしていた阪本一郎、滑川道夫、依田新、関根嘉雄、波多野完治の三つのグループの存在が認められる。城戸幡太郎は戦前から教育科学研究会の活動を通じて第二のグループと第三のグループをつなぐキーパーソンであった。さらに第一のグループとの関係が築かれようとしていた。先に彼が戦前に『岩波講座教育科学』の編集をした際に「図書館教育」の分冊があったことについて触れた。彼は心理学者としての関心から、教育を単に教え手と学び手の関係にとどめず、その間に技術的なものを介在させる考え方をもち、言語資料や教材・教具に対して強い関心を示していた。[46] こうしたことから、学校図書館に対しても違和感なく近づけたものと思われる。

一九四九年六月に図書教育研究会は『学校図書館の実際——計画と運営』という本を出す。[47] この本は図書教育研究会の性格を明確にして『図書教育』を発行するための準備のためのものであったと言える。その目次は表3－9のようなものであった。

表3-8　図書教育研究会委員

委員長	城戸幡太郎
委員	深川恒喜
	阪本一郎
	宮原誠一
	勝田守一
	依田新
	松尾彌太郎
	滑川道夫
	宗像誠也
	関野嘉雄
	山田清人
	周郷博
	波多野完治

冒頭の城戸の文章が、彼が図書教育について書いた唯一のものである。そのなかで彼は、これまでの教育が、思考が言語によって媒介されるという言語主義に陥っていたと述べ、これに対して、言語を通して社会的経験を知識にするための教育課程をつくることを主張する。その際に、「言語の視覚的補助としての図書は思想や知識の社会的実存としてそれ自身の構造は新しい指導目標として研究しなくてはならなくなった」と述べて、この立場を言語作業主義と呼

表 3-9　図書教育研究会『学校図書館の実際：計画と運営』目次

学校図書館と言語作業主義	城戸幡太郎
生徒のための図書館教育	
1　図書および図書館利用の教育単元	阪本一郎
2　生徒の図書館経営	石川春江
読書指導	滑川道夫
学校図書館はどのようにして造られ運営されているか	
1　梅丘中学校の場合	佐野友彦
2　大森第四小学校の場合	出雲路猛雄

び、そのあり方を明らかにするために図書教育を研究することを提言している。[48] そして、学校図書館については、「教師のためには図書教育の指導目標を研究する実験室であると同時に、生徒のためには一般の学習活動が指導される作業場であるばかりでなく、図書館事業を学習するための作業場でもある」[49]と述べる。

城戸は、日本のコア・カリキュラム運動のように、学び手の直接経験を中心としたものを想定していたのではなく、言語による間接的な経験もまた重要な教育的な過程であるととらえて、図書教育を提案した。そして、図書教育を行うために学校図書館が欠かすことのできない場であることを主張するのである。この本には、阪本一郎が図書館教育について寄稿し、滑川道夫が読書教育について執筆している。他には当時学校図書館の実験を行っていた学校の報告が掲載されている。

雑誌『図書教育』は一九四九年一〇月から一九五一年二月まで全部で一四号刊行された。創刊号の後付に城戸委員長の編集方針が掲載されている。[50]「本誌はあらゆる政党的、政治的色彩を有しないこと」など、政治イデオロギーの排除が謳われているのは、すでにイールズ声明が出て、共産主義に対する警戒が明確になっているからである。編集内容の基本構成として、以下が挙げられていた。

1　新刊優良図書の紹介と解題
2　教育研究と読書法（教師篇）
3　教科学習と図書利用（生徒篇）
4　図書の生態調査
5　カルチュラル・センターとしての学校図書館

表 3-10　『図書教育』第1巻第2号（1949年12月）目次

教育文献解題：日本人の心性などに関連して	宗像誠也
社会科学習のために図書をどう利用するか	
（小学校篇）社会科学習と図書教育	新国重人
（中学校篇）社会科学習の方法からみた図書の利用	高橋清
（教師篇）社会科を教えるために	勝田守一
図書館でみる社会科学習の生態（座談会）	坂本健児・大門清・城戸幡太郎
随筆　児童の読書について	坪田譲治
随筆　我が子の読書指導	玉虫文一
学校図書館技術講座（第二回）	阪本一郎
情報　学校図書館の問題点	
情報　図書の分類規準	
新刊図書解題	

6　学校図書館のルポルタージュ
7　学校図書館運営技術講座
8　学校司書講座

読書や図書資料を用いた教育と学校図書館の運営法を中心とした雑誌にすることが示されている。これに基づき実際に発行された雑誌の目次を見ると、表3-10のようになっている。[51]

宗像誠也や勝田守一のような教育学者による教育改革の現状の記事に加えて、社会科学習における図書利用についての記事で、カリキュラム運動と学校図書館とが近い関係にあることを示している。また、学校の教員向けや子ども向けの新刊書紹介欄が多めにとってあって、さらに、坪田譲治のような児童文学者や玉虫文一のような科学者に寄稿してもらい、この動きに文化的・学術的な正統性があることを示そうともしている。図書教育に必要な素材はここにすべて示されている。

だが、城戸が『図書教育』に関与したのは最初の一年間だけであった。一九五〇年の夏には編集委員会はほとんど活動を停止し、編集は発行元の目黒書店が引き受けるが、半年後の一九五一年二月をもって休刊してしまう。その理由としては、城戸幡太郎が北海道大学教育学部の新設準備チームの中心となり、専任教授として札幌勤務が決まり、そちらに注力したことがある。また、一九五〇年二月に全国学校図書館協議会が発足し、同年九月に機関誌『学校図書館』の発行も始まり、学校図書館運動の担い手がそちらに集結したことも大きい。教育学と学校図書館をつなぐ概念だった「図書教育」は担い手を失い宙に浮くことになった。

第2章で触れたように、広松邦子は全国学校図書館協議会（全国SLA）と図書教育研究協議会とが近い関係にあったことを述べている。当初は機関誌『図書教育』を全国SLAの準機関誌と位置づける考え方もあったという[52]。だが、両者の蜜月期間は短かった。そこにはキーパーソンの不在も影を落としている。

東京大学と東京教育大学の教育学

一九四九年に教育職員免許法と国立大学設置法が成立したことは、その後の教育学の展開に大きな影響を与えた。そのことを当時、新教育のために非常に活発になった教育学出版物で確認しておきたい。

一つは、東京大学教育学教室編『講座・学校教育』（一九五〇年）である[53]。戦前から東京大学文学部には教育学科があったが、教育改革によってどのような学問を学んでも教職免許を取れるようにするという教員養成の開放制が進められるなかで、教育学研究基盤をつくる目的で帝大系国立大学に教育学部を設置することになった。国立大学設置法に基づき一九四九年に新生東京大学に教育学科をベースにして教育学部がつくられた。つまり、戦後教育が大学の学問をもとに進められるべきとの考え方により、それを推進する役割を『講座・学校教育』は担ったのである。『講座・学校教育』の構成は表3−11の通りである。第1巻の概論にあたる部分は結局発行されなかった。組織改革の間を縫って急いで刊行したものと思われる。

東京大学教育学教室は、教育学部が独立した時点で、文学部教育学科の三人の教授が併任し、新規に三人の教員が赴任してできたものである。実際にできた教育学部は学校教育だけでなく、教育史・教育哲学、教育心理学、教育行政学、社会教育、体育学などを含む総合的なものであったが、最初の教員の関心は学校教育を中心とした教育学にあった。戦前から文学部教育学科の教員であった海後宗臣は、新生教育学部を率いる中心的な存在で、積極的にカリキュラム運動に参加した。地域教育計画研究会をつくり、地域社会に入り諸問題を生活者の視点から学習者が調査分析したり考察し

表 3-11　『講座・学校教育』

1巻	（刊行されず）
2巻	『学校と教育計画』　1950.9
3巻	『学級活動』　1950.3
4巻	『教育課程』　1950.2
5巻	『教科内容』　1950.11
6巻	『学習指導の方法』　1950.5

たりする方法による学習を提案し実行した。川口市の学校で実施された「川口プラン」などが知られている。『講座・学校教育』はこの時期のカリキュラム運動の研究の成果をまとめたものとなっている。

このなかには、単にカリキュラム運動について記述するだけでなく、城戸が言う間接的体験を伝える資料についての論考がいくつかあることが注目される。まず第2巻『学校と教育計画』に乙部泉三郎（元県立長野図書館長）による「学校の文化計画」という章があり、そこで学校図書館運営法、読書教育や図書館利用が論じられている。ただし、乙部は公共図書館の人であり、学校図書館については具体的には述べられていない。また、第4巻『教育課程』では、古川原（中等学校教科書会社編集部長）による「学習資料論」の章があり、書物、出版、参考書、よみもの、造本、構成、辞典と全書、ワーク・ブック、フィルム、スライド、学校博物館、陳列館、見学、クラブ活動についての短い記述がある。また仲新（東京大学大学院特別研究生）による「教科書論」が教科書について詳しく論じている。また同じ巻に飯島篤信（中央教育研究所員）「教育課程構成のための児童調査」があり、そこでは「教養部面における児童調査」が論じられている。そこでは児童に対する読書調査によって学級文庫を計画するという題材が取り上げられている。

もう少しあとの戦後初期教育改革の見直し期にあたる一九五二年に、東京大学教育学部のメンバーを中心としたシリーズ『岩波講座　教育』が発行され、開放制の教員養成が大学のさまざまな分野の研究者が関わるものであることが宣言される。(54) さらに、東京大学教育学部の研究者が中心になった『明治図書講座学校教育』（全一二巻、一九五六―五七年）は、『講座・学校教育』の改訂版にあたるものだが、その半分ほどの巻は教科科目についてあてられていた。(55) 教育学のあり方が、系統主義を前提としたものに徐々に変化していっており、学校図書館についての独立した章は見あたらなくなる。

他方、東京教育大学系のものでは、『教育学全書』の続編と言うべきものが、安藤堯雄ほか編『教育大学講座』（全三五巻、別巻一、一九五〇―五一年）である。(56) 大部なものであるが、全体を整理すると表3－12のようになる。全体は、「総合的議論」「学校教育の概説」

表 3-12　『教育大学講座』（1950-1951）の構成

1 巻～ 8 巻	教育学の総合的議論
9 巻～ 18 巻	学校教育の概説
19 巻～ 28 巻	教科教育
29 巻～ 35 巻	その他
29 巻	特殊教育
30 巻	教育心理学
31 巻	児童青年の心理学
32 巻	教育評価
33 巻	聴視覚教育
34 巻	学校図書館
35 巻	教育研究法

「教科教育」「その他」の四つの部門に分けられ、この表ではその他の部分だけを巻ごとにタイトルを表示してある。『教育学全書』の構成が新しいカリキュラムや教育方法に特化した内容であったのに対して、教員養成が始まろうとしていて、それに合わせて教科教育の巻がかなりの部分を占めるようになっているのがわかる。

先に述べたように、東京文理科大学＝東京教育大学はコア・カリキュラム運動の推進母体であったから、この講座はコア・カリキュラム、そしてまもなく名前を変えての生活教育を理論化する目的をもつものである。このなかでは第一四巻『教育課程』、第一五巻『教育方法論』、第一六巻『学習指導』で、経験主義に基づく学習理論やカリキュラム実践が詳しく解説されていて、従来型の学習が相対化されている。とくに、第一六巻の『学習指導』に所収されている「学習形態」（平松秋夫）の章では、新しい教育の学習形態が学習組織から見たもの（「個別学習」「一斉学習」「個人学習」「分団学習」「共同学習」）、学習目的から見たもの（「問題学習」「講案学習」「練習学習」「鑑賞学習」）、そして学習活動から見たもの（「読書学習」「聴取学習」「問答学習」「討議学習」「報告学習」「観察学習」「実験学習」「調査学習」「構成学習」「創作学習」「劇化学習」「実習学習」）の順で細かく記述されている。こうした個々の学習方法を組み合わせて「単元学習」とするのがカリキュラムの考え方であった。ただし、これらの巻では学校図書館については触れられておらず、独立して『学校図書館』が第三四巻にあてられている。その序文に次のようにある。

> 教育科学体系の中に有力な一部門として学校図書館が加えられるようになったのは本場のアメリカでさえつい最近のことである。学校図書館は学校教育一施設であり、新教育理念及び方法からして学校の中心的位置を占める。これは単に学校の中に設けられた小図書館という如きものではなく従って技術だけに終始するものでもない。学と

しての学校図書館研究の前途には今後大きい期待がかけられているのである。[57]

この巻の編集の中心になったのは、前の『教育学全書』で『学校図書館』を執筆した松本賢治である。その目次は表3－13のようになっている。松本はこのなかで自ら図書館の専門家ではないとしながらも、概論的な部分を書いている。そのなかでは、図書館の本質として、「学習のために」「教養のために」「レクリエーションのために」の三つを挙げ、また、学校図書館の組織としては、学校内に教員による「図書館協議会」をつくり「カリキュラム委員会」や「補導委員会」と連絡しながら図書館の運営にあたるという位置づけを与えている。しかしながら、このなかでは上記の教育課程、教育方法、学習指導との関係までは言及されていない。阪本が読書指導の章を書いているように、同じ時期に出た図書館教育研究会『学校図書館学叢書』の縮約版と言うべき構成である。

『教育大学講座』は、ちょうど二期目の検討期から三期目の見直し期への移行途上の時期に出たものであって、カリキュラム運動が退潮を見せ始め、経験主義教育を総括しながら系統主義に舵を切ろうとしている状況を反映している。そこではまだ、カリキュラム運動の考え方が論じられているが、他方で教職課程科目が明確になったことで、教科教育の位置づけが大きくなり始めている。

表3-13　『学校図書館』（教育大学講座第34巻）目次

組織と運営	松本賢治
読書の指導	阪本一郎
読書の心理	鈴木清
学校図書館の作り方	鳥生芳夫
図書の分類と目録	武田虎之助

視聴覚教育と学校図書館

教育大学講座でもう一つ注目すべきものとして、『学校図書館』の一つ前の第三三巻に『聴視覚教育』が扱われていることである。タイトルは「オーディオヴィジュアル」を直訳している。梅根悟の「聴視覚教育論」以下、映画教育、教育放送、幻灯と紙芝居、見学旅行と博物館、視聴覚教育の心理を扱った章がある。間接的経験を提示するさまざまなメディアを含めて扱おうとしているのは、コア・カリキュラムが批判を受けたことで教科カリキュラムに経験主義的な要素を強めていこうという動きであろう。また、GHQが映画を重視したこともあり、映画教育や放送（ラジオ）教育、スライドを使った幻灯教育などが盛んであった。「視覚教育」「聴視覚教育」などの用語も使われていたが、一九五一年一月に文部省で「視聴覚教育」への名称の統一が行われ、一九五二年に文部省に視聴覚教育課ができた。そして教職科目には選択科目として視聴覚教育二単位が定められた。

当時の教育学者のなかには学校図書館よりも視聴覚教育に積極的に関与する人が多かった。『教育学全書』で『視覚教育論』を書いていた波多野完治がこの分野の理論家として議論をリードしていた[58]。視聴覚教育のルーツは戦前の映画教育および幻燈教育にある。これらの視覚資料あるいは視聴覚資料がもつ強い訴求力により、戦時中および戦後もプロパガンダの手段として用いられたことはよく知られている。GHQのCIEはこれを日本人の「民主化教育」のために積極的に用いたし、教育関係者の間でも視聴覚教育の可能性は早い頃から指摘されていた。

ジョン・デューイ以降の経験主義における経験の意味とそれが教育においてどのように現れるかに関し、エドガー・デールやフリードリヒ・ボルノーの理論的考察をもとに視聴覚資料が果たす役割について、波多野完治は次のように述べた。

> 複雑化した近代生活において、「直感から言語へ」「行動から理論へ」とつなげる「一般化」ということが大切な教育の目標となった。「単なる体験教育」とも「言語主義教育」とも異なる、「体験をいつも言語とむすびつけ、抽象を具体によってうらづけしながら「教育」していくこと」が必要になる。このような言語と体験の「統一」を行うには、「半ば具体的で、半ば抽象的な教材」を与えるのがいい。その「半具体的、半抽象的教材」こそが「映画、幻燈、絵画等」の視聴覚教具である[59]。

大衆的な動員を可能にするマスメディアの力に対して、一人一人の学習者が視聴覚資料を用いた経験主義的な学びをすることで、自分の思考を可能にするという視聴覚教育の理論的な枠組みはすでにつくられていたと言える。この記述を理解するためには、当時よく用いられたエドガー・デールの経験の三角錐と呼ばれる図を見るとわかりやすい（図

3−1)。直接的経験が、「ひながた経験」「劇化された体験」、そして「演示」「見学」「展示」のような間接的な経験、そして、テレビ、映画、ラジオ、写真、レコードのような視聴覚の体験を経て、最終的には「言語的象徴」に達するような図である。この図は、直接経験と言語的象徴の間に、代理経験ないし間接経験や視聴覚資料による経験があることで、経験と知識が結びつけられることを示している[60]。

アメリカの学校図書館では、視聴覚資料を含んだ教材を扱うことは自明のものとなっていた。その考え方が日本に十分に導入されなかったのは、教育課程と教育方法に関する詰めた議論を欠いたままにカリキュラム運動が進められたからであった。波多野や他の視聴覚教育の論者もその心理学理論に基づく理解にまでは到達したが、それを制度的に運用するために学校図書館を利用するという考え方には立たなかった。

一九五〇年八月に来日した第二次米国対日教育使節団は第一次使節団の提言が活かされているかどうかの評価と不足する部分の提言を目的として派遣された。その報告書には次のようにある。

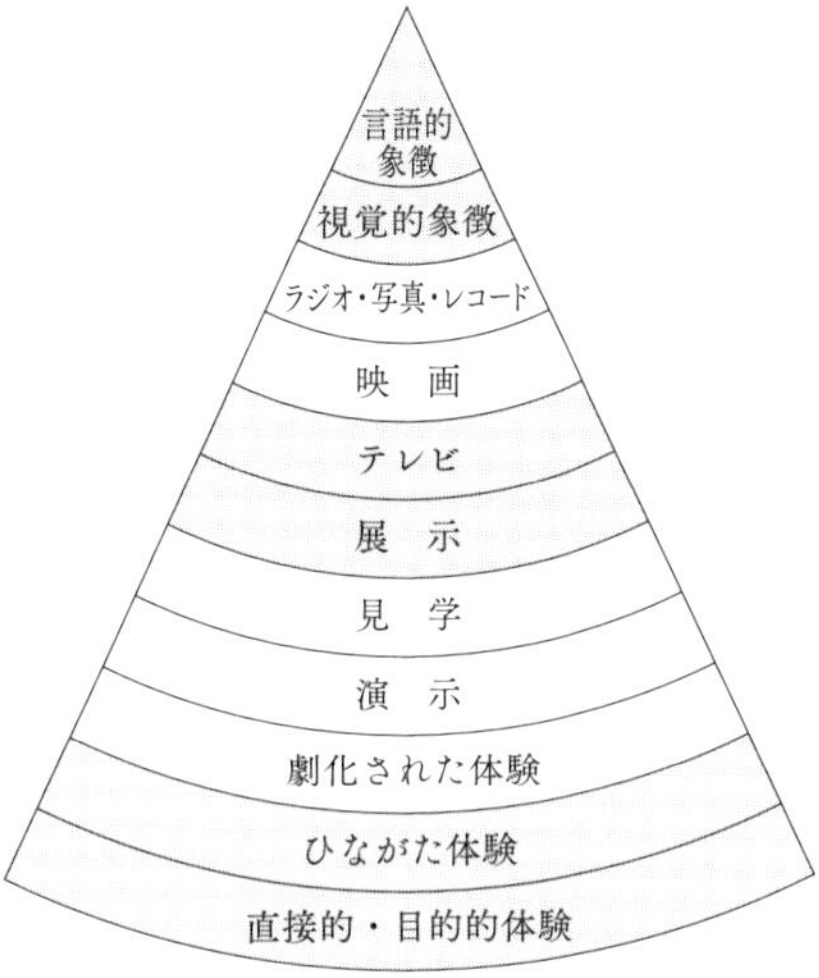

図3−1　経験の三角錐（エドガー・デール）

> 各校には図書館用図書其の他の教授資料が適当に備えつけられていなければならない。学校図書館は本だけでなく、教師と生徒で作製した教材をも持っているべきである。また幻燈や映画も経費さえできればつけ加えられてよいであろう。教材センターとしての学校図書館には生徒を助け指導する司書を置き、学校の中心となるべきである[61]。

だが、第一次使節団報告書と比べてこの報告書自体が大きな力をもたなかっただけでなく、この報告書では学校図書館について体系的に述べられておらず、教材センターとしての学校図書館の考え方が唐突に出てくるにすぎない。当時、日本側の教育方法の模索期であったので、この報告書は学校図書館が視聴覚資料を扱う方向を促進する力とはならなかった。今井福司が言うように、当初は学校図書館が視聴覚資料も含めた教育資料を扱う場となることも想定されていたが、学校図書館法の規定では視聴覚資料まで手が回らないことに加えて、文部省内に視聴覚教育課ができたことにより、地域では視聴覚ライブラリーの整備が行われたことで両者が別々の道を歩み始めたのである[62]。

視聴覚教育と学校図書館の関係を延長すると、重要な論点が見えてくる。それは、視聴覚教育が間接的体験を提示するものである点で図書教育や図書館教育と共通していながら、文部省に視聴覚教育課ができて、こちらのみが独立して政策化されたことである。

視聴覚教育が独立的に政策化された理由として、資料自体のもつ特性だけによるものでなく、その背後に昭和初期から存在する映画産業や映像・音響機器、また放送事業者や放送機器の製造産業などといった企業による行政への長年の働きかけがあったことを挙げることができる。一九二八年には全日本活映教育研究会が創設され、文部省は映画教育中央会を設立させるなどして対応していた。つまり、視聴覚教育はそれに関わる民間セクターが早くから発達していたことと資料がもつ強い訴求力に文部省も注目し対応していたと言うことができる。

本論から逸れた余談になるが、その点で言えば、図書教育や図書館教育を支える出版産業が存在してもよかったのではないかとも思われる。さらに、こうした関連業界論をもっと延長していくと、系統主義と経験主義の関係は、教科書や教材製作の出版社とそれ以外の出版社との関係に置き換えることができるかもしれない。二〇〇〇年の学校図書館法改正に関して、政策的には国際児童年とか図書議員連盟の存在の影響が言われるが、その背後に児童書出版社の働きかけがあったことが知られている。学校図書館は読書センターであるとともに学習センターであることを強調するときに、学習資料や教材などの発行者、そして今後は学校向けのデジタル教材の発行者などの存在を無視することができないだろう。こういうメディア産業論的な見方による歴史研究も今後望まれるものである。

阪本一郎——図書館教育から読書指導へ

阪本一郎は東京学芸大学で読書指導を教授する一方、一九五二年から第二代の全国SLA会長も務めるなど、教育学と学校図書館のつなぎ手であった。しかし、新教育の見直し期に入る頃から本来の読書指導に回帰するようになる。『学校図書館学叢書』が刊行されるのと同時期の一九五五年に亀井勝一郎、滑川道夫、阪本一郎、波多野完治編『読書指導講座』全一〇巻が刊行された。『図書館教育——読書指導の手引』では学校図書館が主で、読書指導が従であったのに対して、表3－14でわかるようにこちらでは読書指導が主で、学校図書館については第八巻で扱われているだけである。

阪本一郎はここでも両者をつなぐ役割を果たしていたが、徐々に学校図書館から離れていった。そのことを明白に示すのは、阪本編の『読書指導ハンドブック』（一九五六年）である。その序文には、版元の牧書店から当初「図書館教育細案」を出版したいという依頼がありその準備を進めていたが、遅延しているうちに「図書館教育の体制はほとんど整い、問題は読書指導の研究に進展しつつあった」ので、読書指導の手引きを加えて一冊の本として編集したとある。[63] 実際に出たものの目次を見ると、全体で四〇〇ページ強のうち前半の四割程度が読書指導の概説であって、後半の六割程度が「図書館教育細案」となっている。両者の関係については、学校教育計画のなかで読書指導に関わるものとして、教科学習のための読書の基礎的な技術・態度を内容とする「図書及び図書館の利用法」（図書館教育）と、ガイダンスのために読書における理解の指導を内容とする「読書指導」があると述べている。[64]「図書館教育細案」とは小学校一年生から中学三年生まで、図書館教育の授業の学年ごとの年間授業スケジュール（単元）が示されているものである。図書館教育研究会の研究成果がここに示されている。前の『図書館教育』の続編としての位置づけだったのであろうが、前半の読書指導と後半の細案の整合性はとれておらず、明らかに無理矢理一冊の本としたよう

表3-14　『読書指導講座』の構成

1巻	『読書指導の原理』
2巻	『読書指導の心理と生理』
3巻	『読書指導の計画』
4巻	『幼年期の読書指導』
5巻	『児童期の読書指導』
6巻	『少年期の読書指導』
7巻	『青年期と読書指導』
8巻	『学校図書館と読書指導』
9巻	『児童読物と読書指導』
10巻	『教科学習と読書指導』

に見える。

阪本は一九五六年秋に設立された日本読書学会の中心人物であり、初代会長となって以来一六年間その地位にあった。後年、読書学について書いた文章をまとめて出版した『私の読書学遍歴』で、「1956年の1月頃に2期にわたって務めた全国学校図書館協議会の会長職から解かれ、今後は読書指導を専門的に研究しようとしていた」と述べている。[65] 彼はもともと読書を心理学的に研究していた研究者であり、学校図書館制度構築には文部省から依頼されて関与したのであって、学校図書館自体に強い関心があったわけではなかった。全国SLA会長職にあった時期に進められた学校図書館法制定が、野党からの提案による議員立法によって進められたために国家財政的な支えがなかったことに加え、その後もごたごたがあり、彼にとって学校図書館に関わったことに対する感触は決してよいものではなかったのだろう。[66]

『私の読書学遍歴』に彼の主要著作一覧が掲載されていて、関わった領域として図書七領域、雑誌記事八領域が挙げられている。[67] 図書だと、1読書、2読書指導、3言語、4児童文化、5診断、6人格・道徳の順に並び、学校図書館は最後の七番目にある。雑誌記事だと、3に読書材という項目が加わっているが、やはり最後の八番目に置かれている。彼にとって、学校図書館はそれだけ周辺的なもので、外的な要因が働いて関与したにすぎなかったと言うことができるだろう。

最後に、学校教育と学校図書館を結びつけるもう一人のキーパーソンだった滑川道夫についても簡単に触れておく。彼は、戦前は秋田の小学校で生活綴方運動に携わり、まもなく東京に出て成蹊小学校の教員になると同時に同小図書室の担当を務めた。[68] 先ほど述べたように、戦後、『学校図書館の手引』編纂において執筆者の一人となり、学校図書館運動への関わりももった。彼は終始、子どもたちへの読み書き指導を通して教育活動に携わった人物であり、学校図書館についても読書資料が提供される場であると同時に読書指導の場でもあるというとらえ方をしていた。その意味では、彼の態度は一般的な教員のなかでもとくに国語科教員の典型的な態度であり、コア・カリキュラムを採用した学校のように新しい教育課程を積極的につくる立場ではなかったし、学校図書館をそのような場であるととらえてもいなかったと考えられる。

５　ＩＦＥＬ図書館学

ＩＦＥＬ（教育指導者講習）のプログラムのなかで図書館に関わるものは大きく分けて二種類あった。一つは、ＩＦＥＬの前半に行われていた教育長、教育指導主事、教育学部教授など新しい教育制度、新しい教育学の担い手に対する講習のなかで、図書館政策や図書館学の科目があったことである。もう一つは、後半に教職科目の内容の充実を目的として行われた講習群に加えて、図書館実務家に対する専門的な講習が設けられたことである。

ＩＦＥＬにおいて学校図書館がどのように講ぜられたかは表３－15のように示すことができる。[69]このなかで注目されるのは、第１期と第２期に教育長、指導主事、大学行政官に対して図書館学の講義が行われていることである。とくに、第２期の教育学部教授講習においては、グループ研究のために「学校図書館研究班」が設置され、研究報告が残されている点が注目される。

ところが、ＩＦＥＬの第３期以降になると、そうした教育関係者のための講習会に図書館に関する講義が含まれる機会は少なくなり、独立した図書館学講習会が実施される。第３期に他の講習会に先立って開催された「図書館運営協議会」、第５期、第６期に実施された「図書館学講習会」がそれである。第３期に五七人、第５期に二二人、第６期に二六人が参加している。第７期以降には、図書館学関係の講習会が開催された形跡はない。

第６期図書館学講習会

第６期図書館学講習会は、一九五一年一月八日から三月三〇日まで「学校図書館の運営」をテーマとして実施された。その記録は印刷物として残され、復刻版も刊行されている。第３期、第５期については印刷された記録物は残されていないので、第６期の研究集録が図書館学講習の詳細な内容を伝える貴重な資料ということになる。[70]

講師陣から見ておこう。主任講師は東京大学附属図書館で和漢書を担当していた土井重義であった。第５期に続いて

表 3-15　IFELにおける図書館関係科目（網がかかっているのは教育学教員のための科目）

期	対象	場所	図書館学関係科目名	講師	備考	参加者数
1期（1948年10月～12月）・2期（1949年1月～3月）	教育長	東京大学	図書館の利用	イーストリック（デンバー公共図書館副館長）、フェアウェザー（CIE）、阪本一郎（東京第一師範学校教授）	18科目中の1科目	328
1期（1948年10月～12月）・2期（1949年1月～3月）	中等指導主事	東京女子高等師範学校	図書館の利用	イーストリック、フェアウェザー、阪本一郎（東京第一師範学校教授）	12科目中の1科目	252
2期（1949年1月～3月）	教育学部教授	東京第一師範学校男子部	学校図書館について（12単位分の1単位）	バーネット、フェアウェザー、ヴァイニング、深川、河合、加藤、阪本、五十嵐、有山、土居	第2期のみ特別講義	83
2期（1949年1月～3月）	大学行政官	東京音楽学校	図書館の改善と利用	バーネット	10科目中の1科目	381
3期（1949年10月～12月）	図書館運営協議会	東京学芸大学	図書館と教育ほか10科目	カーレー、河合、フェアウェザー、岡田、阪本、ジャドソン、武田、深川、林	第3期のみの特別講義	57
3期（1949年10月～12月）・4期（1950年1月～3月）	教育長、指導主事、教育学部教授	東北大学	図書館運営学校図書館	菊地勝三郎（宮城県図書館長）、金森徳次郎（国立国会図書館長）、深川恒喜（文部省）	第3期のみの特別講義	334
4期（1950年5月）	大学行政官	東京大学	図書館のサービスと改善について	高木八尺（東京大学教授）	第4期のみの特別講義	167
5期（1950年9月～12月）	図書館学講習会	東京学芸大学ほか	図書館学	エイカーズ、中田邦造、阪本一郎ほか	「新しい教育分野開拓のため」	22
6期（1951年1月～3月）	図書館学講習会	東京学芸大学竹早校舎	学校図書館の運営	エイカーズ、土井重義、中田邦造ほか		26

コンサルタントを務めたスーザン・エイカーズは、当時ノースカロライナ大学の図書館学部長で、アメリカの図書館界では目録規則の権威として知られていた人物であった。また、顧問の中田邦造は石川県立図書館長から東京帝国大学図書館司書官、日比谷図書館長を務めた人物で、戦前から戦中にかけての図書館界のリーダーの一人である。

講師陣に加わっている人物のなかでアメリカ人はCIEのスタッフやCIE図書館の図書館員がいるほか、IFELの他の講習会講師として滞在していた教育専門家が起用されている。また、慶應義塾大学に日本図書館学校設立準備のために来日していた校長ロバート・ギトラーも同校についての講義を行っている。第3期まで運営の中心となっていた図書館担当官はこの時点ではすでに不在であった。日本側の講師の多くは、公共図書館や大学図書館のベテランの図書館員である。

それを受け止める受講者はどんな人たちだったのだろうか。図書館学は日本の教育においては新しい領域であり、関係者としても、図書館分野、学校関係者、教育学の分野と各種の分野にわたっていた。二六人の受講者は、公共図書館職員七人、大学図書館職員七人、学校教員六人（指導主事を含む）、大学教員六人に分けることができる。千葉県立中央図書館長の廿日出逸暁のように、受講者であると同時に講師として「公共図書館における図書館奉仕」の講義を行う人もあった。こうした図書館の専門家にとっては新しい知識を吸収するとともに、自らの知識や技術を交換する場でもあった。また、学校関係者や大学教員にとっては図書館学という未知の分野に初めて接する機会であった。

講習会では、図書館学の各分野についての講義、新しい教育理念や方法についての講義、アメリカ図書館学の本の購読、図書館実務の実習、図書館見学などさまざまな方法がとられている。研究集録は一二のグループに分かれて分担執筆されたようだが、いずれも講義内容を基にしながらも、章ごとに必ず参考文献がつけられているように自主的な研究の成果を示すものとなっている(71)。

一九四八年に『学校図書館の手引』が刊行された後、この『手引』の普及を目的とした文部省主催の研究集会（伝達講習会）が二回開催された。そして各地で学校図書館づくりのワークショップが開催される。この動きは最終的に一九五三年の学校図書館法成立公布に結びついていった。これと並行して開催されたIFEL講習会は、早い時期に『手引』の趣旨を図書館関係者、教育関係者、教育学研究者に知らしめる役割を果たしたと言える。彼らのなかには新設の国立大学教育学部ないし学芸学部で教員養成を担当することになる人も含まれていた。

第6期のIFEL図書館学講習の受講者佐藤貢（三重大学講師）を中心に一九五二年に「IFEL図書館学会」が結成された。同学会は解散する一九六三年までの間に機関誌『IFEL図書館学』を計一二号刊行しており、相互に議論し新しい図書館研究の領域をつくっていった。戦後にできた学会として日本図書館学会（現日本図書館情報学会）と三田図書館学会（現三田図書館・情報学会）があるが、IFEL図書館学会もまた単なる同窓会的組織ではなく、学術的な志向性が強かったことが特徴である。

そのなかでは学校図書館についての議論も少なからず存在した(72)。学校図書館研究の確立に貢献した人を確認するために、『IFEL図書館学』に執筆した大学教員でそれ以外の雑誌に図書館学の論文を書いた人を探してみた。その結果は、佐藤貢以外に三輪計雄（大阪学芸大学大阪第二師範学校教授）と黒田正典（新潟大学教育学部講師）、永田正男（名古屋大学助教授）の三人にすぎず、このなかで学校図書館研究者として名前が残っているのは大阪学芸大学の司書教諭養成に携わった三輪計雄だけである。この人ももともと大阪府立図書館の司書であったから教育学者とは言えない。他の二人も図書館についての論文を書いてはいるが一時的なものだった。教育学から学校図書館研究への参入が難しかったことを示している。

IFELについては、教育関係者にアメリカ流の図書館運営および図書館学の重要性を周知する効果をもち、その導入のための実践基盤をつくったと評価できる。その後に始まる司書講習および司書教諭講習の講師育成という点でも貢献した。しかしながら、図書館領域は教育領域から分離して発展し両者が融合することはできなかった。

6　まとめと課題

戦後教育学の形成という視点から見ておこう。戦前の教育学は思弁的な教育哲学から始まったが、大正新教育で子どもたちの自由な学びをもとにした経験主義的な学校教育が始まり、心理学の新しい動きに刺激された教育科学をつくる動きがあった。戦後になると、GHQの指導で行われた教育改革における教員養成制度形成の過程で教育学の体系がつくられていった。旧帝国大学系の教育学部では、教育を、哲学、歴史学、行政学、社会学、心理学、体育学（身体教育学）といった個別研究分野の方法に基づいて分けることで研究教育単位がつくられた。旧師範学校系の教育学部は、教育を総合的にとらえる領域に加えて、小学校課程や中学高校の教科課程のもとになる各主題領域（国語教育、理科教育などの教科教育学）で構成するものとなった。通常の教育学はこれら二つの系統を融合したものと理解された。

教育学は戦後改革で制度的には新しくなったが、教育の内容や方法に関しては、系統主義に戻った学校教育において教育課程や教育方法自体を問うのではなく、教科教育を前提としてどのような内容をどのように講ずるかを問題にするようになった。これは冷戦期のイデオロギー対立がもたらしたということもできる。イデオロギーとは思想体系であるから、どちらの思想をベースにした教育課程で教えるかが中心的な問題となりがちだった。

表3－16に、系統主義カリキュラムに完全に転換した時期の一九六〇年から一九六二年にかけて刊行された『岩波講座　現代教育学』全一八巻の構成を示す[73]。第1巻から第5巻が教育の思想や歴史といった総論的部門であり、第6巻から第13巻までが人文、社会、自然の各科学と教育との関係であり、そして、第14巻から第18巻が教育の個別の要素を対象にした部門である。先ほど見た『教育大学講座』（表3－12）と似ているが、岩波講座は、第6巻から第13巻が単なる教科教育ではなく、おのおのの学問的立場から教育との関係を論じている点が特徴となっている。文部省の学習指導要領に学術的な立場を対置しているのである。戦後できた帝大系国立大学教育学部の理念や学科構成と対応したものであると言える。こういう構成のなかでは学校図書館の入る余地はなかった。そもそも、この講座には教育方法や教育課程を論じる巻がなくて、第2巻の教育学概論Iで「教育の過程」が論じられ、他は教科に関わる巻で分散的に論じられている程度である。第2期のように、教育課程や教育方法のあり方をめぐり、教科を超えて論ずることはなくなっている。

これは、教育課程や教育方法と密接な関わりをもつ学校図書館にとって不幸なことだった。系統主義教育への転換は、

表 3-16　『岩波講座現代教育学』（1960–1962）の構成

第 1 巻　『現代の教育哲学』
第 2 巻、第 3 巻　『教育学概論 1、2』
第 4 巻　『近代の教育思想』
第 5 巻　『日本近代教育史』
第 6 巻、第 7 巻　『言語と教育 1、2』
第 8 巻　『芸術と教育』
第 9 巻　『数学と教育』
第 10 巻　『自然科学と教育』
第 11 巻　『技術と教育』
第 12 巻、第 13 巻　『社会科学と教育 1、2』
第 14 巻　『身体と教育』
第 15 巻　『子どもの生活と道徳』
第 16 巻　『青年の問題』
第 17 巻　『学校』
第 18 巻　『教師』

教育課程・教育方法の実践的な研究が進行中の間に起こったできごとだから、学校図書館は形だけはつくられても教育課程への位置づけがあいまいなままの状態だった。教育学部に司書養成や司書教諭養成の課程がつくられることも多かったが、一、二名の数少ない担当者が両方を担当したこともあり、教育学と一線を画しているのが普通だった。

『学校図書館の手引』の執筆者のうち、ここで検討している時期以降に継続して学校図書館に関わっていくのは、深川、加藤、鳥生の三人であり、阪本、滑川は読書教育という立場から学校図書館に接点をもっていた人たちであった。他にも、アメリカのカリキュラムに関心をもった倉澤、学校図書館運営に関わった松本、そして図書教育という枠組みを通して理解しようとした城戸のように一時的に学校図書館に言及したり関わったりする人たちもいたが、占領終了後の教育体制の方向が明確になるとそれぞれの関心に戻っていった。戦後新教育がアメリカの影響があった時期にはカリキュラム改革の一環として学校図書館に関心をもった教育学者たちであるが、その時期が終わると関心は急速に薄れていった。あくまでも自らの教育論の範囲で関わったと言える。

学校図書館研究は教員養成系大学における司書教諭講習の場を中心に進められることになった。そのときの中心は東京学芸大学と大阪学芸大学（一九六七年より大阪教育大学と改称）であった。東京学芸大学は阪本一郎が関わり、大阪学芸大学は三輪計雄が担当していた。阪本はまもなく読書研究に視点を移したが、その後文部省を退官した深川恒喜が学校図書館学の担当として赴任した。三輪はIFEL図書館学を受講したあとにIFEL図書館学のメンバーとして積極的に関わり、学校図書館の研究者としての発言も多い。

結論として言えることを三点述べておきたい。

第一に、学校図書館は新教育のなかでも異質中の異質な領域だったということである。日本の教育がそれ以前、教科という枠組みのなかで教科書を中心にその内容を教えることによって成り立つものであったのに対して、新しい教育は学び手の経験や関心を通じてつくっていくものに転換しようとした。そこではコア・カリキュラム運動で主張されていたように、教科の枠もそれほど重視しないという考え方があり、その方向での教育課程あるいは教育方法の改革が志向された。学校図書館はこれを支えるための方法的技術的基盤を構成するもので、この改革とともに学校教育において位置づけを明確にするはずだった。しかしながら、そうした動きが進展しカリキュラム運動に資料を使用した教育課程を位置づけたり、図書館教育が始まったりした矢先に、文部省の方針が大きく変化し、元の系統主義に戻っていくことになり、学校図書館の位置づけもあいまいにならざるをえなかった。

本章の最初に触れたように、学校図書館の最初の構想はGHQからもたらされたのだが、その背景にはアメリカ図書館協会の働きかけがあった。アメリカ本国でもカリキュラム運動は当時進行中であり、そこに学校図書館を位置づけることも進行中だった。つまりアメリカ本国で実験的に行われていることが、まったく教育文化の風土が異なる日本に移植されようとしたと言える。そもそも実験の前提が教育課程や教育方法の改革とセットでなければならなかったから、それが失われればうまくいかないのは当然であった。

第二に、国は学校図書館法を形式的につくり、学校図書館の設置までは決めたが、新しい施設を設置し、専門職員を配置するまでの財政措置は行わなかった。新しい教育方法、教育課程への関心が強くあった一九五〇年前後の数年間は国のレベルで検討されたが、逆コースにより以前の教育方法、教育課程に戻ってからは、法ができてもそれを実施するのは各自治体に委ねられた。それでも、国語教員を中心に読書指導に対する関心は継続してあったので、施設としての学校図書館はつくられ運営されたが、運営は教員の兼務と私費雇用の非常勤職員、児童生徒に委ねられ、教育的な位置づけはきわめて弱かった。

それに対応するように、教育学においても学校図書館領域は司書教諭養成と読書指導でつながっている程度で、きわめて周辺的な位置づけにすぎなかった。

第三に、新教育の考え方に含まれる子どもたちの間接的経験を重視する考え方について、教育学者の一部に「図書教育」「図書館教育」「映画教育」「放送教育」といった概念で検討を進めていた人たちがいたことが注目される。彼らの多くは教育心理学者であり、他者の経験を言語や視覚・聴覚を通じて間接的に伝える教育資料（教材・教具）に関心をもっていた。こちらの方が系統主義教育を支える手段としての位置づけをもちやすく、学校における読書教育や視聴覚教育というかたちで継続されていった。文部省内に視聴覚教育課ができたことでわかるように、制度的にも視聴覚教育の方が推進されやすかった。

それに対して、図書教育、図書館教育は単独の教科では存在することはできず、読書教育の一部に位置づけられるにとどまった。本格的に実施するには専任司書教諭の制度化と配置という問題を解決せざるをえなかったが、財務当局の抵抗が大きく、学校組織に教員以外の専門職を入れることについては、養護教諭制度ができたときのように、学校における保健衛生の保持という強い動機づけと医療関係者の政治的な働きかけがないと難しかった。資料を扱うことは一般の教員にもできるとし、専任司書教諭を置くための費用が原因で選択されなかったのである。

最後に二つの研究課題について述べておきたい。

まず、間接的経験や代理経験をもたらす図書や視聴覚資料の教育学的特性をさらに検討することである。つまり教育メディアの役割の重要性であるが、その際に、図書のような言語メディアと視聴覚メディアは区別して議論しないと重要なポイントを見落とすことになる。その点で城戸や波多野は先覚者であり先導者であった。彼らの言語作用主義や文章心理学などを消化した上でのメディア論を展開しないとならないだろう。その後に、教育方法学的な教科書と教材の関係、教育資料の位置づけ、またデジタル教材の特性の研究がきて、さらに、それらをどのようなシステムとして提供するかという順序での議論が必要になる。日本の学校図書館論は最初に制度システム導入から始まったところに問題があったのである。

二点目は、経験主義的教育理論による新教育は世界的な潮流であって、多くの国が二〇世紀中葉以降にそれを導入している。その切り替えがどの時点で生じたのか、また、切り替えが学校図書館の制度化とどのような関係にあるのかは、学校教育史の重要な研究課題である。日本の戦後初期教育改革と現在の教育改革をそのようなグローバルなコンテクストで見ることによって、学校図書館も別の貌が見えてくるだろう。
本書の第Ⅲ部でフランスとハワイの学校図書館の状況を見る。とくに、フランスはアメリカの学校図書館制度を参考にしながら、中学・高校に専任司書教諭制を導入している。日本の明治初期の学制はフランスの大学区、中学区、小学区の制度を導入するとともに、行政的な構図が似ているところがある。フランスが教育課程の改革時にこの制度を導入した経緯も参考になるだろう。

注

(1) 学校図書館研究の現状については、次の文献を参照のこと。日本図書館情報学会研究委員会編『学校図書館への研究アプローチ』勉誠出版、二〇一七年。
(2) これまでの戦後教育の通史的立場については、第1章で触れたように山本正身『日本教育史——教育の「今」を歴史から考える』(慶應義塾大学出版会、二〇一四年)を参照。
(3) 日比裕「戦後新教育」日本教育方法学会『現代教育方法事典』図書文化、二〇〇四年、五三二ページ。
(4) 倉澤剛『近代カリキュラム』誠文堂新光社、一九四八年。
(5) 倉澤剛『単元論』(教育学全書8)金子書房、一九五〇年。
(6) 無着成恭編『山びこ学校——山形縣山元村中学校生徒の生活記録』青銅社、一九五一年。
(7) 今井福司『日本占領期の学校図書館——アメリカ学校図書館導入の歴史』勉誠出版、二〇一六年、三一二—三一四ページ。
(8) 同右、一五四—一六〇ページ。
(9) 同右、二六六ページ。
(10) 同右、二六〇—二六三ページ。
(11) 同右、二八一ページ。
(12) 久米井束「新教育と学校図書館」『カリキュラム』第二二号、一九五〇年一〇月、八四ページ。
(13) 樋口澄雄「いったい資料や資材をどうするか」『カリキュラム』第一二号、一九四九年。
(14) 小原友行「「研究問題解決学習」型の授業論」『初期社会科授業論の展開』風間書房、一九九八年。

(15) 同右、五七六ページ。
(16) 同右、四一八—四一九ページ。
(17) 水原克敏「戦後改革期におけるコア・カリキュラムの開発研究——東京学芸大学附属小学校の「複合型カリキュラム」」『早稲田大学教育・総合科学学術院学術研究(人文科学・社会科学編)』第六三号、二〇一五年、二七—二八ページ。
(18) 次の二点が一次資料をもとに書かれた研究書である。中村百合子『占領下日本の学校図書館改革——アメリカの学校図書館の受容』慶應義塾大学出版会、二〇〇九年。今井福司『日本占領期の学校図書館——アメリカ学校図書館導入の歴史』勉誠出版、二〇一六年。
(19) 根本彰「占領初期における米国図書館関係者来日の背景——ALA文書ほかの一次資料に基づいて」『日本図書館学会年報』第四五巻第一号、一九九九年。
(20) 詳しくは、安藤友張「戦後初期(1952—1953)の日本における学校図書館法の成立過程——諸法案の特徴および比較考察を中心に」『日本図書館情報学会誌』第五九巻第二号、二〇一三年。
(21) その後の動きについては、本書第3章の4節を参照のこと。
(22) 文部省『学校図書館の手引』師範学校教科書、一九四八年。
(23) 中村、前掲、第3、4章。
(24) 全国学校図書館協議会編『学校図書館基準——解説と運営』時事通信社、一九五〇年、二八二ページ。同書にはこの議論に関わった人たちの「学校図書館基準を批判する」という座談会記録が掲載されていて、そのなかでこの「あらゆる学習活動の中心」という表現が過重な評価ではなかったかという議論が行われている(二一七ページ)。
(25) 中村、前掲、二一五ページ。
(26) 全国学校図書館協議会編、前掲。
(27) 今井、前掲、二三〇ページ。
(28) 東京学芸大学第一師範学校附属小学校編『小学校の図書館教育』学芸図書、一九四九年、「序文」。
(29) 同右、「あとがき」。
(30) 小淵沢町立小淵沢中学校編『学習に直結せる学校図書館経営の実際』暁教育図書、一九五二年、七ページ。
(31) 同右、一七二ページ。

(32) 同右、一八〇ページ。
(33) 図書館教育研究会『学校図書館学概論』(学校図書館学叢書第1集) 学芸図書、一九五〇年、二六〇―二六一ページ。
(34) 中村百合子「滑川道夫の読書指導論の形成――戦前から戦後へ」『日本図書館情報学会誌』第五四巻第三号、二〇〇八年。
(35) 図書館教育については、塩見昇が、戦前の大正新教育における図書館教育から戦後まもない時期の「図書館教育」まで連続していたと述べ、その後、文部省は図書館利用教育の用語を用いて使用されなくなった状況があるのに対して、この用語の復権を主張したことがある。塩見昇「「図書館教育」の復権」『図書館界』第五六巻第四号、二〇〇四年。
(36) 阪本一郎「「利用指導」の定着」『学校図書館』第二一三号、一九六八年七月、五一―五四ページ。
(37) 図書館教育研究会『図書館教育――読書指導の手引』学芸図書、一九五二年。
(38) 同右、二八七―二九四ページ。
(39) 天理学園学校図書館研究会編『図書館科の研究――小学校から大学まで』養徳社、一九五〇年。
(40) 深川恒喜編『資料構成』(学校図書館実践叢書2) 明治図書出版、一九五四年、二一ページ。
(41) 寺﨑昌男・中野光「日本教育学会小史」『教育学研究』第五八巻第四号、一九九一年。
(42) 松本賢治『学校図書館』(教育学全書1) 金子書房、一九四八年。
(43) L. F. Fargo, *Library in the School, 3rd ed.*, American Library Association, 1939. この著作は初版が一九二八年に刊行されたあと、二版(一九三三)、三版(一九三九)、四版(一九四七)が出ている。松本が参照しているのは第三版であった。第四版の日本語訳『学校の図書館』が一九五七年に阪本一郎、藤川正信、若林元典訳で牧書店から刊行されている。
(44) 「目次」『図書教育』第一巻第二号、一九四九年、[二]―[三]ページ。
(45) 城戸は戦前、教育科学研究会のリーダーとして教育研究を率いていたが、戦時色が濃くなると大政翼賛会に関わらざるをえなくなったことや、その後治安維持法違反容疑で逮捕拘留された事情については、彼の『教育科学七十年』(北大図書刊行会、一九七八年)で語られている。
(46) 城戸幡太郎『生活技術と教育文化』賢文館、一九三九年。
(47) 図書教育研究会編『学校図書館の実際――計画と運営』財団法人文民協会、一九四九年。
(48) 城戸幡太郎「学校図書館と言語作業主義」前掲、五ページ。
(49) 同右、七ページ。

(50)「編集会議」『図書教育』第一巻第一号、一九四九年、五六ページ。
(51)「目次」同右。
(52)広松邦子「戦後教育改革と学校図書館」『図書館年鑑1983年版』日本図書館協会、一九八三年、二八六—二八七ページ。
(53)東京大学教育学教室『講座・学校教育』全五巻、目黒書店、一九五〇年。
(54)『岩波講座　教育』全八巻、岩波書店、一九五二年。
(55)宮原誠一ほか『明治図書講座学校教育』全一二巻、明治図書出版、一九五六—五七年。
(56)東京教育大学教育学研究室編『教育大学講座』全三五巻、金子書房、一九五〇—五一年。
(57)東京教育大学教育学研究室編『学校図書館』(教育大学講座34)金子書房、一九五一年、一ページ。
(58)邊見信「占領期日本における視聴覚教育の成立——波多野完治による視聴覚教育論の射程」『教育学研究』第八三巻第三号、二〇一六年。
(59)邊見、同右、四ページ。
(60)エドガー・デール『學習指導における聽視覺的方法』(有光成徳訳)政経タイムズ社出版部、一九五〇年。
(61)「米国教育使節団報告書(要旨)(昭和二十一年三月三十一日)」(http://www.mext.go.jp/b_menu/hakusho/html/others/detail/1317998.htm)。
(62)今井福司「日本占領期における視聴覚教育と学校図書館の関わり」『生涯学習基盤経営研究』第三四号、二〇〇九年。
(63)阪本一郎編、『読書指導ハンドブック』牧書店、一九五六年、二ページ。
(64)同右、九ページ。
(65)阪本一郎『私の読書学遍歴』学芸図書出版、一九七七、三二五ページ。
(66)阪本は一九五二年から四年間、全国学校図書館協議会の第二代会長を務めることになるのだが、在任中に学校図書館法の制定も行われた。学校図書館法の成立過程で同会の松尾彌太郎事務局長が政治的働きかけを活発にしていた。このことについては、安藤友張「戦後初期(1952—1953)の日本における学校図書館法の成立過程——諸法案の特徴および比較考察を中心に」(『日本図書館情報学会誌』第五九巻第二号、二〇一三年)を参照。阪本が会長職にあった一九五六年二月に、法制定の際に成立に奔走した大西正道代議士への贈賄容疑で松尾事務局長が逮捕されるという事件が起こった。裁判になり、一審無罪、二審有罪(罰金刑)、最高裁への上告は棄却され、二審判決で終結した(『学校図書館五〇年史』全国学校図書館協議会、二〇〇四年、二二三ページ)。

(67)阪本一郎「著者の主要文献一覧」『私の読書学遍歴』前掲、三三二―三四一ページ。

(68)中村「補論　滑川道夫の読書指導論の形成」前掲、二五七―二八九ページ。

(69)あわせて、鈴木守「IFELの図書館学講座」(『中央社会学』第九巻、一三九―一六一ページ)を参照。

(70)『占領期教育指導者講習研究集録　昭和25年度 図書館学』(復刻版)すずさわ書店、二〇〇一年。

(71)主任講師を務めた土井重義の手記が残されている。土井重義「第6期(昭和26年)IFEL図書館学科の感想」『季刊図書館学』第一号、一九五一年、四五―四八ページ。

(72)杉浦良二「『IFEL図書館学』における学校図書館学研究」『学校図書館学研究』第一五号、二〇一三年、五三―五四ページ。

(73)『岩波講座　現代教育学』全一八巻、岩波書店、一九六〇―六二年。

第Ⅱ部　教育改革と学校図書館

第4章　学校図書館における「人」の問題

1　議論の設定と背景

目的と視点

本章では、戦後の占領期に種々の教育改革の方策の一つとしてアメリカから持ち込まれた、学校図書館と司書教諭の役割を重視する改革がなぜうまくいかなかったのかの分析を踏まえて、近代日本における三度目と言われる近年の教育改革のなかで、学校司書が法的な認知に至った過程を辿る。そして司書教諭と学校図書館はどのような関係としてとらえられているかについて考察する。この五〇年間に関係者によって行われた法改正の運動や司書教諭の専任化や学校司書の正規職化の運動を検討することも重要なことであるが、ここではそれらとはやや距離を置きながら考察を行う。

次のような視点を設定している。

まず、学校図書館を単なる施設やサービスととらえるのではなく、教育課程と教育方法を支える機能的な要素ととらえることである。従来から学校図書館を読書センターおよび学習情報センターととらえる観点があったが、その意味で本章は学習情報センター的な視点を強調している。一般に戦後の新教育における経験主義からサンフランシスコ講和条約後に系統主義のカリキュラムに移行することで学校図書館ばなれが進んだと言われるが、その事情について検討した上で、その後の教育改革において学校図書館の位置づけがどのように変遷したのかを見ておく。

もう一つ、本章では司書教諭や学校司書を所与のものと考えずに、現行の職員制度が生まれてきた背景を確認し、オルタナティブを探ることを重視している。従来学校では教員中心主義が貫かれ、教職資格をもって教授活動に携わる教員以外の職員は軽視される傾向にあったが、近年、スクールカウンセラー導入や「チーム学校」の動きなどに見られるように変化しつつある。学校における教育的働きを教員だけのものとせず、多くの関係者の協働としてとらえる時期になっている。もう一度原点に戻って、学校図書館職員制度のデザインを考え直すチャンスでもある。

司書教諭と学校司書の法的位置づけ

そこで最初に学校図書館職員が法的にどのように位置づけられるのかについて考察しておこう。学校に置かれる職員は教育職員と事務職員に分けられる。現行の学校教育法では、小、中学校には「校長、教頭、教諭、養護教諭及び事務職員を置かなければならない」と規定され、さらに「前項のほか、栄養教諭その他必要な職員を置くことができる」となっている。高等学校でもこれに準じた規定があるが、養護教諭は「置くことができる」の範疇に入っている。名称が挙がっている職員についてはその職務内容が定義されているのだが、ここには司書教諭は含まれていない。また、現行の教育職員免許法の第2条に、「教育職員」とは「学校教育法第1条に定める小学校、中学校、高等学校、中等教育学校、盲学校、聾学校、養護学校及び幼稚園の教諭、助教諭、養護教諭、養護助教諭、栄養教諭及び講師をいう」とある。やはり教育職員の種類のなかに司書教諭は含まれない。このように戦後まもない時期に法制化された養護教諭、その後の法改正によって制度化された栄養教諭が学校教育法と教育職員免許法で規定されているのとは違い、司書教諭は「教諭をもつて充てる」（学校図書館法第五条第二項）とされる教諭の職務の一つである。

「教諭をもつて、これに充てる」という表現は、一九四七年の学校教育法施行規則において学校内の各種の主任や主事の職務分掌を示すのに頻繁に見られるものである。これらはすべて教員の兼務で行われている。一九五三年の学校図書館法成立時に学校教育法や教育職員免許法に規定される教育職員に位置づけられず、そのままにされた時点で司書教諭は兼務の職であることが決定的になったと言うことができるだろう。

司書教諭の問題を考えるには学校図書館法の検討だけではすまない。前述の学校教育法、教育職員免許法以外、公立学校の教員については教育公務員特例法（一九四八年）によって、教育公務員が職務規程や研修等において他の公務員と異なる権利義務関係にあることが明記されている。これに加えて、義務教育費の財政負担に関わって市町村立学校職員給与負担法（一九四八年）があり、このなかでは市町村立学校の教職員の給与を県が負担することが規定されており、その対象範囲が定義される。また、講和条約後の教育制度改革期には国が中央統制を強めたが、その一環として、公立学校の学級規模や配置と教職員の配置を国全体で定めるという趣旨で、公立義務教育諸学校の学級編制及び教職員定数の標準に関する法律（義務標準法、一九五八年）と公立高等学校の適正配置及び教職員定数の標準等に関する法律（公立高校標準法、一九六一年）が定められた。これらの法律で明記されなければ公立学校では教職員の定員配置はないということである。さらに、地方教育行政の組織及び運営に関する法律（地教行法、一九五六年）にも県費負担教職員の身分に関わる規定がある。

これらのいずれにおいても、司書教諭に関する規定はない。教員が果たすべき校務のなかで、学校の施設設備、教材教具に関する部分は教員が分担してあたることになっている。通常、図書主任を含めてその職務についての資格はとくに要求されず、教員の資質や適性および経験をもとに割り当てられるのに対して、司書教諭には特別の資格が必要となる。このことから、学校図書館法ができたときには司書教諭を十分な数を確保できないという理由で、「当分の間、司書教諭を置かないことができる」という附則がつけられていたわけである。

一九九七年に附則規定が改正され、司書教諭を置かないことができるのは二〇〇三年三月三一日までとなり、学級数一一以下の学校では当分の間置かないことができると変更された。つまり、一二学級以上の中規模以上の学校では司書教諭が必置となった。現状では、司書教諭は多くの学校で配置が必須となっていながら、実際には教員の兼務でしかありえない中途半端な資格となっている。そのあたりの学校図書館法成立の事情については第2章で述べた。

学校図書館は設備とされるが、法案では施設とされたこともあったように、誰かが運営しなければ動かないような機能性をもっている。最低でも資料の管理と貸出等の利用者の管理の職務を誰かが担わなければならない。教員の片手間の仕事では手にあまるために、別の職員の配置が必要になっていた。それは、改正の時点で既成事実化していた。

一般的に「学校司書」と呼ばれる図書館担当の職員は、いろいろな時代に地域的事情のなかで必要に応じて配置されたもので、教育委員会雇用の常勤正規職員（行政職）の場合から、教育職の教務助手として配置される場合、また、PTA雇用の臨時職員による場合、ボランティアで運営する場合に至るまでさまざまな雇用形態がある。これまで法的な位置づけは存在しなかったが、二〇〇五年七月成立の文字・活字文化振興法の第八条第二項に「司書教諭及び学校図書館に関する業務を担当するその他の職員の充実等の人的体制の整備」という文言が含まれることにより、法的に認知を見た。さらに二〇一四年六月の学校図書館法の一部改正によって、学校に「学校図書館の運営の改善及び向上を図り、児童又は生徒及び教員による学校図書館の利用の一層の促進に資するため、専ら学校図書館の職務に従事する職員」を置くように努めることを規定して、これを学校司書と名づけている。

学校図書館法上の司書教諭は図書館に関する専門的職務を担当するための教員の資格であるのに対して、学校司書は専ら学校図書館の職務に従事する職員というだけでそのための資格制度は今もってあいまいなままである。二〇一六年に、文部科学省初等中等教育局に設置された「学校図書館の整備充実に関する調査研究協力者会議」は、司書資格や司書教諭資格のような学校司書の資格を定めることはせず、大学・短大におけるモデルカリキュラムを示すにとどめる方針を明らかにし、同年一一月に「これからの学校図書館の整備充実について（報告）」を公表して、そこに「学校司書のモデルカリキュラム」を含めた。その運用は個別の大学・短大に委ねられ、また、雇用に関しても個々の学校、教育委員会に委ねられるという状態になったのである。

学校において一般の教職員と異なる専門性をもつ専任の学校図書館職員が必要であると考えるなら、こうした制度的な不備は許容しがたいものだろう。次の段階の法的なレベルでの位置づけが不可欠である。

2　戦後初期教育改革と図書館職員の問題

学校図書館と職員についての初期の議論

学校図書館は、戦後のＧＨＱの教育改革指令とそれに対応する文部省および教育関係者の新教育と称される実践と呼応するかたちで日本の公教育に導入されたが、教育改革においてはあくまでも周辺的なものであった。教科横断的なカリキュラムと学習者の実体験と自主性を重視する教授法を中心とする新しい教育方法の模索は、確かに多様な学習資料を提供する図書館の存在と親和的であった。しかしながら、新教育が積極的に追求されたのは講和条約締結前の数年に限定されており、学校図書館法が成立した一九五三年はすでに理想的な教育を求める国民的な改革運動は下火になっていった時期であった。

占領期に急速に拡まる学校図書館設置運動のなかでつくられていく学校図書館職員のイメージとして、アメリカの学校をモデルにした二つのものが存在した。一つは school librarian（ＳＬ）であり、もう一つは teacher librarian（ＴＬ）である。ＳＬが学校図書館の専任職員であって正式のライブラリースクールで資格を取得するものであるのに対して、ＴＬは教員の兼務であって資格もティーチャーズカレッジ他の機関で講習会を受ける程度で取得できるものであった(1)。歴史的に言えば、二つの職種の併存は一九五〇年代以降、とくにスプートニクショック後にＳＬの配置が進むことで消滅していくわけであるが、日本が参照したこの時期のアメリカでは中大規模校にはＳＬが、小規模校にはＴＬが配置されることが一般的であった。

日本でこのＳＬ／ＴＬの関係はアメリカとは異なったかたちで整理され、最終的にはＴＬが司書教諭という名称で制度化されることになる。たとえば一九四九年に文部大臣あてに答申された「学校図書館基準」作成の過程では当初「学校司書」と呼んでいた職員を最終的に「司書教諭」としている。これについて、第2章で述べたように、基準作成に加わった鳥生芳夫は、司書教諭という言葉はティーチャーライブラリアンの訳語であり、養護教諭に準じて司書教諭としたと述べている。(2) この言には、学校図書館職員をどのように定義するかについては揺れがあったこと、しかしながらこの時点でTLがモデルとして採用され、教員の兼務となったこと、また名称の採用に関してはすでに制度化されていた養護教諭の影響があったことが示されている。

だが、まだ揺れは続いていた。第2章で述べたように一九五〇年成立の図書館法の附則には、公立図書館だけではなく国立国会図書館や大学図書館の職員に対して五年間司書資格を与える臨時措置が規定されていたが、五二年に法改正があって、これに学校図書館の職員で教員免許状をもつ者にも時限つきで司書資格を与えることが加えられた。つまり暫定的なものであるにせよ、学校図書館を担当する教員に対して司書という資格を与えることで処理しようとしたものである。このときに定められたのが、その後もたびたび参照される「小、中、高等学校等の図書館の司書および司書補の職務内容」（一九五二年六月一六日付、文部省初等中等教育局長・社会教育局長通達）である。この通達では、司書は専任で配置されない限り実施できないような本格的な職務内容をもったものになっており、アメリカで言えばSLに近いものを想定していたと言える。

このように、当時学校図書館の運営を担う職員について、教員であることを前提にした資格の考え方と図書館職であることを前提にした資格の考え方の二つがあった。アメリカから導入されたSLとTLの関係は日本的に変形されたが、少なくとも、文部省では学校図書館に専門職員の配置が必要であるという考え方はまだ保持されていた。だが一九五三年の学校図書館法成立によって司書教諭が制度化されることによってTLが標準になっていく。

学校図書館法と司書教諭

一九五三年学校図書館法の特徴は司書教諭という教諭の職務を法的に位置づけたことにある。だがこの法律の成立は、新教育運動の成果であるとは必ずしも言えない政治性をもっていた。この法律が超党派の議員立法によって成立した頃、同じく日本社会党（右派）の主導で同様の手続きで成立したのが産業教育振興法（一九五一年）と理科教育振興法（一九五三年）であった。これらの三つの法律の解説書が日本社会党衆議院議員大西正道の編集によって刊行されている。(3) 三つの法律の共通点は、学校教育法および同施行規則によって規定された学校設備の不十分さを補うという側面にあった。産業教育振興法では普通学校の技術科や商業高校、工業高校、農業高校などの実習設備の充実を謳い、理科教育振興法では理科の実験設備の充実を目標の一つにしていた。学校図書館法の原案を書いたとされる新井恒易によれば、戦後の財政難のなかで学制改革を実施したが、設備の点で後回しにされて、「父兄大衆のやむにやまれぬ犠牲負担をくりかえし、大衆収奪の政治方式だと攻撃され」てきたことに対して、これらの法律をつくって国が学校設備の向上をはかるのに責任をもつことにしたのだというわけである。(4)

つまり学校図書館法立法の基本的な考え方は、学校教育法制定時に学校図書館が学校設備として定義された考え方をそのままにして、その設備の充実をはかることにあったと言ってよいだろう。人的配置については最低限の努力をはらうにとどめられた。理科教育振興法や産業教育振興法の場合は、教科を担当する教員についてすでに教育職員免許法で規定されていたのに対して、学校図書館に専門職員を置くためには同法の改正の必要があるのにそれは行われなかった。

学校図書館法成立の五カ月前に提出され、衆議院の解散のために廃案になった同法案（いわゆる幻の学校図書館法案）では、学校教育法と教育職員免許法を改正して、司書教諭を免許制の職とすることになっていた。(5)成立法でこれが実現できなかった理由として二つ挙げられる。一つは人件費の負担増を避けるという財政的な問題であるが、もう一つは文部省が教職免許制度についてより単純化するための制度改革を検討していたことである。一九五四年には免許法の改正により、戦後初期教育改革の目玉の一つであった校長、教育長、指導主事の免許制度については廃止されることになった。人材を確保できないということが表向きの理由とされたが、新教育の教育理念の柱が否定されたことを示している。このように、免許制の司書教諭に対しては文部省が大きな抵抗を示したと考えられる。立法者側には、それを押してまで無理に免許制の司書教諭制度をつくる考え方はなかったわけである。この立法そのものに、関係者が期待するほどには学校図書館を本来の機能通りに位置づけようという意図は込められていなかったと言うべきである。

学校図書館の制度化の過程では、文部省が司書教諭の配置にこだわっていたという事実もある。一九四九年の「学校図書館基準」は大臣諮問機関である学校図書館協議会で審議が続けられ、一九五三年に改訂版として「学校図書館基準

表 4-1　「学校図書館基準」（1959）による職員配置

児童生徒数	450 人未満	450 人～ 900 人	900 人～ 1800 人	1800 人以上
司書教諭	兼任 1 名*	専任 1 名	専任 1 名	専任 1 名
事務職員	専任 1 名	専任 1 名	専任 2 名	専任 3 名

＊兼任司書教諭の担当授業時間数は 10 時間以下とする

案」が発表された。その後、学校図書館審議会と名前を変えた場で議論が行われて一九五九年に「学校図書館基準」として文部省編『学校図書館運営の手びき』に掲載されることで公示された。この本は『手引』の改訂版ということになる。学校図書館基準で、職員の項目の記述を整理すると表４－１のようになっている。[6]

驚くべきことに、この配置基準は各学校に専任教職員を少なくとも一人、多い場合には四人も置くことを規定している。とくに四五〇人以上の学校には専任司書教諭が一人と専任職員が最低一人配置される。またこの手引書には先に紹介した「小・中・高等学校の図書館の司書および司書補の職務内容」が掲載され、一四一項目の職務が示されている。そしてこれを用いるときには「小・中・高等学校の図書館の司書」が司書教諭に相当し、「司書補」が学校司書に相当するという説明がつけられている。[7]

だが、学校図書館法成立の時点では、現実は基準と大きくかけ離れたものとなった。司書教諭の養成については、法に明記された「講習規程」（省令）を発表するが、その内容は大学での養成ではなく、司書教諭講習を大学に委託するかたちであった。また、講習の科目としては七科目八単位を要求するにすぎず、それも受講者に学校図書館の担当経験が四年以上ある場合には「図書の整理」一科目二単位の取得まで減免される可能性があるものであった。そこには、制度的に教諭の充て職にすぎないものであれば、資格取得に重い負担を要求できないという判断があったろうし、また、全国の学校にできるだけ早い時期に普及させるという目標を優先したいという事情もあっただろう。文部省で学校図書館を担当していた深川恒喜はのちに回顧して、八単位の取得を要件とすることで少数の司書教諭しか養成できないより、減免措置により多数の司書教諭を輩出させた方が力になるという戦略を選択したと述べている。[8]こうして最初のモデルとなったアメリカの制度で言えば、司書教諭はＳＬどころか、ＴＬよりも専門性の低いものでしかなかった。

先ほどの基準にも職務内容表にも法的な強制力はなかった。基準を実行するための財政措置も一切とられていない。一部の地域を除いてこれを積極的に普及させようという努力も見られなかった。おおむね、図書整理法二単位の講習のみを受けた時間軽減措置のない司書教諭が職務内容表にある職務をこなせるはずはなかった。

3　学校教育興隆期の学校図書館

司書教諭の失敗

司書教諭を置かないでもよいとする「当分の間」とは当初一〇年の予定であったことが、文部省の国会答弁資料によって明らかにされている。[9] 司書教諭講習は、一九五四年度は東京学芸大学と大阪学芸大学、一九五五年度は全国の国立大学一五校で実施され、両年度で四五〇〇人に修了証が交付された。[10] その後も講習は継続され、毎年三〇〇〇人から五〇〇〇人程度の受講者があったので、一〇年が過ぎれば全国で数万人の司書教諭有資格者がいたものと推定される。附則を撤廃するための条件は整ったはずである。だが先にも述べたように、司書教諭講習はもともと八単位程度の少ない単位数であり、さらにかなりの程度の減免措置がとられ、実際に司書教諭としての発令の例は時代を追うごとに少なくなっていったから、実質的な仕事の評価は行われないままに経過していった。

この間、基準に準ずるかたちで司書教諭を配置した例として、愛知県、高知県、東京都の例が知られている。このうち、一九五七年から司書教諭を県立高校に積極的に配置した愛知県の事例を検討した安藤友張によれば、教育委員会が文部省の政策を先取りする性質があり、県立高校すべてに配置することを目標に進められたとされている。[11] 授業時間を半分以下に軽減された司書教諭が最大一五校で発令された。また、図書館担当の事務職員も合わせて配置された。だが、発令された司書教諭の校内での位置づけは必ずしも安定したものにはならず、財政的な事情からすべての県立高校への配置も実現されなかった。その後文部省の一〇年の経過期間が過ぎても法改正が行われないことで、教育委員会は一九六六年を最後にこうした定員外の司書教諭の発令を停止した。これは、県教育委員会が基準を実行しようとした上からの改革だったが一時的なものに終わった例である。

東京都立高校の全校に専任司書教諭を配置することを目標にした制度は、一九六〇年から始まって八年間採用が続いた。その制度誕生のきっかけは、すでに都立高校に私費雇用により配属になっていた専任職員が地位の安定と待遇の向上を目指して運動を行い、それを東京都教育庁が受け入れたことにあった。その過程で学校司書を制度化する案や司書教諭と司書助教諭、図書館助手を組み合わせる案、司書教諭と学校司書を組み合わせる案があったが、最終的に、定員外で専任司書教諭の採用試験を行い各学校に配置する案が採用された。(12) こうして、一九六三年には一八学級以上の都立高校八三校への配置を完了した。司書教諭以外にも事務職員も配置されていたから、都立高校のこの措置も基準に近い職員配置を目指した事例と考えられる。

だが、こうした動きがなぜ八年ののちに崩壊していったのか。これについて分析した舟見明美は次のような理由を示している。

（1）文部省が、司書教諭は一般教員が授業軽減によって担当するものとし、別枠で採用する都のやり方が法的に見て正しくないとの見解を示していた。
（2）1961年に成立した公立高校標準定員法に規定されない定員外の教員であった。
（3）司書教諭経験では教員免許状一級切り替えの権利が得られず、昇任試験の際に不利に働いた。
（4）教科をもたない教員は教員と見なされない傾向があり、研修、職員会議への出席、学校行事、クラブ指導、勤務時間などの点で不利であった。
（5）学校司書配置の公費化が合わせて進んだ結果、小中学校図書館との格差が開いたため均衡をとろうと、古い制度である司書教諭の採用が停止された。(13)

ここで示されているのは、専任司書教諭には制度的な問題が新たに生じていたということである。（1）や（2）でわかるように、義務標準法や公立高校標準法で教員の定員数が制定されたため、そこで規定されない司書教諭の専任化は公立学校では困難になっていた。法改正によらない独自の解釈による専任司書教諭は国の制度として正当性が認められず、一般教員と同等の権利と待遇が得られにくかった。また、司書教諭の養成体制が不備であり、専任司書教諭にふさわしい職務内容について担当者自身が試行錯誤せざるをえないことから、学校内の同僚の理解が得られなかった状況があった。

しかし司書教諭の制度化を目指したこれらの動きは全国的に見れば例外的な存在である。司書教諭の発令が進まないなか、一般的には学校図書館の運営は校務分掌の一つとしての図書主任ないし図書館主任が担当し、実務的な部分については公費ないし私費雇用による事務職員および児童生徒の図書館委員、PTAのボランティアなどによって支えられていた。その状況は一九九七年の法改正まで実質的に続いたと言える。一九九五年の全国学校図書館協議会（全国SLA）による全国の学校に対する悉皆調査によれば、事務職員の配置は小学校一三・四パーセント、中学校一五・七パーセントで、高等学校では七三・六パーセントであった。高校の図書館事務職員の八割が公費雇用の正規職員であり、そのうち教育職としての採用が三割、行政職としての採用が六割であった。また、そのうち司書、司書補の資格保持者が六割、司書教諭の資格保持者が二割弱いた。[14] このように高校の図書館には一定の資格をもった公費採用の正規職員が配置されていると見ることができるが、小中学校の場合は配置が二割にも満たず、配置されていても過半数は臨時職員であった。

四者合意案と図書館事業基本法

こういう状況に対して、学校図書館運動を支える専門団体である全国SLAや日本図書館協会、そして教職員の労働組合は種々の働きかけを行っていた。その主張の中心は附則二項の廃止にあったが、同時に校務分掌としての司書教諭では図書（館）主任と変わらないところから、その専任化の要求および学校司書の公費配置と制度化が検討された。[15]

運動方針として統一されたのが、一九七七年に一応の合意を見て一九八〇年に明文化された「四者合意案」と呼ばれるものである。四者とは全国ＳＬＡおよび日本教職員組合をはじめとする当時の有力な三教職員組合である。その内容は多岐にわたるが、要約すれば附則二項を廃止して司書教諭を必置化するとともに学校司書を制度化し学校に必置化する二職併存のプランであった[16]。このプランでは司書教諭は学校図書館法で定義された資格をもつ経験豊かな教員とされ、大学で資格を取得してから一般の教員として六年経過したのちにこの司書教諭になれるものとしている[17]。それに対して学校司書は学校図書館の専門的業務にあたるもので、大学に二年以上在籍し、教職に関する科目一〇単位以上、学校図書館に関する科目二四単位以上の取得を原則とするが、高卒で学校図書館勤務の経験をもち、大学が実施する学校司書講習を受けた場合にも取得可能である。学校司書の位置づけのための法改正が念入りに計画されていて、教育公務員特例法上の教育職員として位置づけられ、また、義務標準法で配置数を規定することになっていた。司書教諭の定数配置については触れられていないので兼任であることが原則であろう。授業担当の軽減措置についても触れられていない。

要するに四者合意案は、教員の兼務である司書教諭と高卒以上で専門的なトレーニングを受け教育職として位置づけられた学校司書によって学校図書館を運営するというものであった。二職種併置のこの案は学校図書館法成立以降の学校図書館で自然発生的にできあがった職員体制をそのまま延長していくところに出てくる現状肯定の妥協の産物であり、そもそもの戦後の職員体制検討期の議論に遡って考えれば、決して合理的とは言えないものである。つまり、モデルにしたアメリカのプランで言えば、学校にどちらかしか置かれないはずのＴＬとＳＬの双方が置かれるというものであり、教諭の兼務である司書教諭と専任学校司書との相互関係を十分に検討した結果であるとは思われない。

実際には、この案がまとめられたときに急速に現れてその実現のために同時に議論された図書館事業基本法案がすぐに頓挫することによって、この案も同時に消滅した[18]。その後全国ＳＬＡと日教組の間でこの案をどのように展開するかで意見の相違があり、関連団体間の合意そのものが空中分解の様相を呈した。

学校教育への位置づけ

学校図書館と戦後新教育は密接な関係をもっていた。学校図書館は、新教育の隆盛とともに注目され、その否定とともに無視されるようになった。図書館は学校教育において授業方法や子どもたちの学習方法と密接な関わりをもつから、講和条約後、文部省が決めたカリキュラムとそれに基づいた教科書および補助教材を用いる一斉授業によって学習効果が上がるという基本的な認識が確立していくと、図書館の位置づけはせいぜいのところが子どもたちの自由な読書資料を提供する場という程度でしかなかった。専任職員配置が進まなかったのは、その意味で教育の場と見なされなかったからである。

他方、日本で学校図書館のモデルとされたアメリカでは、一九五七年のスプートニクショックがきっかけとなって教育改革が強く叫ばれたが、改革の方法として多様な情報源の利用によって教育効果を上げるという考え方があった。とくにこの時期に発展していた各種の視聴覚資料を教材としてどのように使用するかが重視された。そして、それを担うスクールライブラリアン（ＳＬ）は、メディアスペシャリストという呼び方に変更されることで多様な教材資料を管理するだけでなく、その制作や評価、カリキュラムでの位置づけ、授業での使用方法の全般について支援を行う専門家へと変化した(19)。これはメディアの変化に対応するだけでなく、メディアスペシャリストが教育課程全体において教員および学習者に教材や資料に関わる支援活動を行うことで、教育改革の担い手になるという考えに基づく。その後一九八八年に出たアメリカ学校図書館協会（ＡＡＳＬ）と教育コミュニケーション工学協会（ＩＥＣＴ）の協同になる新基準『インフォメーション・パワー』においてもこうした考えが踏襲されいっそう強化された。『インフォメーション・パワー』は、情報サービスが課題になるなかで、メディアスペシャリストの役割を①情報の専門家、②情報教育の教員、③学習指導コンサルタントと規定し直したものである。これが一九九八年に改訂された新しい『インフォメーション・パワー』になると、①教員として、②教授指導のパートナーとして、③情報の専門家として、④プログラムの管理者としてというように、学校内でのメディアや情報の専門家としての位置づけはさらに明確になっていく。

このように、日米とも一九五〇年前後には同様の状況認識のもとに学校図書館が注目されたが、その後の動きは大きく異なっていたのである。日本でもその後、学校図書館を視聴覚資料センターとして、あるいは学習教材センターや学習情報センターとして位置づけようという動きが出てくる。アメリカでの動きを受けたものとも考えられるが、これも学校内における教材管理や視聴覚資料管理を図書館と統合しようという掛け声にすぎず、個々の教員や学習者の資料・情報利用や教材利用のプロセスに積極的に関与するためには、理念的にも組織的にも資金的にもあまりにも不足の部分が大きかった。日本の学校では、教員が授業計画や教材作成を個人レベルで維持するか、せいぜい教科教員間で共有しているにすぎず、学校全体でこれらを共同管理するために専門家に委ねるという発想が出てくることはほとんどなかったと総括できる。

他方、第3章で見たように、文部省は占領期に社会教育局に視聴覚教育課を置いた。基本的には、市町村を単位に視聴覚ライブラリーや視聴覚センターを設置し、映写機器や映像音声資料を各学校に貸し出すことにより視聴覚教育を振興するものだった。こうした施設は公立図書館と一緒に設置されることも多い。しかしながら、縦割り行政の常で、学校における視聴覚教育、学校図書館、地域の視聴覚ライブラリー（視聴覚センター）、公立図書館は、教材・資料を利用した教育という意味での共通性が高いにもかかわらず、別個のものとされて今日に至っている。

4　教育改革と学校図書館法改正

「ゆとり教育」と学校図書館

一九九〇年代以降の教育改革の考え方と学校図書館とを結びつけることには慎重でなければならない。一九七〇年代の教育改革論に遡って両者の関係を検討しておきたい。

一九七〇年代の教育論議においては、わが国も一定の経済的な達成を得たという認識から、人間尊重や人間福祉を重視した社会を求める声を反映して、ゆとりと充実の学校生活が送れるような教育課程を目指すようになった。一九七七年の学習指導要領改訂ではそれまでの各教科の内容を精選、削減し、授業時数に弾力性をもたせ、地域に親しむ体験活動、集団体育や勤労活動、情操教育が取り入れられ、知・徳・体の調和的発達と個性の伸長が目指された。

これがさらに強調されたのは八四年から八七年にかけて中曽根内閣のときにできた臨時教育審議会（臨教審）の答申

である。改訂の基本的なねらいは、これからの社会の変化とそれに伴う児童、生徒の生活や意識の変容に配慮しながら、生涯学習の基礎を培うという起点に立ち、二一世紀の社会の変化に対応できる心豊かな人間を育成することであった。これに基づいた一九八九年の学習指導要領の方針としては、①豊かな心をもち、たくましく生きる人間の育成を図る、②国民として必要とされる基礎的、基本的な内容を重視し、個性を生かす教育を充実させる、③社会の変化に主体的に対応できる能力を育成し自ら学ぶ意欲を高めるようにする、④わが国の文化や伝統を尊重する態度の育成を重視し、国際社会に生きる日本人としての資質を養うことといったものが挙げられた。

臨教審は土光臨調の教育版と呼ばれ、新自由主義による教育の再編成として批判されることも多かった。しかし、先進諸国に追いついた資源小国日本がもっとも力を入れるべき人的資源の育成方法として、従来の詰め込み式ではなく、全体にゆとりをもたせ個人の資質を重視する教育を行うという考え方は大きな変化であった。そして、この方向の延長線上にその後の学習指導要領の改訂があったと言える。この改革が経済界の意向を強く受けて教育の国際化を目指したものであったことにも注意しなければならない。

二〇〇二年度から実施された学習指導要領はその教育改革路線に基づいている。その趣旨として「完全学校週5日制の下で、各学校が「ゆとり」の中で「特色ある教育」を展開し、子どもたちに学習指導要領に示す基礎的・基本的な内容を確実に身に付けさせることはもとより、自ら学び自ら考える力などの「生きる力」をはぐくむ」とある。その方法として、「総合的学習の時間」の導入がもっとも注目されるものであるが、各教科のなかにも子どもたちが自ら学ぶ力をつけるためのさまざまな仕掛けが施されている。たとえば中学校の総則には、「指導計画の作成等に当たって配慮すべき事項」のなかに次のような項目が見られる。

(2) 各教科等の指導に当たっては、体験的な学習や問題解決的な学習を重視するとともに、生徒の興味・関心を生かし、自主的、自発的な学習が促されるよう工夫すること。

(9) 各教科等の指導に当たっては、生徒がコンピュータや情報通信ネットワークなどの情報手段を積極的に活用できるようにするための学習活動の充実に努めるとともに、視聴覚教材や教育機器などの教材・教具の適切な活用を図ること。

(10) 学校図書館を計画的に利用しその機能の活用を図り、生徒の主体的、意欲的な学習活動や読書活動を充実すること。

具体的には、中学校の二、三年生の国語科の三つの目標のうちの一つに、「目的や意図に応じて文章を読み、広い範囲から情報を集め、効果的に活用する能力を身に付けさせるとともに、読書を生活に役立て自己を向上させようとする態度を育てる」という項目が見られる。そして、「各学年の内容の「A話すこと・聞くこと」、「B書くこと」及び「C読むこと」の言語活動の指導に当たっては、学校図書館などを計画的に利用しその機能の活用を図るようにすること」とある。さらに評価基準にも「必要な情報を集めるために、学校図書館等を活用するなどして、進んで様々な種類の文章から抜き書きしたり要約したりしようとしている」という記述がある。同じく中学校の社会科の歴史的分野の目標には「身近な地域の歴史や具体的な事象の学習を通して歴史に対する興味や関心を高め、様々な資料を活用して歴史的事象を多面的・多角的に考察し公正に判断するとともに適切に表現する能力と態度を育てる」とあり、具体的な内容として「身近な地域の歴史を調べる活動を通して、地域への関心を高め、地域の具体的な事柄とのかかわりの中で我が国の歴史を理解させるとともに、歴史の学び方を身に付けさせる」としている。[20]

これらは、資料や情報を集めたり、分析したりして、自ら学ぶ力を身につけることを目標の一つにしているものである。ここでは中学校だけを紹介したが、自分で調べることを中心にした学習方法は、新設された総合的学習の時間は言うまでもなく、小学校三、四年生から始まって高校に至るまでの国語科、社会科を中心に大幅に増加している。学習指導要領におけるこうした試みは、欧米の学校における統合的カリキュラムや問題解決学習、グループ学習、討論法などを遅れて取り入れようとするものであった。このように学習指導要領で意図されている教育改革は単なる教育内容の改革ではなく、教育方法の改革でもあった。そして、その改革において学校図書館は重要な位置づけを占めるはずであった。

学校図書館法改正と司書教諭

一九九七年六月に学校図書館法は改正され、附則二項の「司書教諭を置かないことができる」期間を「平成15年3月31日までの間（政令で定める規模以下の学校にあっては、当分の間）」としたことは大きな変化である。こうして二〇〇四年度以降は一二学級以上の学校に司書教諭が必置となった。あわせて、文部省内に設置された「学校図書館の充実等に関する調査研究協力者会議」が作成した報告「司書教諭講習等の改善方策について」に基づいて、一九九八年三月に「学校図書館司書教諭講習規程」が改正された。従来、七科目八単位だった講習科目は五科目一〇単位に増やされ、現在の学校図書館が置かれている状況に合わせた内容の刷新がはかられた。学校図書館の実務経験がある教員の単位軽減措置はこの改正に伴い廃止になった。関係者の長年の運動の一部がようやく実ったと言うことができる。

法改正が求める二〇〇三年までに全国で約半数の学校に司書教諭を配置することが必要になり、新たに年間約六〇〇〇人の司書教諭の養成が必要となった。司書教諭講習を実施する大学および教育機関が急遽増やされ、大量の司書教諭有資格者が生まれた。だが、新しい規程においても二〇〇三年三月までは担当経験による軽減措置を認める趣旨の附則がつけられたために、この間に講習で資格を取得した教員の多くは一科目二単位ないし二科目四単位しか受けていない。講習規程改訂の趣旨に添わずに、このような安易な促成栽培が行われることになったのは皮肉と言うしかない。

授業時間の軽減措置や学校図書館事務員との関係については法改正で何ら言及されずそのままである。文部科学省は法改正時に初等中等教育局長名で都道府県教育委員会や学校設置者に向けて「司書教諭がその職責を十分に果たせるよう、校内における教職員の協力体制の確立に努めること。その際、各学校の実情に応じ、校務分掌上の工夫を行い、司書教諭の担当授業時間数の減免を行うことは、従来と同様、可能であること」と通知している。[21]

注意しなければならないのは、学校図書館法の制定と同様にこの法改正も議員立法によって行われたことである。法案が国会で審議され可決される際に、参議院、次いで衆議院で附帯決議が行われた。その内容は、衆参で少々異なるが、共通して重要な指摘がある。それは、政府に「司書教諭の教諭としての職務の在り方に関し、専任の司書教諭の在り方を含め、検討を行い、その結果に基づいて所要の措置を講ずること」を求め、また「政府及び地方公共団体は、司書教諭の設置及びその職務の検討に当たっては、いわゆる学校司書がその職を失う結果にならないよう配慮すること」という点である。(22) 附帯決議には法的な力はないがこの法改正の今後の方向性を示すものとして見逃せない意味をもっている。四者合意案が司書教諭と学校司書の二つの職種の併存を目指していることについては先に述べたが、この附帯決議に見られる法改正の立法者の意図はそれに比べると司書教諭の制度的配置を前提とし、学校司書については後退した内容になっている。

先に見たように文部省が自らの教育改革の一環に学校図書館を位置づけていなかったわけではなかった。初等中等局長名の通知でも次のような文言で学校図書館の役割を述べている。

学校図書館は学校教育に欠くことのできないものであり、児童生徒の自発的、主体的な学習活動を支援し、教育課程の展開に寄与する学習情報センターとしての機能とともに、児童生徒の自由な読書活動や読書指導の場として、さらには創造力を培い学習に対する興味・関心等を呼び起こし豊かな心を育む読書センターとしての機能を果たし、学校教育の改革を進めるための中核的な役割を担うことが期待されている。特に、これからの学校教育においては、児童生徒が自ら考え、主体的に判断し、行動できる資質や能力等を育むことが求められており、学校図書館の果たす役割はますます重要になってきている。(23)

しかしながらこの役割は図書館が法にある設備という規定で果たすことができるわけではなく、そこに何らかの専門職員の働きがなければ実現できない。この文書はそこに目をつむっているために、理念のみが空回りしている。先に見たように司書教諭の授業の減免については可能であると述べてはいるが、それ以上は個々の教育委員会や学校に委ねられている。また、いわゆる学校司書については「学校図書館担当の事務職員は、図書館サービスの提供及び学校図書館の庶務・会計等の職務に従事しているものであり、その役割は、司書教諭の役割とは別個のものであることに留意すること」とそっけないものになっている。このように、法改正は司書教諭配置を制度化することはしたと言えるが、本来の学校図書館の機能を十分に果たす推進力になったとは言えない。法改正後であっても、学校図書館を担当している司書教諭が従来の図書主任や図書館係教諭とどれだけ違う存在であるのかについて多くの疑問が生じてくる。

法改正のもう一つのポイントは、司書講習を行う機関が従来の大学だけでなく、「文部省委嘱のその他の教育機関」に拡張されたことである。附則二項の変更にばかり気をとられていて、この措置が意味することについての議論はあまり行われていないようだが、大学が教育文化を担う人材の養成に責任をもつという戦後の文教政策の基本が崩れ始めていることを示すものとして注目される。大学で行われる司書教諭講習といっても、学校図書館についての専門の研究者はきわめて少ないこともあり、講習で教える人は学校図書館に携わったことがある教育関係者か図書館学の研究者、教育学の他分野の研究者が圧倒的に多いなかで、講習をできるだけ広い地域で行うためにはこのような措置は必要であったと言えるかもしれない。しかしながら、数の確保が先に立って学術研究の蓄積をもとにカリキュラムを編成し養成を行うことが軽視されるようになったことは重要な変化なのである。

5　二職種配置状況の完成

準備期間があったとはいえ、二〇〇二年実施の新しい学習指導要領は教員に対して教育課程や教育方法に大きな転換を要求するものであった。これまで教科という軸に沿って養成され、教育活動を行ってきた教員にとって、教科横断的で新しい教育方法によるアプローチへの対応は短時間でできるものではなかった。戦後の新教育が急速に退潮して五〇年になるが、教科書や副読本を用いた一斉授業が保持されてきた学校で教科横断的で新しい教育方法を実現するには大きな意識変革が求められたはずである。その意味でその動きとたまたま連動した司書教諭配置は使いようでは大きな力となるべきものだったが、そうなってはいない。

表 4-2　司書教諭の時間軽減と学校司書配置（2004 年）

	小学校	中学校	高等学校
司書教諭の位置づけ	専任　0%	専任　1.7%	専任　2.1%
	軽減あり　10.6% 軽減時間（週）2.5	軽減あり　6.8% 軽減時間（週）2.5	軽減あり　8.3% 軽減時間（週）5.3
学校司書の配置	あり　41.1%	あり　64.4%	あり　85.4%
	うち専任　62.1% 他と兼任　24.1% 複数校兼務　17.2%	うち専任　60.5% 他と兼任　39.5% 複数校兼務　5.3%	うち専任　78.0% 他と兼任　24.4% 複数校兼務　0%
	うち教育職　17.2% 行政職　25.9% その他　60.3%	うち教育職　13.2% 行政職　28.9% その他　63.2%	うち教育職　22.0% 行政職　53.7% その他　26.8%

高橋恵美子は、一九九七年学校図書館法改正前と後の二つの時点で文科省が関わった総合的学習の時間についての実践事例集を検討して、学校図書館を積極的に利用した学習活動の事例数を比較している。そして「「総合的学習」が入っても、そんなに簡単に学校図書館が使われるようになっているわけではない」と述べている。[24] 先に見たように新指導要領には、学習者の自発的な学習を推進し、図書館を重要な学習の場として位置づけるという指導方法が盛り込まれているわけであり、総合的学習こそが図書館活用のもっとも重要な場であったはずである。だが教員が実際に参考にする資料になると、そこが十分に反映されていないというわけである。つまり文科省の政策は理念的には学校図書館を位置づけながら、実質的な部分ではそうなっていないということになる。

二〇〇四年七月現在で全国SLAが調査した司書教諭の時間配分と学校司書の配置状況は表4－2の通りである。[25] 一二学級以上の学校の司書教諭を対象に三パーセントをランダム抽出して調査したものである。この調査によれば専任の司書教諭は小学校にはおらず、中学、高校でもきわめて少ないこと、時間軽減措置のある司書教諭もきわめて少数であり、軽減されてもせいぜい週に二から五時間ほどであること、学校司書については置かれている学校が小学校で四割、中学校六割、高校では八割を超えること、とくに高校の学校司書は専任率が高く、教育職ないし行政職配置が四分の三に達することなどを読み取ることができる。

司書教諭については時間軽減措置がないことで以前と状況が変わらないことは、この調査の最後にある「司書教諭が配置されて何か変化があったか」に対する答えにはっきりと現れている。[26] 学校司書については、調査は一二学級以上の比較的規模の大きな学校のデータであるから全国的な状況の判断はしにくいが、先に見た一九九五年の調査より配置が進んでいると考えることができるだろう。だが、高校に比べて、小学校、中学校での配置が少ない傾向は変わっていない。

その後の状況

この間、関係者の間ではこの矛盾状況を解決するための議論も行われてきた。日本図書館協会は一九九五年に「学校図書館問題プロジェクト・チーム」を設置し、一九九九年に「学校図書館専門職員の整備・充実に向けて――司書教諭と学校司書の関係・協同を考える」と題する報告書を発表した。これは、副題にあるように、司書教諭の発令が学校司書の役割を減じるものではなく両者が協力関係をもつことをまず前提とするものである。しかしながら将来的には、「専任の学校図書館専門職員」を制度化する際の内容と要件について検討し、合意形成を図り、最終的には法制化実現を目指すことが述べられている。[27]

一方、四者合意案破綻以降の日教組は専任司書教諭の配置を主張していたが、法改正をきっかけにして「新しい学校図書館と専任司書教諭制度研究会」を設置した。同研究会は二〇〇〇年に専任司書教諭制度をつくることを目指す報告書を出し、二〇〇三年にはそのための養成課程案も発表している。[28] この専任司書教諭制度を実現するには、学校図書館法の改正だけでなく、教育職員免許法の改正による司書教諭免許状の新設、標準定員法上の位置づけなどの法改正が必要だとしている。日図協と日教組のそれぞれの案は、将来的に専任の学校図書館職員制度を想定するところは共通していると言えるが、日図協の案が具体的なところには触れていないため、それ以上の像を結ぶことはできていない。

そうこうしているうちに、最初に述べたように「文字・活字文化振興法」が成立した。言語教育、図書館、出版産業の全般に関わる基本的な振興姿勢を法制化したものとしてきわめて興味深い。立法を推進した超党派の議員連盟が二〇〇五年三月に発表した「文字・活字文化振興法の施行に伴う施策の展開」には、学校図書館職員に関するものとして「一一学級以下の学校への司書教諭の配置・図書館職員の配置」「司書教諭の担当授業の軽減・専任化の推進」が明記さ

表4-3　司書教諭と学校司書の配置状況（2017年）

	小学校	中学校	高等学校
司書教諭の位置づけ	発令された学校の割合　58.3% いる学校の割合　89.6% 一校あたりの数　2.8人	発令された学校の割合　55.7% いる学校の割合　86.2% 一校あたりの数　1.8人	発令された学校の割合　84.8% いる学校の割合　93.3% 一校あたりの数　2.8人
	時間確保あり　11.3% 時間（週）2.3	時間確保あり　7.2% 時間（週）3.0	時間確保あり　7.9% 時間（週）6.4
学校司書の配置	あり　71.8%	あり　72.2%	あり　79.0%
	うち専任　60.7% 他と兼任　7.3% 複数校兼務　32.0%	うち専任　62.1% 他と兼任　5.3% 複数校兼務　32.6%	うち専任　67.0% 他と兼任　25.3% 複数校兼務　7.7%
	うち教育職　31.0% 行政職　44.8% その他　24.1%	うち教育職　23.1% 行政職　61.5% その他　15.4%	うち教育職　27.8% 行政職　70.4% その他　1.9%

れている[29]。一見すると「学校図書館に関する業務を担当するその他の職員」が法的に認知され、これによって二職併存がいっそう強まったように見えるかもしれない。そして、二〇一四年の学校図書館法改正は、二職種併置を決定的なものにした。

二〇一七年に全国SLAが行った学校図書館の担当職員の調査結果をあわせて見ておこう[30]。二〇〇四年の調査と調査項目に相違があるので、厳密な比較はしにくいのだが、現時点でのおおまかな配置状況がわかる（表4－3）。

二〇一七年に司書教諭の発令された学校の割合は、小学校五八・三パーセント、中学校五五・七パーセント、高等学校八四・八パーセントであった。司書教諭がいる学校の割合は、表でわかるように九〇パーセント前後となっておりかなり高い。また、一校あたりの司書教諭数は一・八人から二・八人となっている。なお文部科学省の二〇一六年度調査では、一二学級以上をもつ学校での司書教諭の配置率が示されている[31]。これによると一二学級以上ある規模の学校では、小学校九九・三パーセント、中学校九八・三パーセント、高等学校九六・一パーセントと概ね一〇〇パーセントに近い配置になっている。

二〇〇四年の全国SLA調査では、「時間軽減」の有無を聞くものだったが、「時間確保」の有無を聞くものに変更になっている。これによると、時間確保されている学校の割合は一〇パーセント内外でかなり低いし、確保されている学校でも時間数で言えば週に小中学校で平均二―

三時間、高校で六時間程度である。

他方、学校司書の配置には変化が見られる。まず学校司書がいる学校の割合については、小学校が七一・八パーセント、中学校七二・二パーセント、高等学校七九・〇パーセントであった。前に比べて、小学校で大幅な増加があった。中学校は微増、高校は微減である。また、勤務体制に関しては専任の割合に変化はないが、小中で他と兼任の割合が減り、複数校兼務の割合が増えた。これは、雇用条件で行政職が増え、その他が減ったことと対応している。これまで、私費雇用だったりして勤務条件が不安定であった学校司書が行政職として雇用されるようになったが、多くは複数校兼務であることを示している。

以上の統計値からうかがわれるのは、まず司書教諭については、実質的に司書教諭の仕事を可能にする勤務体制をもつ学校はきわめて少ない状態のままで変わらないということである。一方、学校司書については法改正と学校図書館図書整備等五カ年計画の施策によって、明らかに「人を配置する」ことが優先されていることがわかる。この調査には、「学校司書」とされる人たちの所持資格や能力についての項目は含まれていないので、質的な状況については不明であるが、多くの場合、資格なしの職員が配置されている。この調査で、以前にあった専任司書教諭の配置率の統計値が報告されていないことは、すでにこれが政策目標にならないという判断が調査者にあることを示しているのかもしれない。

学校図書館の職員体制については、法制定以来の構造的な問題が現在に至るまで未解決で残されたままになっている。一九九七年および二〇一四年の法改正はこれを解決する糸口にはならず、司書教諭の中途半端な配置を進め、学校司書については量的には拡大したが質的には疑問点が多く、両者の相互の不明確な位置づけを放置したにとどまっている。

学校図書館専門職員のあり方については、それが学校制度にしっかりと位置づけられるためには教育課程改革との関係を中心とした議論が今後も必要だろう。また専門職としての可能性を探るには、これまで何度も述べたように、職務内容や養成カリキュラムについて議論するだけでなく法制度的な側面の検討が不可欠である。その際には、校種ごとの免許が規定された一般教員以外の養護教諭、スクールカウンセラー、栄養教諭などの専門職のあり方に学ぶことが必要である。

二〇〇八年学習指導要領施行後、学力低下論の高まり、ＰＩＳＡ調査における学力低下傾向の確認などの議論に基づいて、異例の指導要領の途中改訂やゆとり教育、総合的学習の見直しなどが喧伝された。これに対して学校図書館関係者の間では、かつて新教育終焉とともに低下していった学校図書館の運命と重ね合わせて心配する声も聞こえた。筆者は、必要とされる「学力」向上を実現するためにも、学校図書館および専門職員体制の整備が不可欠なことを継続的に主張していくことが大切であると考えていた。以下の章ではそれを述べることにしよう。

注

（1）中村百合子「20世紀前半期の米国における学校図書館職員養成」『生涯学習時代における学校図書館パワー』渡辺信一先生古稀記念論文集刊行会、二〇〇五年。
（2）鳥生芳夫「五　人の構成」全国学校図書館協議会編『学校図書館基準――解説と運営』時事通信社、一九五〇年、四六ページ。
（3）大西正道編『新しく制定された重要教育法の解説』東洋館出版、一九五三年。
（4）新井恒易「学校図書館の開設」同右、六ページ。
（5）第2章の5節を参照。
（6）文部省編『学校図書館運営の手びき』明治図書出版、一九五九年、三一ページ。
（7）「小・中・高等学校の図書館の司書および司書補の職務内容」同右、四五九―四六一ページ。
（8）深川恒喜「学校図書館法の発達史試論」*Library and Information Science*, No. 13, 1975, p. 24.
（9）「学校図書館法案に関する国会答弁資料」（国立教育政策研究所教育図書館所蔵大田周夫旧蔵資料）を翻刻して第2章の附録資料として掲載した。
（10）全国学校図書館協議会『学校図書館年鑑　昭和31年版』大日本図書、一九五六年、二五〇ページ。
（11）安藤友張「わが国における学校図書館職員制度に関する一考察」『生涯学習時代における学校図書館パワー』渡辺信一先生古稀記念論文集刊行会、二〇〇五年。
（12）矢口洋子「東京都の司書教諭　制度の誕生まで」『図書館雑誌』第七九巻第七号、一九八五年、三八五―三八七ページ。
（13）舟見明美「１９６０年代に実施された東京都司書教諭制度に関する研究」『２００２年度日本図書館情報学会春季研究集会発

表要綱』日本図書館情報学会、二〇〇二年、七一―七四ページ。
(14)「学校図書館及び読書指導に関する調査報告概要」(全国学校図書館協議会　平成7年3月実施) 塩見昇『学校図書館職員論――司書教諭と学校司書の協同による新たな学びの創造』教育史料出版会、二〇〇〇年、一〇〇ページより引用。
(15) 関係団体の議論、およびそれが日本社会党および自由民主党を通じて国会で審議されたが法改正に至らなかった事情については、中村百合子「第3章　司書教諭養成の変遷――学校図書館法改正による制度改革の模索」根本彰監修・中村百合子ほか編『図書館情報学教育の戦後史――資料が語る専門職養成制度の展開』ミネルヴァ書房、二〇一五年、一六八―一七八ページ。
(16) 詳しくは『学校図書館法改正――その課題と展望』(全国学校図書館協議会、一九八三年)を参照。
(17) 全国SLA学校図書館職員養成計画委員会が一九八〇年に作成した「司書教諭および学校司書の資格基準(第2次案)」は、根本彰監修・中村百合子ほか編『図書館情報学教育の戦後史』同右、六一一―六一四ページ、で見ることができる。この基準では大学で養成する司書教諭は二四単位を取得することとなっている。
(18) 図書館事業基本法とは、超党派の国会議員による図書議員連盟と各種図書館団体とが組んで、議員立法によって館種を超えた図書館振興の基本法をつくろうとしたものである。これがなぜ失敗したのかについての分析は、今後の図書館政策を検討するにあたってきわめて重要である。とりあえずの基本的資料は「資料・「図基法」のすべて」(『季刊としょかん批評』第一号、一九八二年、一五五―一七八ページ)を参照。また当時の日図協事務局長栗原均へのインタビューが『ず・ぼん』第九号(ポット出版、二〇〇四年)に掲載されている。
(19) 古賀節子「アメリカにおける司書教諭の役割」全国学校図書館協議会編『司書教諭の任務と職務』全国学校図書館協議会、一九九七年、二九三―三〇七ページ。
(20) 以上の引用は、「中学校学習指導要領」(一九九八年)(http://www.mext.go.jp/a_menu/shotou/cs/1320062.htm)からのものである。
(21)「学校図書館法の一部を改正する法律等の施行について(通知)」(http://www.mext.go.jp/a_menu/sports/dokusyo/hourei/cont_001/012.htm)
(22) これは参議院の決議を引用したが、衆議院のものには司書教諭の検討のところに「担当授業時間数の軽減」がさらに付加されていた(http://kokkai.ndl.go.jp/SENTAKU/sangiin/140/1170/14005081170010c.html)。
(23) 同右。
(24) 高橋恵美子「「総合的な学習の時間」と教科「情報」」『現代の図書館』第四二巻第二号、二〇〇四年、一三三ページ。

(25)「司書教諭の現状に関する調査」『学校図書館』第六五一号、二〇〇五年、二一ページ。
(26)同右、二八ページ。
(27)日本図書館協会学校図書館問題プロジェクト・チーム「学校図書館専門職員の整備・充実に向けて――司書教諭と学校司書の関係・協同を考える」一九九九年三月二九日（http://www.jla.or.jp/gakutopc.htm）。
(28)『私たちの考える新しい学校図書館――専任司書教諭制度をめざして』日本教職員組合新しい学校図書館と専任司書教諭制度研究会、二〇〇〇年。『日教組・専任司書教諭養成課程案』日本教職員組合新しい学校図書館と専任司書教諭制度研究会、二〇〇三年。
(29)http://www.jbpa.or.jp/nenshi/pdf/0505.pdf
(30)「学校図書館の担当職員」『学校図書館』第八〇五号、二〇一七年、四八―五二ページ。
(31)文部科学省児童生徒課「平成28年度「学校図書館の現状に関する調査」結果について（概要）」二〇一六年一〇月一三日（http://www.mext.go.jp/a_menu/shotou/dokusho/link/__icsFiles/afieldfile/2016/10/13/1378073_01.pdf）。

第5章　教育改革と学校図書館の関係を考える

本章の原文は、二〇一〇年前後に雑誌に寄稿した学校図書館に関する四本の論考である。これらは二〇一〇年代の教育改革の動きを背景にして学校図書館振興の課題について述べたものである。それから一〇年近く経過した現在でも、教育改革の課題はそのまま継続している部分が多いし、課題はさらに重くなっている部分も多いと考えられる。本書第Ⅳ部で述べる学校図書館制度改革の課題意識はこの当時からのものであることを確認しておきたい。

1　学校教育と図書館の関係に寄せて——物語と情報リテラシー

イチローvs.松坂

二〇〇七年四月初旬のある日、アメリカ大リーグの公式試合ボストン・レッドソックス対シアトル・マリナーズ戦があり、レッドソックスの松坂大輔がマリナーズのイチローを完璧に抑え込んだことがテレビや新聞で繰り返し報道された。いささか奇妙に思われたのは、日本の報道はこの二人の対決だけに熱い視線を送っていて、松坂はイチローを抑えたが負け投手になったことや、イチローもまた本調子が出ていなくて二試合続けてノーヒットであったこと、そしてこの試合のヒーローはレッドソックスを一安打で完封したマリナーズのヘルナンデス投手であったことなどはおざなりに報道されただけであった。

彼らがアメリカの地で互いをライバル視し、その対決に全力を挙げているというのはわからないではないが、メディアの報道もまたそれに追随し、二人の関係に焦点を合わせた物語の世界を作り上げているように見えた。メディアは視聴者の視線を先取りする。日本人は大リーグの試合そのものを楽しむのではなく、そこで日本人がどれだけ活躍できたかを見たがっていると想定したかのような番組の構成である。日本のプロ野球で活躍するアメリカ人選手をアメリカのメディアがこのように追いかけて報道することはほとんどないことを考えれば、その奇妙さが理解できるだろう。

これは、メディアが物語の再生装置というより拡大装置であることを意味している。すでに数年間大リーグでトップクラスの活躍を示している「天才打者」イチローと、二〇〇九年のワールド・ベースボール・クラシック準決勝でアメリカ打線を牛耳り、優勝の立役者になってアメリカに渡った「一億ドルの右腕」松坂の初の対決とは、当人たちにとっての宿命の対決というにとどまらない。そこには、日本人にとって戦後超えられないと思っていたアメリカ大リーグを自らの舞台としている選手どうしの熱いエールの交換という意味があり、それを見る人々は世界的に活躍する日本人の成功物語を重ね合わせて読み込んでいるのである。

このところメディアの一連の「やらせ報道」が話題になっている。だが、メディアは「すべてのもの」を伝えることはできず、一定の編集プロセスを通じて何かを伝える。とくにマスメディアは人々の見たい、読みたいという欲望を先取りして何かを伝えるのであり、その際に期待されている物語構造に沿って企画・編集をするため、検証が不十分だったり、因果関係がおかしかったりする報道が行われることになる。

だが、物語というとらえ方は重要である。物語は人がものごとを判断し次の行動を構成するときの枠組みとなる。マスメディアも単なる事実の客観的報道にとどまらずに、潜在している物語の構造に沿って事実を組立てわかりやすく訴えかける。こうすることによって複雑な事象も理解されやすくなる。

物語とカリキュラム

教育においても同様である。子どもたちは日常生活において体験したことを自分の物語として組み立てていく。家族との関係から始まって同年齢集団や地域社会、学校生活のなかでさまざまな経験をし、他者から学びつつ自分の考え方を形成していく。その際に直接の経験外のことは、教育的な働きかけやメディア体験や読書を通じて疑似体験し想像して自らの物語をつくっていくのである。

教育の重要な役割は知の世界を子どもたちに伝えることにあるわけだが、その際に物語構造を用いることで理解を促進する。カリキュラムは大きな物語を形成するための設計図であり、教科書は物語そのものである。教員は一つ一つの授業を組み立てるに際し、時間の流れを整理し個別の物語として準備する。

ここまではどんな国の学校でも同じようにあてはまる。問題はこうした営みのなかで、それぞれの子どもたちの自分自身の物語づくりに、学校や教員がどのように関わるのかということである。従来、このような議論においては子どもの認知的発達段階に応じた対応の必要性が説かれることが多かった。また、個々の子どもたちの自由な発想を重視してそれに介入する働きかけをすることは避けられてきた。このように子どもの個性の存在と個々の子どもの発達可能性の存在を最大限に重視する考え方は、日本の戦後教育の特徴である。そして、この考え方に基づくと、子どもは自分の物語づくりを他に学びながら自ら自然に行っていくものであり、教員はそれが自然に伸びていくのを支援する役割を果たすものであるという考え方が一般的になる。

ところが、他方で、先に述べたように日本の学校教育で一般に使用されるカリキュラムや教科書で提示される大きな物語構造は、学習者個人の物語を規定する大きな存在となっている。学校における学習目標が教科書に書いてある内容をマスターすることにあるとされるのが一般的だからである。日常的な学習の場で教科書やそれに準拠する補助教材が用いられ、試験において繰り返しその内容が理解されているかどうかが問われる。これは、小学校の高学年以上になると当然のように行われていることである。

このようにして、日本の教育においては、子どもたちが物語づくりを本来自分で行うべきなのに、カリキュラムが事前に用意する大きな物語の渦のなかに巻き込まれ、それに回収される傾向が強くなる。日本の教員は回答が先に用意されている問いを発する傾向が強い。物語の収束地点が先に見えなければ教授という行為が成り立たないという思い込みがあるように見える。

リーディングリテラシーとは何か

ここ数年、OECDのPISA調査をはじめとして学力調査の結果をもって、日本の教育について議論されている。PISA二〇〇六年調査でリーディングリテラシーと呼ばれている力（その後行政用語で「読解力」と訳されることになったが、ここではリーディングリテラシーのままで表記する）が、日本で従来言われてきた読解力とは似ているようで違っていることが話題になった。日本の読解力は文字通り文章を読む力、あるいは文章の書き手の意図を読み取る力のことである。それに対して、リーディングリテラシーとは文章の内容を読み取ったあとでそれに対して自分の意見を述べたり、次の行動に結びつけたりする力を指すものとされている。

これは物語を教育の場でどのように生かすかという課題と密接な関わりをもっている。日本の読解力とは他者の物語を受容する力である。日本の従来の国語の問題では、作者が当該文章で何を表現しているのか、どのような内容なのか、また何を言いたいのかを繰り返し問うてきた。第三者があたかも作者の代弁者であるかのようにそれらを尋ねて、何が正解かを判断してきた。回答する側も作者がそこで何を言いたいのかを読み取り表現しようとしてきた。日本の国語力とは、このように他者に寄り添い、その表現意図を読み取る力のことであった。

大方の子どもたちにとって苦手な読書感想文もそういう類の学習課題である。何かを読んでその物語構造にどっぷりつかり、何か感じたものを書くという課題を要求された子どもたちの多くは、物語のあらすじを書いて最後にありきたりのない自分の感想をつけ加えることしかできない。なぜなら、この課題において物語はあくまでも作者のものであって、その構造を変えたり、違う読み方をしたり、まして作者の書きぶりに異論を唱えることは許されないからである。もちろん、著者の意図を換骨奪胎してまったく違った書き方をした感想文であっても高く評価される場合もあるだろうが、一般にそうした読み方は正統ではないとされてきたのである。

ところがリーディングリテラシーの前提とは、何かを読むのは読み手の考え方を変える素材を入手するということである。著者の物語は絶対的な存在ではなくて、自分の物語の構造に変更をもたらす要因にすぎない。その読み方も多様なものがありえるし、読んでから取るべき行動も多様なものになる可能性がある。

PISAのリーディングリテラシーテストは基本的に択一式であるから、テストに出された文章は多様な読みや多様な行動を許すはずだとしても正解は一つである。これは何を意味するのか。それは問いが要求しているものが著者の意図を読み取ることだけではなく、読み取ったものを外部の科学や社会的規範・倫理などのより大きな物語構造に結びつけることにある。日本で言う国語の問題にとどまらず、他教科との融合が前提になっていると言うことができる。

PISAでは日本の子どもたちの回答において自由記述欄の無答率が多いことが問題になった。日本では物語構造が教科それぞれのカリキュラムに限定されていて、それを逸脱する発想が許されていない。読書感想文が書けないのと同じで、他者の文章をもとにして自分の考えをつむぎ出すトレーニングが不足しているのである。

日本の教育制度とカリキュラム

以上述べたことから、PISAなどが前提とする学習観と比べたときの日本の学習状況の特殊性について整理してみたい。

まず、カリキュラムの全体的な体系が見えない。もちろん個々の教科ごとの体系性は念入りに工夫されているが、教科を超えた体系性がないのである。もちろん、「生きる力」といった学習指導要領上の共通の目標はつくられるのであろうが、これはある種のお題目のように見える。学習指導要領の体系性は教科ごとのボトムアップでつくられていると思われる。まず個別の教科ありきであって、教科を超えた全体的なカリキュラム構造が見えない。だから、国語では文章の読解をマスターできるようにするが、その際には個々の文章に書かれている内容の詳細については他教科に関わるので、あまり積極的に取り上げないという暗黙の了解がつくられてしまう。

二〇〇二年実施の学習指導要領の目玉の一つである総合的学習がうまくいかなかったのは、個々の科目はそのままにしたまま「総合」という別の原理の「教科」を追加したからである。さらにこの「総合」の教科自体に体系性と方法が欠如していたことも混乱の原因になっている。個々の科目の体系性を残したまま新たに別の原理による総合的な体系をつくることは不可能であり、この矛盾が教育現場に与えた混乱は大きい。

第二に、教育方法の不自由さである。学習は自分の物語を自分で語れるようにするためのものであるとすれば、大きな物語と自分自身とを対峙させるための方法を身につけさせることがきわめて重要である。自分自身を大きな物語に回収させるための教育であってはならない。そのために必要なことは他人と違う発想を行い、自己を確立するためのクリティカルシンキングである。大きな物語はあくまでも自分を確立するための素材であり、常にそれに対して自分の考え、自分の意見をもてるようにするトレーニングが必要である。

クリティカルシンキングを実践するためには、授業で用いる資料は教科書であってもすべて読み手の批判能力を高めるための素材として扱うという考え方が必要であろう。また単純な計算問題や機械的な暗記のような学習過程は教科によっては必要であろうが、考えをまとめて自分で表現するための過程の一部に位置づけることが必要になる。

現行の指導要領では、国語においても文学的な題材以外の科学や評論のようなものを積極的に取り上げることや自分で調べ発表することも推奨されている。しかしながらよく言われるのは、小学校の低学年のうちは教科のカリキュラムに縛られない自由な授業ができているのに、受験を意識し出すとたんに自由度が小さくなり教える幅が狭くなることである。これが本当だとすれば、日本の学校教育を縛っているのは受験競争ということになる。こうして、究極には特定の大学を頂点とする受験偏差値体制の問題に帰着する。

この問題に加えて、全体的なカリキュラムと方法の欠如という課題との関係で問題があると思うのは、学校教育のカリキュラムに大学教員がかなり関与していることである。教科カリキュラムが現在のようになっている原因の一つが、各学問分野の大学教員が専門家養成や研究者養成の立場からカリキュラム構成に関与しているためではないかと思われる。専門家を養成するためには、大学入学の時点ではこれだけの知識が必要で、そのためには高校までにこれだけ……というように、出口に焦点を合わせたカリキュラム構造になっている。教科ごとに独立性が高く、子どもの発達や学習過程の全体が考慮されにくいカリキュラムになる理由は、専門研究者主導でカリキュラムがつくられるからではないのだろうか。

ある日の新聞に、アメリカの政治家が日本人に会うと誰もが同じ発想をするのでそのうちに何を話すのかあからじめ見当がつき、日本人の経済成長の要因はまさにこれだと思ったという談話が載せられていた。このような画一的な発想をもたらす学校教育から脱脚するために、教育方法とカリキュラム体系を見直して創造性を高める教育改革が叫ばれ、その延長線上にゆとり教育や総合的学習の時間のような取り組みがあったはずである。これが、理系分野の専門家による狭い意味での学力低下批判（ゆとり教育批判）をバネにして大きく改変されようとしている状況には大きな違和感を覚える。

学校図書館とカリキュラム

筆者は東京大学教育学部で図書館情報学を担当していた。図書館を教育に位置づけることは戦後の新教育の理念に含まれるものであり、東大に図書館学の講座が設置されたのも司書および司書教諭養成が大学で行われるようになったことと関係している。

新教育の理念は途中で見失われた。戦後新教育の多様な取り組みのなかでコア・カリキュラムとか自由研究といった当時議論されたものがほぼ一九五〇年を境に潰えていったなかで、幸い一九五三年の学校図書館法で学校に図書館の設置が義務づけられた。現在は一二学級以上の学校に司書教諭を置くことになっており、形式的には運営体制は整備されている。しかしながら、多くの学校では図書館は読書教育と結びつけられているだけで、教科のカリキュラムと十分なつながりをもっていない。これではその設置理念の多くが実現されていないというほかない。

本来、図書館は単に図書を置いた部屋ではなくて、専門職員の手でそこに置かれた資料がカリキュラムと結びつけられることで、学習情報センターとして機能するように設定されている。図書館は外部の知の世界と学習者を結びつける場である。理想的に言えば図書館を生かす教育とは、教科書やそれに準拠した教材で完結した世界を超えて、知の世界に開放された学びの場を構築するものである。そこでは教員と図書館員が共同で教材を選び、場合によっては作成しながら授業の準備を行う。図書館員は教員とチームティーチングを行いながら、子どもたちが個々に自ら物語世界をはぐくもうとするのを助ける。図書館員の役割は、子どもたちが自ら資料や情報を調べ評価し、使いこなす力をつけるための支援を行うことにある。

このような学校図書館モデルは、先に述べたようなカリキュラム構造と教育方法の再度の見直しがないと位置づけられにくいだろうが、実際には総合的学習や国語だけでなくどの科目も多様な教材を生かす方向に動いていることも事実である。日本の学校では教材について、教員が個々にあるいは教科などのグループで整備し管理するという伝統が長く存在した。これを資料や情報の専門家である図書館員と協働することで学びに生かす方向に進めるのかが今後の課題である。そういうサポートがあって初めて、子どもたちは「学び方を学ぶ」ことができ、これが自分の意見をしっかりと言える市民を育成する基盤となるのである。

第1節の参考文献

「特集・読解力（reading literacy）、日本の教育の何が問われているのか」『BERD』第六号、二〇〇六年。ベネッセの教育研究開発センターが出している雑誌の特集号。国際的なコンテクストにおける日本の教育課題が明確に示されている。

アメリカ公教育ネットワーク・アメリカスクールライブラリアン協会『インフォメーション・パワーが教育を変える！――学校図書館の再生から始まる学校改革』足立正治・中村百合子監訳、高陵社書店、二〇〇三年。アメリカの学校における学校図書館の位置づけを理解するのに役に立つ。

山形県鶴岡市立朝暘第一小学校編『こうすれば子どもが育つ　学校が変わる』国土社、二〇〇三年、同『みつける　つかむ　つたえあう――学校図書館を活用した授業の創造』国土社、二〇〇六年。小学校での実践であるが、この「学校図書館活用ハンドブック」シリーズ二冊で描かれたものはどんな教育現場でも参考になる。

2　二〇〇八年版学習指導要領を読む

はじめに

文部科学省は二〇〇八年三月に小学校と中学校向けの新学習指導要領を公示した。このうち総則や算数・数学、理科などは二〇〇九年度から実施され、徐々に移行して、完全実施は小学校で二〇一一年度、中学校で二〇一二年度ということになっている。高校の指導要領改訂もまもなく発表される予定である。

過去、指導要領は、一九六八／九年、一九七七年、一九八九年、一九九八年とほぼ一〇年に一回改訂されてきた。これらは一九七〇年代、八〇年代、九〇年代、〇〇年代のカリキュラムの基本を決定するものであった。しかし、一九九八年カリキュラムに対して学力低下等の批判が起こったために、五年後の二〇〇三年に異例の中間的な改訂が行われ、二〇〇〇年代後半のカリキュラムに若干の変更があった。だから、今回の改訂は二〇一〇年代のカリキュラムを決定するものであると同時に、〇〇年代の教育課程行政の混乱がどのように収拾されようとしているのかを占うものとしても重要である。

学習指導要領の性格

まず述べておきたいのは、学習指導要領の基本的性格である。学習指導要領自体は学校教育法施行規則に基づく文部科学省告示として官報に掲載される。要するに文科省が地方教育委員会や学校法人に対して発する文書であるにすぎない。文部科学省は一貫して学習指導要領は法的拘束性を保持しており、日本の学校の教育課程はこれに準拠して行われるべきことを主張している。これに対して、教育課程における学校や教員個人の自主性を主張する立場や、教科書検定訴訟に代表される検定に批判的な立場、国旗掲揚、国歌斉唱に反対する運動の立場から、法的拘束性への疑義が提起されてきた。

筆者も学習指導要領というもののもつ基本的性格に対して疑問はある。しかしながら、現在、法的拘束性があるなしにかかわらず、実質的に日本の学校の教育課程の枠組みそのものになっていることは確かである。それは、学習指導要領の議論に関わった人たちが執筆した解説書が教科書執筆の際の指針として使われ、検定の基準になっているだけでなく、そのようなプロセスを経て書かれた教科書がとくに義務教育では無料で配られるなどして、学習の過程で用いられる基本的な教材となっているからである。また、教科書の教員用指導書が授業を構成する際の参考にされているという事実もある。カリキュラムはこうした国家レベルのものばかりではなく、教育委員会単位あるいは学校単位、教科単位、そして個々の教員単位で作成されることは言うまでもないが、その大枠として学習指導要領がある。上級学校入学の際に課される試験の内容が指導要領の範囲で出題されることもこの傾向に拍車をかけている。

このようなプロセスは、明治の学制発布以来、国定教科書が検定教科書になったことを除くと現在に至るまで連綿と続いてきている。日本の学校のカリキュラムが統制的であるとはよく言われることであるが、それが過去一三〇年の間に日本が効率的に近代化を達成することができた大きな理由となっていた。西欧的な近代化モデルがあり、それを模倣しつつ国家が統制的なカリキュラムを提示することで自国の近代化をはかってきたわけである。

だが、その図式が崩れかかっていることを指摘しなければならない。というのは、日本がそうした方法によって近代化を達成し世界的な経済大国になったことは、すでに一九七〇年代の時点ではっきりしていたからである。現時点（二〇〇八年）のカリキュラムの性格を表すとされる「ゆとり」という言葉は一九七七年の指導要領改訂のときに初めて用いられたものであり、このときに授業時間の削減や基準そのものの大綱化といったことが行われた。その後の三〇年間は子どもたちに基本的な学ぶ力を身につけさせる方針は変わらないが、それが国家的課題として何のために行われるのかについては以前に比べてあいまいにならざるをえないのである。

そして、一九九八年の指導要領改訂の際に、「生きる力をはぐくむ」という標語のもとに、小学校の低学年では合科的な生活科、高校では新しい時代の要請にこたえて情報科、そしてすべての学校において教科横断的な総合的学習の時間を導入した。同じ時期に公務員の週五日制が導入されたために公立学校では全体の授業時間数が減少した上に、これまでの教科を残したまま上記の科目が新設されたために、一つ一つの教科の時間数は減らさざるをえず、教科内容はかなりの削減が行われた。

文部（科学）省は、授業時間数の減少などについて従来の系統学習だけでは不十分で二一世紀に要求される主体的・創造的学習への移行であると説明した。外部に参照すべきモデルがなければ、自分の力で問題を解決したり自分で課題を作り出したりする自己発展型の学力が必要だという考え方である。しかしながら、この動きを批判したのは第一に理系の研究者たちであり、第二に教育学者たちであった。「分数ができない大学生」というキャッチフレーズに典型的なように、系統学習の積み重ねが大学での学習の基礎になるのに、それが身についていない学生がきわめて多いことが問題であるという意見は理系の研究者には根強くある。教育学者の一部は、基礎学習をおろそかにして課題解決学習に移行することは、学力差を拡げ、それがまた階層格差につながると指摘した。

ここに至って、問題解決学習vs.系統学習の対立が明確になり、マスメディアや国民世論は系統学習を支持したために、先の二〇〇三年の学習指導要領の中途改訂を余儀なくされたというわけである。この間、文部科学省は学習指導要領が最低基準であり、学校によってそれ以上の内容を教えることは自由であるというような指導要領の性格の根幹に関わる解釈の変更を行った。

新指導要領と学校図書館

さて、二〇〇八年版学習指導要領を学校図書館との関係でどのようにとらえるべきであろうか。学校図書館は通常、学習センターと読書センターと言われるように二つの機能をもつとされる。系統学習における教材は教科書、副教材、問題集など子どもたちが各自参照するものになるから、学習センターという場合、学校図書館が関与するのは課題解決学習の展開に寄与する機能である。個々の教科、あるいは総合的学習の時間のなかで学校図書館を用いた授業について学習指導要領がどのように触れているかが重要になる。

読書センターというのは、読書指導を行い読書資料を提供する場として学校図書館が機能するということである。読書について従来は国語科の枠内ととらえられてきたが、昨今、「読解力」に対する関心が高まり、これが単なる国語の範囲ではなく、各教科の学力の基礎を形成する認知能力であるとの理解が進んだ。こうなると、課題解決学習と読解力の育成は別のものではなく相互に関わりのあるものであるととらえることも可能であり、両者に貢献する学校図書館のあり方にも密接に関わることになる。

そういう視点で新しい学習指導要領を見てみよう。小学校でも中学校でも、教育課程編成の一般方針というもっとも基本的な部分については次のように記してある。

学校の教育活動を進めるに当たっては、各学校において、児童に生きる力をはぐくむことを目指し、創意工夫を生かした特色ある教育活動を展開する中で、基礎的・基本的な知識及び技能を確実に習得させ、これらを活用して課題を解決するために必要な思考力、判断力、表現力その他の能力をはぐくむとともに、主体的に学習に取り組む態度を養い、個性を生かす教育の充実に努めなければならない。その際、児童（生徒）の発達の段階を考慮して、児童（生徒）の言語活動を充実するとともに、家庭との連携を図りながら、児童（生徒）の学習習慣が確立するよう配慮しなければならない。（傍点は引用者による）

この記述は、学習の具体的な目標として「知識の習得」「知識の活用と課題解決」「主体的な学習＝探究」を掲げているとまとめることができるだろう。この目標は現行の指導要領の一般方針の延長線上により具体化して述べられており、これ自体は現行のものと大きな変更はない。これに、言語活動の充実が加わっていることが大きな特徴となる。

今回の改訂に関して、総合的学習の時間が三分の二ほどに減ったことや、前回、前々回の改訂で授業時間数が減ったことに対する批判が強かった算数・数学や理科の標準時間数が二割近く増えていることなどから、再び系統主義的なカリキュラムに戻りつつあると指摘されることがある。しかし決してそうではなく、一九七八年改訂以降に敷かれた路線は確実に進められていると言える。

筆者は、教科ごとに示された知識体系を学ぶ系統学習の学習過程と、教科横断的に知識を学習者が獲得していく課題解決型あるいは知識探究型の学習過程とは基本原理が大きく異なっていると考えている。そのため現行の指導要領における総合的学習の時間は二つの点で無理があった。一つは各教科において系統学習をそのままに残しながら総合的学習を別に導入したことで、二つの原理が併存し、これらを統合的に進めることが難しかったことである。もう一つは、多くの教員にとって新しい課題である総合的学習を進めるためのカリキュラムが具体性を欠いていたことで、現場に混乱がもたらされたことである。実際には、それぞれの教科のなかでも系統学習を進める間に探究型の学習課題を織り込むことが推奨されていたから、ますます総合的学習の時間を進めにくい状況があったと思われる。

今回の改訂でこれらの点が根本的に解決されたわけではない。相変わらず二つの原理の併存が続いている。だが、総合的学習の時間は短縮されただけでない。これまで、総則のなかの一項目としてやや中途半端な位置づけであったのが、各教科、道徳や特別活動と並んで独立した教育課程と明記されるようになった。また、各教科のなかで、知識の応用や課題解決学習、そして探究型の学習が具体的に書き込まれることにより、総合的学習でやるべきことが教科横断的・総合的なものであることが明確になった。以前より、位置づけは明確になったと言える。

二〇〇七年の文部科学省の学力調査および二〇〇三年と二〇〇七年の二度のＰＩＳＡ学力調査の結果は、日本の子どもたちの学力が基本的な習得という線ではまずまずの結果を示しながらも、知識の活用や応用、そして、主体的な学習という点で大きな課題を残していることを明らかにした。今回の学習指導要領改訂はその認識に基づいて必要な手段をとるという趣旨であると理解できる。総合的学習の時間のみならず、教科ごとの教育課程において、資料を活用した学習指導を繰り返し行うことで知識の応用と主体的な学びを実現することが言われている。そのために学校図書館の活用と充実についても何度も触れられている。

ここに言語活動の充実が加えられたことで、言語資料を豊富に提供することが重要な役割である学校図書館がさらにやるべきことがはっきりしてきたと言えるだろう。すなわち、各教科とそれを進めるための基盤にある言語活動に対する支援である。

どう実現するのか

だが、学校図書館関係者にとって、このような新学習指導要領を手放しで歓迎することはできないだろう。なぜなら、文部科学省のスタンスが課題解決と探究的な学習を振興し、学校図書館をそのための拠点として積極的に位置づけようとしていることは明らかであるのに、本当にそれが実現可能な体制になっているとは言えないからである。

学校図書館政策としては、ここ一〇年ほど地方交付税に学校図書館図書整備費を措置することで資料数はずいぶん増えた。しかしながら、学校図書館とは単に学校内にある図書や資料を格納した設備ではなくて、人的な手当てが行われて初めて機能するものであることは関係者なら誰でも了解していることである。そもそも学校図書館法はそれを前提としていた。いくら図書整備にお金がついたところで、適切に資料を選択し、また廃棄することを担う人がいなければ役に立つ図書館にはならない。

ところが、二〇〇七年四月に公表された文部科学省の調査（平成一九年度「学校図書館の現状に関する調査」結果について（概要））でもこの点について歯切れがよくない。

調査によると、一二学級以上をもつ学校において司書教諭が発令されている率は小学校九九・二パーセント、中学校九八・五パーセントではあるが、司書教諭の授業時間数を短縮している学校はそのうちの小学校八・〇パーセント、中学校一一・二パーセントにすぎない。また、学校に「学校図書館担当職員」が配置されている率は小学校三五・七パーセント、中学校三七・一パーセントとなっているが、そうした職員のなかで常勤の割合は小学校一九・六パーセント、中学校二七・一パーセントでしかない。ここから浮かび上がるのは、比較的大規模な学校でも、司書教諭を機能させようとしている学校あるいは常勤の学校司書を配置している学校は、小中ともに一割以下ということである。この調査の主たる部分は蔵書の整備状況と読書活動にあてられており、こうした人的な手当てについて触れている程度である。

現在の文科省のスタンスは、図書は整備したが、職員についての手当てはできていない、しかしながら学校図書館の役割は重要であるため、それぞれの教育委員会や学校の工夫でうまくやりなさいというものであろう。これは中途半端で無責任な態度と言わざるをえない。

財務省と文科省の間で、国際的に見て日本の教育費の国庫負担が少ないかどうかをめぐって議論があることが報道されているが、それ以前に、現行の教育費の枠内における優先順位の見直しを行い、学校図書館への人的手当てと専門家の養成こそを最優先すべきものと考える。新学習指導要領は、学校図書館が二一世紀の教育課程においてそれだけ重要な位置づけにあることを示唆している。その観点を保持するならば、通常の教科教員を増員するよりも、司書教諭あるいは学校司書がその仕事に専念できるような条件整備を進める方が中長期的に見て日本の教育改革の力となるはずである。

3　学校図書館問題への一つの視点

筆者は図書館情報学の研究者として、これまで主に理論的な側面と公共図書館を中心にした実践的な側面について研究を進めてきた。だがここ数年は学校図書館にも関心をもっている。それは一つには、占領期の教育改革と図書館の関係を検討する機会をもったためであり、もう一つは図書館専門職の養成についての共同研究LIPER（Library and Information Professions and Education Renewal）を実施したことからきている。ここでは、そうした研究についての中間的な展望を書いておくことにする。

全体として見ると、一九九七年の学校図書館法改正は日本の学校図書館制度化の歩みのなかで画期とはなったが、その後の一〇年を振り返ると、この問題は根が深く解決は容易でないことを印象づけたと感じている。

この一〇年を遅々たるものではあるが着実に前進しているという見方もあるだろう。文科省の総合的学習、読解力への対策などゆとり教育と呼ばれる一連の方策は、図書館を必要とする方向へ学校を導いていると見ることもできる。二〇〇五年司書教諭の定数化を概算要求事項に盛り込むべき交渉が財務省となされたときにもそういう感触を得た（『読売新聞』二〇〇五年一〇月二三日付）。ただしこれは定数化されなかった。

筆者は、文科省が日本の学校教育を従来の知識詰め込み型から、自分で課題を設定して解決する方向へ進めようとしているだろうことについて疑いをもっていない。だが、だからといってその方向性と学校図書館の振興とは直結しないと考えている。学校図書館はスタートの時点で日本の教育制度のなかでねじれた位置に置かれたのであり、これを解きほぐすのには途方もない時間がかかるからである。ねじれというのは、日本の学校の状況と正反対な状況にあるアメリカの学校図書館モデルを採用したことからきている。

日本の教育は統制が強く画一的である。また教科書を中心として一定範囲の知識と技術を身につけることが中心になる。これは理数系の知識をマスターするためには必要なものである。日本の学校が世界的に注目を浴びた時期があったのは、こうした詰め込み型の特徴からくる効果が評価されたからにほかならない。欧米の教育改革においても日本の教育制度や教育方法を参考にしていた部分があったことが報告されている。

これに対して、アメリカの教育は統制が弱く、開放的である。学校で学ぶべきは知識獲得への意欲を身につけさせる方法であり、学習者どうしで共有するというスタイルであって、決して、一定範囲の知識の習得に限定されているわけではない。核になる知識と評価する力を身につけることで開かれた知識にアクセスできるようになることが重視される。だからこうした学習を支えるためには豊富な教材や資料とそれらを管理するための仕組みが必要になるのである。

しかしながら、その仕組みが学校図書館という制度を通じてしか可能にならないのかについては国際的にも必ずしも意見の一致を見ていない。というのは、公立図書館を設置する自治体数や大学図書館を設置する大学数と比べても学校の数は格段に多いため、学校図書館の設置および専任職員の配置は容易なことではないからである。アメリカはそれを世界に先駆けて行った国ではあった。だが、現在でも、学校に専任の専門職員を伴った図書館が設置されるのが当然とされている国はアメリカの他にカナダやオーストラリア、フランス、北欧諸国など数えるほどしかない。つまりアメリカモデルというのは世界でも例外的な存在なのである。

戦後の占領期に世界最先端の学校図書館モデルが日本に導入されたが、当時のアメリカでもまだ学校図書館は普及の途上にあった。だからこそ、学校に図書館設置を義務づける日本の学校図書館法は、たとえ職員配置が伴わなかったにしても画期的だったのである。アメリカで人的配置が一挙に進むのは、一九五七年のスプートニクショックによって学校教育改革が叫ばれ連邦の教育予算がつけられてからである。アメリカの教育改革は子どもたちの学びの主体性を重視し、学校図書館にメディアスペシャリストと呼ばれる専門職員を配置する方向へと進んだ。一方、科学技術立国を目標とする日本の学校教育は基礎学力向上を目指して統制的なカリキュラムになり、学校図書館は読書教育の場あるいは娯楽教養の場として位置づけられればよい方で、多くは学校の片隅に追いやられたのである。この違いは決定的であった。

筆者はまず学校教育そのものの変化は不可避であるだろうと考える。それは理数系のみならず、日本の今後の活力の源は子どもたちのもつ創造性の涵養にあるからである。そのために新学力観、ゆとり教育は二〇世紀の後半に導入され、徐々に日本の学校教育を変えつつある。学力低下論争はその過渡期の出来事であり、学力低下を主張した一部の大学教員の主張は古い学力観に基づいていて受け入れ難い。

二〇〇七年に実施された戦後四三年ぶりの全国学力テストでは、これまでの学力観に基づく「知識」のテストでは学力低下は証明できなかった。むしろ以前に比べて正解率が上がっている傾向が示された。また、新学力観による「知識活用」のテストでは正答率はいくぶんか低かったが、これはある程度予想されたことであった。知識を活用する教育課程の正当性を示したものと言えるだろう。

日本社会は江戸時代から読書を大事にしてきたから、学校で書物や資料が軽視されていたわけでは決してない。しかしながら、儒教由来であろう書物観により、書物は師である著者の言葉であるから押し抱くようにして読み、決して師の言葉を疑ってはいけないとされ、その思想に基づく読み方が推奨された。他方、知の開放性のツールとしての書物あるいは資料の考え方においては、資料や教材は自分の考え方を拡げるための材料の一つにすぎない。

二つの異なった書物観に架橋することによってしか、子どもたちの開かれた学びを保証する場として学校図書館が認知されることはないだろう。日本の古い教育体制においては不要とされた学校図書館は、インフラづくりの五〇年を経てようやくその有用性が議論され始めたところであるが、その理論的根拠づくりも必要な時期にきている。

4　二一世紀の学校図書館理論は可能か

はじめに

さて、理論とは何だろう。手元にある辞書には「物事を法則によって説明するために、すじみちをたててくみたてた論理」などと説明してある。言うまでもなく、社会科学や人文系の学問において「法則」の追求は、経済学や心理学などを除くとすでに過去のものでしかない。マルクス主義全盛の頃の史的唯物論が説いたような歴史的法則性を信ずる人はいなくなり、歴史的事象は一回性のものであるととらえられる。学校図書館のように何よりもまず、学校という施設のなかに置かれた設備であり、それ自体が制度であるようなものについて、法則を説くことはできない。

しかしながら、「すじみちをたててくみたてた論理」を求めるならば、「法則」という言葉をS・R・ランガナタンの「図書館学の五法則」のように経験則の集合体として整理したり、個々の実践を組織的に一定の方向に導く運動論的な議論を作り出したりということは可能かもしれない。後者の例としては、これまでにも学校図書館を担う職員の問題について、一定の政策論的立場からあるべき方向を提案し、それに沿って関係者がその実現のために努力するような意味で、理論は実践を導く役割を果たしていた。ここで考察したいのはそのような運動を導く理論ではない。すでにそのような運動を求める時期は終わり、日本の学校という場の歴史的役割と現在の状況を展望したときに、改めて必要となる学校図書館に対する見方を整理してくれるものとしての理論が必要なのである。

最近の研究動向全般については河西由美子の文献レビューがある。[1] 彼女が「筆者の私見として、今後の学校図書館における実践の核となるのは、本章でも取り上げた「情報リテラシー」や「読解力」の育成のほか、「探究型学習」などの学習に関わる主題であると考えている。この5年間を見る限り……本格的な研究の域に達するものはほとんど無い」と述べているが、筆者もこの意見に賛同する。本稿は研究というより実践報告や論説のなかに一定の理論的道筋があることを指摘しようというものである。

学校図書館政策の動向

近年の学校図書館領域の研究は方向づけがはっきりしてきたと思われる。昭和時代には学校図書館研究が読書教育あるいは読書指導の研究とイコールであった期間が長く続いていたが、それに対して、平成以降の議論は学校カリキュラムのなかでの位置づけに移行しつつある。カリキュラムといっても、以前のように学校図書館を読書センターと学習（情報）センターの二つの大きな機能に分けたときの後者の機能の中心を担うということではない。学校教育を実現するカリキュラムのなかに学校図書館が位置づけられるようになったということである。

このことを確認できる二つの政策的な動向がある。一つは教育課程行政の流れである。二〇一一年度に完全実施される学習指導要領が、以前のものに比べても学校図書館の利用を教育方法の一部に取り入れるような教育課程を多数提案している。その中身についてはすでに述べたことがあるので繰り返さないが、要するに教育課程における「言語力」の重要性が確認され、それが「国語科」のみの課題ではなく、それ以外の教科や総合的な学習の時間、特別活動など学校の教育活動全般によって実現されるとしたことである(2)。このような教科を超えた教育＝学習行為を支える場としての学校図書館の重要性が指摘されている。

第二に子ども読書振興政策の流れである。二〇〇一年の子どもの読書活動推進法の成立以来、国レベル、地方レベルで読書推進の動きが盛んである。国の「子どもの読書活動の推進に関する基本的な計画」(二〇〇二年)においては、「読書活動は、子どもが、言葉を学び、感性を磨き、表現力を高め、創造力を豊なものにし、人生をより深く生きる力を身につけていく上で欠くことができないものであり、社会全体でその推進を図っていくことは極めて重要である」とされ、自治体は子ども読書活動推進計画を策定するよう努めるものとされている。推進計画においては、家庭、地域、学校における読書活動の推進の具体的方策が述べられているが、従来、教育委員会においても学校教育と社会教育とに分けられていた行政領域を結びつける方策が進められている。

これらの政策動向の背景には国際的なコンテクストがある。二〇〇〇年度以降ＯＥＣＤのＰＩＳＡ（国際学力到達度調査）の結果が公表されて、日本の学校教育が国際的な物差しで測られるようになった。かつて一九八〇年代に、日本の学校教育の効率性が国際的な評価を受けて、外国の学校教育に影響を与えたことがあったが、今回は国際的な教育評価の指標に一定の合意が得られ、統一的な指標が適用されたことにより、日本の学校教育に対する客観的な評価が行われるようになった。その指標は、日本国内で採用されているものと同じところと違うところがある。

学力の到達度については学んだ内容をどれだけ理解しているかを問う点は日本の学校で一般的に採用されている指標であり、受け入れやすい。ところが、ＰＩＳＡの場合は科学リテラシー、数学リテラシー、読解力（リーディングリテラシー）の三つが採用され、いずれもリテラシーという言葉が用いられている。このリテラシーとは理解している知識をもとにして、自らの意見を表明したり、次の行動を選択したり、社会的な倫理規範についての判断を行ったりといったことを含意している。つまり、従来の学力が閉じた体系のなかでの知識や操作、問題解決を問うていたのに対して、PISAが前提としている学力とは知識を社会に対して開かれたものとして扱い、習得した知識や技能を社会的な行動として表現できることを目指すものである。

二〇〇〇年代からの日本における読書と言語力に対する関心の高まりは、単に活字離れを食い止めることだけではなく、リテラシーそのものの定義の国際的変化を受けて読書の効用を再確認し、それをカリキュラムの基盤に置こうとしていることを意味している。正面から議論されることは多くないが、カリキュラム行政の議論では、現代社会を知識基盤社会と規定し、学習者が主体的に学び、課題を解決し、学習者間で相互にコミュニケートする能力（キー・コンピテンシーと呼ぶこともある）を身につけるために、従来の習得型の学習方法のみならず活用型、探究型の学習方法を掲げるようになっている。あるいはそれら三つのバランスが説かれることが増えている。(3)

学校図書館研究の方向

学校図書館は学校教育のための装置であるから、学校図書館の理論はこのような学校教育に対する見方の変化を踏まえることなしにつくることはできない。従来の学校図書館研究を振り返ってみると、外国での議論の紹介はあってもそれが日本の学校の状況と切り離されていることが前提となっており、こうしたグローバルな状況を踏まえた研究はほとんど行われてこなかった。アメリカは学校図書館の理念と実践の母国であり、情報リテラシー教育を宣言した『インフォメーション・パワー』や情報活用のビッグ6モデルの紹介をはじめとして、どのような理念のもとにどのような実践が行われているのかについての紹介が多数ある。また、カナダ、オーストラリア、英国、北欧の実践についても紹介されている。だが、学校が置かれた状況が異なる国のものをそのまま紹介してもあまり役にはたたない。

では日本の学校図書館と学校教育についての研究はどうなっているだろうか。日本図書館情報学会研究委員会が編集した『学校図書館メディアセンター論の構築に向けて』はそうした動向を概観するのに便利であるが、学校図書館と学校カリキュラムの新しい関係についてはレビューされておらず、どちらかというと二〇世紀後半の学校図書館運動の流れを確認した上でこれを総括しようとしたものと考えられる。(4)

読書教育やカリキュラムの新しい動きに合わせた学校図書館の位置づけの議論も行われ始めてはいる。(5)総合的な学習の時間のための学校図書館利用の議論や情報リテラシー教育の議論もある。だがこれらは学校図書館関係者のための実用書であり理論とは言えない。その意味でアメリカの研究動向と日本の新しい学習指導要領の両方をにらんで、日本の実践の現状を総合的にレビューし、日本の学校図書館の理論づくりを目指そうとしたものが足立正治の「「探究」を促進する学校図書館」である。(6)本稿は足立の整理の後に出た研究成果をいくつか加えて締めくくることにしたい。

まず二一世紀の課題をいち早く政策論的に引き受けようとしている研究書として、国立教育政策研究所『読書教育への招待』が挙げられよう。(7)この本は科学研究費による共同研究の議論をまとめたものであって、その意味で「学校図書館の理論」ではない。だが「読書教育」という問題設定のなかで学校図書館を適切に位置づけようとしている。そこでは学習者の読解力（リテラシー）向上を支援する機関としての図書館と、学校だけでなく地域における読書関連の実践についても幅広くとらえている。つまり、読書支援の専門的活動が重要であり、それを、司書教諭がやるのか、学校司書がやるのか、公立図書館員がやるのか、幼稚園教諭がやるのか、ボランティアがやるのかは別の問題ということである。理論化のためにはこういうとらえた方が必要である。

外国の理論と国内の実践が分離している状況があるなかで、最近自費出版というかたちで刊行された桑田てるみ編『思考力の鍛え方』は出色の本である。(8)日本の学校カリキュラムの課題は言語力の育成にあるが、そのためにはアメリカのクリティカルリーディングやクリティカルシンキングの実践に学ぶことが重要であることを主張する。そして、学習上の問題解決プロセスのビッグ６モデルなどを紹介し、アメリカの学校図書館の理論と実践を結びつける。ここまでは他にもある議論だが、さらにそうした手法を日本の学校における教科ごとの実践に応用し、日本でも十分に実現可能であることを示しているところが新しい。つまり、これまで理論は外国特有のものであり、日本の学校の実践と隔てられていることが多かったのに対して、学習の目的と方法に関して日米の学校に共通点を見出すことでアメリカの理論と実践を矛盾なく取り入れることができるようになったのである。

ただし、桑田のプロジェクトに参加しているのは関東の私立学校に所属する教科教員や司書教諭である。教育理念や学校の経営方針、上級学校の入試との関係など一定の条件がクリアされないとこのような教育実践を試すことすら難しいという状況はあるのかもしれない。通常の学校での実践が蓄積がされることによって、日本の学校における学校図書館理論が生み出されてくるものと思われる。

最後に述べておきたいのは、学習過程そのものの研究の必要性である。河西が述べているように、日本の教育学のお家芸である授業研究がこの分野においてはかなり限られたものしかないという事実がある。[9] 学校司書が授業に関与できなかった事情もあるのかもしれないが、現在ではチームティーチングなどの実践も行われている。また、図書館における資料利用だけでなく図書館における資料の非利用も学習過程と見なせるかもしれない。このように図書館に関わる学習過程はさまざまなかたちで存在する。これらを記述することからしか理論は生まれないだろう。

注

（1）河西由美子「研究文献レビュー：学校図書館に関する日本国内の研究動向――学びの場としての学校図書館を考える」『カレントアウェアネス』第三〇四号、二〇一〇年六月二〇日（http://current.ndl.go.jp/ca1722）。

（2）根本彰「学校図書館の重要性を示唆する新指導要領」『学校図書館』第六九三号、二〇〇八年（本書5章2節）。

（3）安彦忠彦編『「活用力」を育てる授業の考え方と実践』図書文化、二〇〇八年。浅沼茂編『新教育課程の学習プロセス』全三巻、教育開発研究所、二〇〇八年など。

（4）日本図書館情報学会研究委員会『学校図書館メディアセンター論の構築に向けて』勉誠出版、二〇〇五年。

（5）全国学校図書館協議会の「新しい教育をつくる司書教諭のしごと」シリーズはそれをねらったもので、とくに第二期のシリーズは「探究型学習」と学校図書館の関係を重要なテーマにしている。また、堀田龍也・塩谷京子編『学校図書館で育む情報リテラシー』（全国学校図書館協議会、二〇〇七年）、大串夏身編『学習指導・調べ学習と学校図書館』（改訂版、青弓社、二〇〇九年）などもある。

（6）足立正治「「探究」を促進する学校図書館」『カレントアウェアネス』第二九七号、二〇〇八年九月二〇日（http://current.ndl.go.jp/ca1671）

（7）国立教育政策研究所『読書教育への招待——確かな学力と豊かな心を育てるために』東洋館出版社、二〇一〇年。

（8）桑田てるみ編『思考力の鍛え方——学校図書館とつくる新しい「ことば」の授業』静岡学術出版、二〇一〇年。

（9）河西、前掲。

第6章　教育改革と学校図書館制度確立のための調査報告

1　総合学習・探究型学習と学校図書館

学習指導要領の変遷

学習指導要領の改訂を軸とした戦後の教育課程の変遷を、二〇一〇年まで通覧しておきたい[1]（表6-1）。占領期を別として、学習指導要領はほぼ一〇年ごとに改訂されている。その法的性格、経験主義教育と系統主義教育のせめぎ合い、道徳教育の位置づけ、経済開発のような社会情勢との関係、学力との関係などが争点になって、さまざまな議論があったことがわかる。

戦後の学習指導要領のあり方をめぐっては、振り子運動という表現がされる場合がある。自由な学習を重視する動きと統制的な学習を重視する動きが交互にくるというものである[2]。戦後の占領期にアメリカの進歩主義教育の影響を強く受けて、子どもの自発的な学びの姿勢を重視する教育の考え方が強まった。戦後最初の一九四七年の学習指導要領一般編（試案）において、社会科や自由研究が導入されるなどの自由を前面に出し、続く一九五一年の同試案においても当時のコア・カリキュラム運動などの動きを反映して児童中心の経験主義的な問題解決学習が広く導入された。

これがサンフランシスコ講和条約後になると徐々に統制色を強める。占領期の教育実践がそれぞれの子どもたちの基礎学力の向上に貢献しない「はいまわる経験主義」になっているとの批判から、一九五八年に公示され、一九六一年に

表 6-1　戦後の学習指導要領の一覧

制定年	実施年	背景と法的性格	特徴	教科外科目ほか
1947	1947	・新憲法の成立 ・学習指導要領は都道府県教育委員会の専決事項とされる ・「試案」であり、各学校の裁量権が大きい	・アメリカの影響 ・新憲法下の教育思想 ・経験主義カリキュラム ・社会科の新設	・自由研究（小学4年生以上）が新設
1951 （小中） 1956 （高校）	1951 1956	・1952年文部省設置法一部改正で学習指導要領編成権が文部省にあることが明示化 ・教科書検定が法制化	・経験主義カリキュラム継続 ・「コア・カリキュラム」運動	・自由研究の廃止 ・教科以外の活動を特別教育活動と改称
1958	1961	・講和条約後の教育の独立 ・1956年の教育委員会法廃止と地方教育行政法の成立 ・学習指導要領の文部省告示による公布	・スプートニクショック以降の系統主義と基礎学力の重視、理数系の重視 ・学力論争と経験主義批判 ・道徳や国家主義的な陶冶の重視	・道徳 ・特別教育活動
1968	1971	・アメリカの教育の現代化（研究・産業と教育の連動）の影響 ・高度経済成長期の人材育成	・系統主義教育の継続 ・科学的方法と系統性の重視 ・公民教育の重視	・特別活動における学校行事の重視
1977	1980	・「ゆとり教育」のスタート ・高度成長の終了期における「人間性」の重視 ・指導要領の大綱化と授業時数の削減	・知・徳・体の調和 ・教育内容の削減 ・中等教育における進路選択性 ・習熟度別学級編制の認知	同上 ・国旗掲揚、国歌斉唱
1989	1992	・新学力観による人間教育 ・生涯学習社会における自己教育力の重視 ・単位制高校と総合学科	・小学校低学年生活科の新設 ・体験的活動や個に応じた指導 ・中等教育における選択履修の幅の拡大 ・高校における特色あるカリキュラムとコース制の採用	同上
1998 （小中） 1999 （高校） 2003 （一部改正）	2002 2003	・「生きる力」を育成する「学び」と「確かな学力」 ・完全週5日制 ・「知の総合化と主体化」 ・学力低下論を受けて2003年に学習指導要領の全面見直し	・学習内容の大幅削減 ・情報科の創設 ・課題学習、発展学習などの自己学習方法の重視	・総合的な学習の時間の導入 ・高校におけるクラブ活動の削除
2008	2011	・教育基本法、学校教育法改正による21世紀の教育の明確化 ・ゆとりでも詰め込みでもない「生きる力」の育成	・PISAの結果に基づく言語力重視 ・削減されていた内容復活と主要科目の授業時間数増加 ・小学校への英語の導入	・総合的な学習の時間の時間数減

実施された学習指導要領においては、基礎学力の向上の観点が取り入れられた。加えて、一九五七年のスプートニクショック以降の科学主義に基づく系統主義的なカリキュラムの考え方が導入されたことがある。次の一九六八年公示で、一九七一年実施の学習指導要領においては、高度経済成長を背景にして、国際競争に負けないための「高度な人材」（ハイタレント）育成が目標に掲げられ、系統色を強めるカリキュラムが完成する。

ところが、高度経済成長が達成されてからバブル経済の一九八〇年代頃になると、経済成長よりも個人の生活の豊かさを重視するとともに、教育の目標を国際的な水準に合わせ、詰め込みではなくて学習意欲や主体的な学習を重視する「ゆとり教育」への転換が始まった。九〇年代と〇〇年代を通じて教育内容が削減され、総合的な学習の時間が導入され、各教科のなかでも課題解決的な学習や探究的な学習が含められるなどの大きな変化があった。二〇〇八年公示で二〇一一年から完全実施された新学習指導要領は、その意味では、総合的な学習の時間が減り、とくに理数系の教科の時間数増がはかられるなど揺り戻しと見られることが多いものとなった。

しかしながら、振り子運動という見方、あるいは、二〇〇八年の改訂が揺り戻しとする見方が妥当かどうかについては慎重な検討が必要であるだろう。確かに、一九五八年学習指導要領において子どもたちの学力低下が一つの理由とされて戦前の系統主義的な教科教育をしっかり教えることに切り替わったのと、二〇〇三年の改訂で、やはり「分数ができない大学生」のようなレッテルのもとにゆとり教育が批判されて、学力低下への対策として理数系の教科の学習時間が増やされたことに似ている。

また、同時に議論されてきたことは「学力」そのものの定義についてである。たとえば、文部科学省は学力低下についての国民的関心を受けて、二〇〇七年から全国一斉の学力調査を実施したが、その際に、従来のように教科での学習内容を理解しているかどうかを問う問題とともに、より発展的な問題（問題B）を課した。問題BはOECDが実施した国際学力テストPISAの出題傾向に対応させて新たに導入されたものである。つまり、系統的な学習の結果として学んだものを再現する力だけでなく、もっている知識を現実の社会的場面で応用したり、自分の意見を論理的に表現したりすることが最近の「学力」の定義に含められつつある。

総括して言えば、一九四〇年代、五〇年代は経験主義、一九六〇年代、七〇年代は系統主義、一九八〇年代以降は系統主義をベースにしながら徐々に経験主義教育を導入する過程だったと言えるだろう。そして経験主義への志向が強まるときに学力低下が必ず問題にされるが、学力に対する見方は徐々に変容してきている。

経験主義教育の展開

第3章で取り上げた戦後の経験主義に基づく教育実践においては、さまざまなタイプの教育課程や学びの方法が試行的に実施されていた。それらは、単元教育、コア・カリキュラム、地域教育計画、問題解決学習、生活学習などと呼ばれ、多数の実践が行われ、その記録が出版されている。いずれも子どもたちが直接に経験する機会を豊富に準備し、それをもとに学んでいくという点では共通しているが、そこでの経験とは何か、経験を学びにどのようにつなげるのか、教育評価をどうするのか、等々をめぐって合意するところまで実践が積み重ねられないうちに、教育課程の系統主義への転換が行われた。そのため、教育学においても経験主義教育が何であるのかについては十分に解明されないままに残された。それとともに、当時制度化が進行していた学校図書館は学校のなかで中途半端な位置づけになった。

しかしながら系統主義に変化したといっても、経験主義的な要素はその後も継続していた。たとえば、美術、音楽、体育などの実技科目はもとより、実践的な学びとしての、国語の作文や書写、物理・化学の実験や生物の観察、修学旅行による体験学習、夏休みの自由研究などは学習者の直接経験なしには成り立たない。また、学習には通常、副教材が使われる。社会科における地図帳や歴史年表、理科における観察ノートや実験ノートなどである。視聴覚教材を用いた授業も行われた。これらは間接的な経験ながらも学びの場を拡張するものである。さらには、教科書においてもさまざま演習課題が含まれており、学習者自ら学びを展開することは奨励されていた。それらをどのように組み合わせるのかの判断は個々の学校や教員に委ねられていたにせよ、系統主義教育においても経験主義的な要素が少なからず含まれていたのである。

そもそも系統主義と経験主義は相互排他的な概念ではない。系統主義とは教科それぞれが独立したカリキュラムによって構成されることを言い、これに対応するものは教科書を超えたコア・カリキュラムやいくつかの教科を統合したカリキュラムをつくることである。また経験主義とは教育方法についての考え方であり、これに対応するのは、知識の内容が固定されていてそれを講ずるような学びであり、かつての教学主義・知識注入主義が相当する。歴史的には、教学主義・知識注入主義に経験主義的要素が加わり、また、系統主義は保持されつつ、そこに統合型カリキュラムが加わるというのが流れである。近年、サステイナビリティ教育（持続可能な開発のための教育：ＥＳＤ）や国際バカロレア（ＩＢ）のように国際機関が提唱する文理融合の総合的カリキュラムを日本の学校に導入することが増えつつある。これらは経験主義をベースにしていくつかの教科を統合しつつ学ぶものとなっている。

占領期以降、教育課程の考え方において総合学習と呼ばれるものを主張し実践する動きも存在していた。一九九八年の学習指導要領において「総合的学習の時間」が導入されたのは、そのような経験主義と教科統合の議論と実践の積み重ねがあったからである。

とくに、一九七〇年代に日本教育職員組合（日教組）が教育改革への新たな視点として「総合学習」を提案し、最終提案では総合学習を「教科」として位置づける提案を行った。これは「個別な教科の学習や学習・学校内の諸活動で獲得した能力を総合して、地域や国民の現実的諸課題について、共同で学習し、その過程をとおして、社会認識と自然認識の統一を深め、認識と行動の不一致をなくし、主権者としての立場の自覚を深めることをめざすもの」とされた(3)。この提案は総合学習を教科として位置づけるものだったが、すでに教科学習のなかに総合的な視点が組み込まれているという立場からの批判があった。

一九六〇年代から七〇年代の総合学習の教育課程上の位置づけをめぐる議論はいくつかの立場に整理することができる(4)。一つは、教育課程全体を総合学習化しようとする構想で、教科学習の独自性を批判ないし否定する立場である。これは系統主義を批判して戦後新教育の経験主義と教科統合主義を重視する立場である。二つ目は、系統主義を前提としながら教科としての総合学習科目をつくる立場である。日教組の案はこの立場に相当する。そして三つ目は、教科自体に含まれる総合性とカリキュラム全体の総合性の双方を認めつつ両者を相互還流させることを重視する立場である。系統主義的教科教育を重視する立場からもこの主張に賛同する人たちがいた。このような議論や教育実践を通して、実は経験主義的教育は日本の教育課程に浸透していったと言うことができる。

こうした流れのもと、一九八〇年代以降は「ゆとりと充実」をキーワードに子どもたちの体験活動や個性を重視する方向での教育改革が進められた。そして「総合科」「環境」「くらし」などの名前の科目ができたり、小学校低学年では理科と社会を統合した「生活科」がつくられたりした。こうして一九九八年の学習指導要領改訂ではいっせいに「総合的学習の時間」を導入することになり、ナショナルカリキュラムとして経験主義を積極的に導入することが表明された。だが、それをきっかけに戦後新教育の際と同様の学力低下批判が行われた。具体的には一九九九年六月に刊行された『分数ができない大学生』(岡部恒治ほか編)に代表される。さらに二〇〇〇年代になるとOECDによるPISAの国別学力ランキングの低下などの状況を受けて、文科省は「確かな学力」の保持を掲げて学習指導要領の部分改訂を行った。こうして「脱ゆとり」として、経験主義から系統主義への揺り戻しが起こったとされる。

とはいえ、二〇一〇年代の学習指導要領でも総合的な学習の時間は継続されて取り入れられた。全体として「ゆとりか詰め込みか」の二項対立を脱して、確かな学力を重視する考え方に加えて、各教科における教育方法としての探究活動を導入し、また、総合的な学習の時間では教科横断的で課題解決的な学習や探究型学習を行うことが企図された。先ほどの総合学習に対する三番目の立場が基本方針として採用されたと言える。

若林身歌と田中耕治は、総合学習の今日的意義として次の三点を挙げている。[5] まず、「体験」や「直接経験」を「知識」と対立的にとらえるのではなく、知識獲得の過程ではさまざまな情動(関心、感動、共鳴、既視感など)が呼び起こされることを前提にして、それらを多面的な知識表現と結合させつつ教育課程として作り上げる点である。これは学習過程の認知的側面の研究の進展がもたらしたと言える。第二に学習者の経験と知との関係を「research から learn をとらえ直す」点である。つまり、教授者も含めて学術研究の方法を援用することでその過程から学ぶ姿勢を重視するということである。第三に教育評価としては学びの過程に踏み込むことを前提とすることである。このうち第二の「知の方法」を意識して実施することが総合学習のなかでもとくに「探究型学習」と呼ばれてきた。

探究型学習とは何か

二〇〇八年に、二〇一〇年代の教育課程についての方針を議論した中央教育審議会の答申は、「生きる力」を身につけさせることを理念に掲げながらも、思考力、判断力、表現力の育成による確かな学力の習得を全面的に掲げた。このなかで示された「習得・活用・探究」という学習方法の枠組みが次のように説明されている。

1．「基礎的・基本的な知識・技能」及び「思考力・判断力・表現力等」は子どもに身に付けさせるもの、「習得・活用・探究」はそのための学習活動の類型を示したものである。

2．各教科では、基礎的・基本的な知識・技能を「習得」するとともに、観察・実験をしてその結果をもとにレポートを作成する、文章や資料を読んだ上で知識や経験に照らして自分の考えをまとめて論述するといったそれぞれの教科の知識・技能を「活用」する学習活動を行う。それを総合的な学習の時間等における教科等を横断した問題解決的な学習や「探究」活動へと発展させる。

3．これらの学習活動は相互に関連し合っており、截然と分類されるものではない。

4．各教科での「習得」や「活用」、総合的な学習の時間を中心とした「探究」は決して一つの方向で進むだけではない（「習得→活用→探究」の一方通行ではない）。

5．これらの学習の基盤となるのは言語に関する能力であり、そのために各教科等で言語活動を充実。(6)

ここからわかるように、すでに「習得」している知識を確認するために、教科のなかに経験学習を取り入れて、観察や実験のレポートを作成したり、資料を読んで知識や経験に照らして自分の考えをまとめて論述するといったことを「活用」と呼んでいる。そして、教科を横断して総合的な学習の時間で問題解決的学習を実施したり探究活動を行ったりすることを「探究」と呼んでいる。このように説明されてはいるが、こうした活用型の学習や探究型の学習がどの程度実施されているかというと、十分とは言いがたい状況にあるとされる。

その理由として、第一に、従来の習得を中心とした学習と比べると異なった教育方法を伴うため教員の負担が大きいことが挙げられる。教員自身が探究型の学習の教育に慣れていないし、児童生徒も探究型の学習に対応できるような基礎的な知識や技能を段階的に身につけてきた状態にない。また、現在の上級学校への進学のための教育評価としての入学試験が必ずしもそうした活用や探究の学習成果を評価するものにはなっていないため、教員にも学習者にも十分なインセンティブがない。そのために探究型の学習が積極的に実施されていなかったと言われる。しかしながら、二〇〇〇年に導入されて以降は総合的な学習の時間が定着しつつある。たとえば、新たに設立された中等教育学校や義務教育学校において長期的展望のもとにカリキュラムをつくることができるようになり、そして、国際化に対応可能な人材を育成するスーパーサイエンスハイスクール（ＳＳＨ）、スーパーグローバルハイスクール（ＳＧＨ）制度の実施や、そこでのカリキュラムに知識の活用や探究の要素が強く謳われるようになったことなどで、徐々に進展を見せている。

さて、直接経験と資料等の間接的な経験を組み合わせて学ぶ方法を活用型の学習類型とし、教科横断的にそれを行うことを探究型の学習類型と呼んでいる。ここではこれらを総称して探究型学習と呼ぶことにする。これは外国で言うProject-based Learning（ＰＢＬ、プロジェクト学習あるいは課題解決学習）に相当する。

第1章で見たように、日本の占領期から行われた新教育にはアメリカの教育改革プランの方法が導入されていたが長続きしなかった。それに対して、アメリカではその後スプートニクショック（一九五七年）を経て学問をベースとした科学技術教育に力を入れ、「教育内容の現代化」へ政策転換をしたときに、基礎的な科学知識の習得が重視された。その際に採用された方法はあくまでも探究型学習であった。それはジョン・デューイ以来の経験主義をベースに、研究過程を重視しながらそれを発展させる「発見学習」であり、「問題解決学習」であった。アメリカでは一九五〇年代から六〇年代にかけて学校図書館がアメリカ全土で制度化された。これは日本とはまったく異なった動きであった。

ＰＢＬや課題解決学習が日本ではようやく二一世紀になって探究型学習として浸透してきた。二〇一〇年代の学習指導要領に基づく中学校の総合的な学習の時間における探究型学習では、「課題の設定」「情報の収集」「整理・分析」「ま

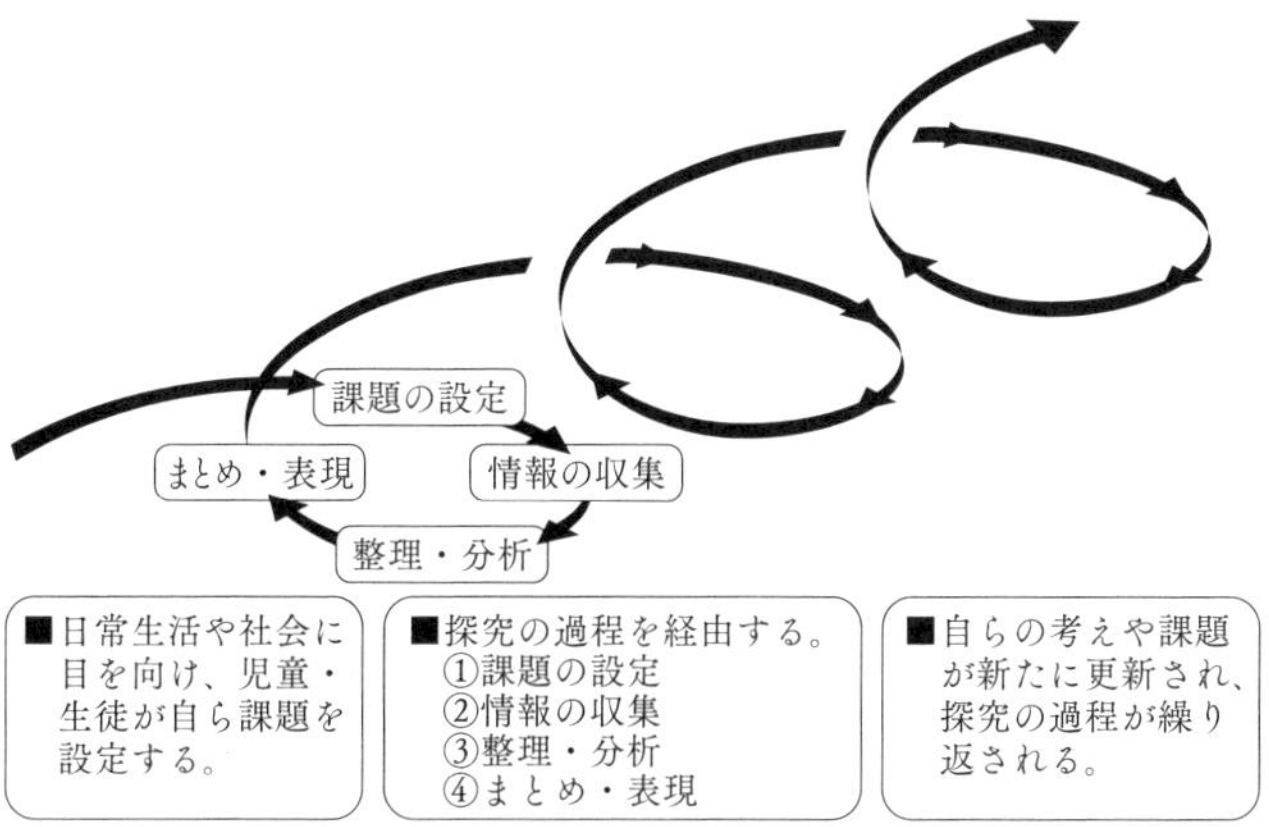

図 6-1　総合的な学習の時間における学習の姿（2010）

とめ・表現」が螺旋形に連鎖する学習モデルが示されている[7]（図6－1）。日常生活や社会を対象に学習者が自ら課題を設定することから始まり、それに関する情報を収集、整理分析し、まとめる。こうしたプロセスを文章で表現したり口頭で発表したりすることで完結するというものである。抽象的なものではなく、それぞれの学校やクラスにおいて、具体的な課題を探究する過程として実現するわけだ。

総合的な学習の「探究の過程」において、具体的な「課題の設定」として、「体験活動を対比して課題を設定する」「資料を比較して課題を設定する」などが挙げられている。また、「情報の収集」は、「アンケート調査で情報収集する」「インタビュー前にチェックリストで確認して情報を収集する」「インターネットで情報を収集する」「図書室や図書館で情報を収集する」とされている。「整理・分析」は、「スクラップシートで整理・分析する」「図等で整理・分析する」「メリット・デメリットの視点で整理・分析する」、「振り返りカードでまとめ・表現する」「プレゼンテーションでまとめ・表現する」「レポートでまとめ・表現する」などが列挙されている[8]。アンケート調査やインタビューなどの学術的な調査手法を用いてレポートを書いたり、プレゼンテーションしたりするようなことが想定されている。

文部科学省は、二〇二〇年代のカリキュラムを検討するなかで、次の時代の学習についてはさらにこの探究型学習を重視することを表明している。新しい学習指導要領のキーワードは「主体的・対話的で深い学び」である。

当初は「アクティブ・ラーニング」という用語が用いられていたが、それが独り歩きしているとの危惧から、「主体的・対話的で深い学び」に言い換えられた。「主体的・対話的で深い学び」が採用された背景には、経済協力開発機構（OECD）が二一世紀になってから打ち出した教育政策がある。これについては第10章で検討する。

学校図書館をこうした探究型学習に位置づけるためには、総合的な学習過程のなかの「情報の収集」や「整理分析」「まとめ・表現」とされている部分に学校図書館がどのように関与するのかについて考察する必要がある。この点について、探究型学習を実施している学校とそうでない学校とを比較する視点からまとめてみる。

2　探究型学習と学校図書館の関係の実際

ここで紹介するのは、二〇〇八年に筆者が関わった東京大学大学院教育学研究科附属学校教育高度化センターの研究プロジェクト「学校教育の質の向上」の一環として実施した調査結果である[9]。学校教育の新しい動向にいち早く対応した学校において、学校図書館がどのように位置づけられているのかについての実践報告はいくつも書かれている[10]。しかしながら、学校図書館の運営を担う教員や図書館員によって書かれたものが多く、教育カリキュラムにおける位置づけや教育指導に携わる教員からは学校図書館がどのように位置づけられるのかについては不明な点が多かった。この調査は、四つの公立高校の教育実践において学校図書館がどのような位置づけをもつのかを明らかにした点で意義がある。ただし、あくまでも調査時点である二〇〇九年の状況を示しているので現状とは必ずしも一致していないことをお断りしておきたい。

すでに述べたように、二〇〇〇年代の学校カリキュラムにおいては「総合学習」や「探究型学習」を取り入れながら展開することになっていたが、系統主義からこうした経験主義への転換は一部の学校に限定されていたことも事実である。探究の過程においては、学習者が主体的に情報を収集し、整理分析の上、まとめて表現することが目的となるため、そこへの学校図書館の関与はそれほど大きくないように見える。収集する情報として図書館の資料が使われることがあるが、直接経験を強調する立場からすれば、資料を使う学習を経験主義と言えるのかという疑問が生じる。学校図書館法によってすべての学校に必置とされている学校図書館ではあるが、資料の利用に慣れていない教員ばかりだと、図書館の学習支援機能は限定されてしまう。実際に探究型学習を実施している学校の実態を確認するために本調査を行った。

調査方法としては、国内の公立高校でカリキュラムに特徴のある四校を選び、地域的な差を勘案しながら、訪問調査と担当者へのインタビューを行った。その際の解明すべき課題は次の六点であった。なお、この調査では「探究型学習」という用語を使用したため、本節でも踏襲する。

・日本の高校で「探究型学習」はどのように展開されているか。
・高校のカリキュラムで「探究型学習」はどう位置づけられているか。
・教員は「探究型学習」について既存の学校教育との接合をどう考えているか。
・教員は「探究型学習」の効果をどう評価しているか。
・教員は学校図書館をどうとらえているか。
・学校図書館は「探究型学習」に対してどのような活動を行っているか。

この調査は公立高校を対象とした。なぜなら探究型学習が、一部の私立学校や外部から資金提供を受けた特殊な学校だけではなく、すべての学校の課題になるならば、公立学校での実施を想定する必要があるためである。

それぞれまったく異なったタイプの四つの公立高校を対象として選んだ（表６－２）。湘南高校は都市部の伝統的な進学校、神奈川総合高校は単位制で生徒が自由に選択する新しい総合型カリキュラムを提示している学校、尾瀬高校は農村部で系統主義と経験主義の双方のカリキュラムを実施している実験校、堀川高校は都市部で系統主義と経験主義の両方を組み合わせたカリキュラムを実施している実験校である。湘南高校が伝統的な学校であるのに対して、他の三校は新しい構想のもとに新設あるいは再編された公立高校である。また、尾瀬高校のみが農村部にあり、他の三校は都市部

表 6-2　調査対象 4 校の特徴

高校名	地域性	学校の種類	カリキュラムの特徴
神奈川県立 湘南高等学校	神奈川県 都市部	全日制／定時制 普通科	系統主義カリキュラム
神奈川県立 神奈川総合高等学校	神奈川県 都市部	単位制による全日制 普通科	総合的なカリキュラム
群馬県立 尾瀬高等学校	群馬県 農村部	全日制 普通科／専門科（商業）／専門科（理数）	系統主義カリキュラム／経験主義カリキュラム
京都市立 堀川高等学校	京都府 都市部	全日制 普通科／専門科（探究）	系統主義カリキュラム／経験主義カリキュラム

にある。

これらの学校がカリキュラムのなかに経験主義的な要素をどのように実現しようとしているのか、とくに探究型学習をどのように実施しているのか、また、カリキュラム全体に図書館がどのように関わるものとされているのかについての全体像を示しておこう。

神奈川県立湘南高校

湘南高校は旧制中学を前身校とする都市部の伝統校であり、大学受験を意識した系統主義カリキュラムを採用していた。教科によっては経験主義的な要素も含まれている。総合的学習の時間では一年次に読書レポートやディベートを課し、二年次には修学旅行の下調べを行い、三年次にはキャリア学習を行う。だが、それらはあくまでも系統主義教育に対する補助的なものとして位置づけられていた。

学校図書館は別棟の比較的新しい大きな施設で、資料数も五万点あり、専任の学校司書が配置されている。レポート課題が出たときの資料利用以外は、放課後の自習スペースとしての使用が中心になっている。教員の異動がそれほど多くはなく、学びの伝統がそのまま保持されており、そうした学校の図書館は、施設は立派でもカリキュラムに明確に位置づけられない場合が多い。そのために学校司書の教育的な役割についてもあいまいなものになりがちである。

神奈川県立神奈川総合高校

同じ神奈川県にある神奈川総合高校は、一九九五年に県内初の単位制高校として設置され、新しい教育課程を実施している学校である。カリキュラムはいくつかの系統別に選択するが、生徒が自由に単位を取得することができる。「必履修・選択必履修科目」と「自由選択科目」を合わせて一八〇近い科目から選択し、そのなかで、総合的な学習の枠内で一年次後期からテーマ研究を行う。その際に生徒は「人文社会」、「自然科学」、「スポーツ・生活科学」、「芸術」、「国際文化」の五つのフィールドからいずれか一つを選択し、そこに所属する。そして、所属するフィールド担当教員の指導を受けながらそれぞれ学習を展開する。一年次にはテーマ探し、二年次には「テーマ学習」として次年度のテーマ研究の準備をし、三年次前期に学習活動の集大成として「テーマ研究」を行う。そして三年次の五月に中間発表会を開き、最終的に七月に公開発表会で各自のテーマに基づく調査結果をまとめてレポートを提出するというプロセスになる。

単位制による総合的なカリキュラムにおいては「テーマ研究」が重要である。自分のテーマを設定の上、それを二年以上かけて追求することが探究型学習実践の機会になる。神奈川総合高校の探究型学習実践においては、AO入試で大学に入る生徒が多いということから一定の成果が出ていると考えられる。ただ、この調査が行われた時点で開校一三年目であったが、探究型学習の実践が特徴的な卒業生像を明確に形づくっているとまでは言えなかった。

こうした「テーマ研究」を行うにあたって学校図書館は重要な学習の場になると思われる。神奈川総合高校にはかなりの規模の図書室があり、三万冊を超える蔵書を専任の学校司書が管理している。個々の生徒が時間割を自己管理しているため、学校での居場所が固定的に存在していない。そのため生徒は多くの時間を図書館で過ごしているという意味では図書館はかなり利用されていると言えるだろう。また、生徒が学校図書館をもっとも利用するのは、一年生の一〇月に基礎学習・文献探索を始めるときである。その次に多いのはレポートをまとめる時期である二月だという。

だが、学校司書へのインタビューから、ここで行われている探究型学習に対応して学校司書が教育的な関与を必ずしもしているわけではないことがわかった。これは、校内組織において司書教諭や学校司書が所属するのが学校管理に関わる部門であって、カリキュラムや研究開発の部門ではないからである。神奈川総合高校では、学校図書館がカリキュラムに明確に位置づけをもっているわけではなく、どちらかというと施設として扱われていることを示している。そういうことから学校司書は「学校図書館を探究型学習のためだけの場にしたくない」という証言をしている。

群馬県立尾瀬高校

尾瀬高校は、その名の通り日光国立公園尾瀬ヶ原湿原の入口にあたる、群馬県の山間部にある。この校名に変更した一九九六年に群馬県の新構想の高校として自然環境科を設置した。本調査時点で、尾瀬や武尊山《ほたかやま》の自然をフィールド対象として経験的学習をする学校として知られ、県内のみならず全国から進学者を集めていた。この調査のあと、探究型学習を六年間実施する中高一貫校に変化した。ここでは日本でも唯一と言われる、高校における自然探究科を中心に確認する。

尾瀬高校の謳い文句は「自然との共生による人間づくり」である。もともと山懐に抱かれた場所に建っており、自然観察やキャンプに出かけることがカリキュラムに組み込まれている。開校当初想定されたカリキュラムは学術志向の探究型学習であったが、入学した生徒の意見を積極的に取り入れ、試行錯誤しながらカリキュラムの改変を重ねてきたという。一、二年次の「環境実践」「環境測定」「総合尾瀬Ⅰ・Ⅱ」などの学校設定科目で基礎的な学習を行い、三年次にそれぞれ生徒が課題を設定して探究活動につなげる仕組みになっている。たとえば「環境測定」という科目では、尾瀬ヶ原の水質について全員で調査し、集まったデータを個々人の視点で分析し考察する。また、判断の裏づけとなる資料(インターネット、書籍)、専門家の意見などを収集して提示させる。同じデータを使って行う活動が年に数回あり、さらに個別にテーマ設定して行う活動につなげ課題研究へのステップとする。三年生では探究活動の結果を適切に伝えること(コミュニケーション力)に重点が置かれている。一〇月下旬の課題研究発表会のあと、一一月中旬に開催するフォーラムでポスター発表をする、一二月に文化会館の大ホールを借り切って発表会を開催するというように、発表の場数を何度も踏ませるのである。

こうしたカリキュラムは自然をフィールドにした研究的な探究型学習と言えるが、そこで重視されているのはグループ学習を行うコミュニケーション能力や探究した結果を外部に示すプレゼンテーション能力である。尾瀬高校の卒業生のうち一定割合が尾瀬林業という地元企業の社員として就職している。成績のよい生徒ほど就職する傾向があるというのも興味深いが、他にAO入試や指定校推薦入試で大学や専門学校に進学する生徒もいる。

尾瀬高校は理系の探究型学習を行う学校であるが、図書館は専任司書が配置されて充実しており、総合学習等にも用いられていた。他方、自然環境科がある校舎はそれ自体が印象的な建築の別棟になっていて、ミーティングルームと呼ばれるフィールドワークの成果をまとめ、ディスカッションのための部屋がある。そこは博物館と図書館を備えたワーキングスペースである。研究を行うための図鑑等のレファレンスブックや資料類はひととおり揃っていた。図書館と博物館を中心に据えた作業を行うというデューイの学校のイメージが実現されていたが、そこの管理は自然環境科担当の教員が行い、司書は関与していないという。経験主義カリキュラムを実施するための条件の多くは揃っているわけだが、施設面で実験室と図書館の統合まではかられていなかった。

京都市立堀川高校

堀川高校は一九九九年に人間探究科と自然探究科を設置すると同時に、学区を京都府全体に拡げた。堀川高校が実施している探究型学習については、探究科設置から教員として関わった荒瀬克己の著書で知られている(11)。同校の評価については、京都市の教育改革の決め手として探究型学習を採用したことだけでなく、京都市の公立高校が小学区制だったのに対して特例として探究科を専門科とすることによって京都府内一円からの生徒を集めることができたことや、結果として京都大学をはじめとする難関校への進学実績が高まったことなどの一連の事象全体に対してなされていると言うべきだろう。

同校の教育方針は、総合的学力の向上と探究能力の育成という「二兎を追う」ことである。「探究基礎」は、「総合的な学習の時間」と教科「情報」を合わせた堀川独自の専門科目である。一年次前期に四〇人のクラスを八つのグループに分け、探究活動に必要な手段・方法を身につけさせる。一年後期には生徒が興味関心のある分野の調査を行うために一〇人前後のゼミに分かれ、研究のためのスキルを習得させる。各ゼミには担当教員がつき、この時期に海外研修を行う。二年次前期は、一年後期のゼミを継続し、それぞれの課題や研究の進行状況に応じて、担当者と相談しながら習得した技術を用いて探究活動の実践を行う。最終的には「堀川フォーマット」に沿ってミニ論文を書かせる。つまり、三年課程の前半に探究型学習を身につけるカリキュラムになっている。そして、二年後期以後は受験への対応を中心とした授業になる。

以下、この学校の関係者にインタビューした結果である。生徒の授業への取り組みが主体的になったことや、グループ・ワークや発表がスムーズになったこと、大学受験実績が上がったことなどが、探究型学習がもたらした効果として挙げられた。また、探究基礎の科目で論文を書くことは受験の文章題に慣れることにつながり、身につけた「段取り力」は受験の基礎になり、大学レベルの研究の経験は大学に進学するモチベーションになるという。

だが、課題も見えてきた。まず、探究型学習を進める際の人材の確保が容易でないことである。本格的に探究型学習を進めるためには通常の高校のカリキュラムを超えた学術研究的な支援が必要になる。これに対応するために堀川高校はスーパーサイエンスハイスクール（SSH）の資金を二期にわたって取得し、その経費でTA（ティーチングアシスタント）を配置した。TAは京都大学などのいくつかの総合大学の大学院生である。その経費がなくなった際の支援をどうするのか、また、教員の側でも探究型学習を指導するための知識やスキルの継承も問題になる。つまり探究型学習を進めるための教員側の負担はかなり大きく、また、未知の部分が大きいということである。さらには、探究型学習で学んだ生徒が大学に入ると、むしろ大学の学びの多くが探究的でないことや遅れていると感じたり、ギャップに悩んだりすることがあるというのも興味深い。

堀川高校では、二つの探究科の課題解決にこたえるために、新たにマルチメディア型図書館を新設した。図書館は学校のエントランス付近に位置し、カフェテリアの向かい側で人通りの多い場所にあり、デザイン的にも洗練されていて、ガラス張りで中の様子がよく見え明るい。図書館は図書館・視聴覚・コンピュータ部門があわさった学事情報部に属しており、学事情報部の図書館長（教諭）、学校司書（実習助手）など複数の教職員が図書館の運営に関わっている。このように、カリキュラムにおける図書館の位置づけが明確であり、図書館を使った授業も多く行われている。とくに人間探究科の生徒の論文執筆には図書館がフルに活用されている。

だがデメリットもあるという。学校司書によると、運営の中心になる学校司書は常時図書館にいることが要求されるため、実際の探究型学習の場や発表の場に積極的に関わりにくいという。また、進展によっては探究型学習の内容がかなり学術的になり、高校図書館では対応できないことも多くなる。その場合、大学図書館との連携が必要になってくる。さらには、自然探究科の資料利用にはかなり高度な理科系の知識がないと対応が難しいとのことだった。

四校の調査結果のまとめ

以上の四校の探究型学習を表6-3にまとめておく[12]。

まず、湘南高校が四校のなかでは異質であるが、これは他の探究型学習に特徴のある三校と対比させるために選択したからである。

全国の公立高校で地域的な中核校とされ、地元に人材を輩出している学校のほとんどは、湘南高校のようなタイプの学校である。そういうところでも、総合的な学習の時間ではテーマを設定してレポート執筆につなげるような探究型学習を取り入れていることがわかる。しかしながら、その位置づけは周辺的である。また、独立した学校図書館が置かれ、司書が配置されているが、とくに教育課程との密接な関わりをもたないままに場所および資料を提供する場となっている。湘南高校に限らず、こうした学校が多数であるのが現状である。

神奈川総合高校は、神奈川県の教育改革の目玉として設立された。単位制をもとに生徒は教師と相談しながら自分のカリキュラムをつくっていく総合型のカリキュラムになっている。そのなかで生徒は探究型の学習として「テーマ研究」を三年間受講し、最終的にはレポートを執筆する。学校図書館は学校内の居場所としてあるいは資料提供の場として機能しているが、そうした探究型学習の教育上の支援体制には組み込まれていない。

尾瀬高校は農村地帯にあって、その立地条件を生かした自然探究科をもった高校である。教科に組み込まれた探究的な方法で自然科学および環境科学的な要素を生徒自らが学んでいく。学術的なものを追究するだけでなく、自然から学びそれを自分のものとすることが目標である点でデューイの経験主義学習にもっとも近いと言える。自然環境棟には探

表 6-3　4 校の探究型学習の特徴

	湘南高校	神奈川総合高校	尾瀬高校	堀川高校
1）目標	現行学習指導要領の「総合的な学習の時間」の目標に則る。	個性に合わせたさまざまな表現とレポート	課題を見つける力／コミュニケーション力	学術的な関心に基づく探究とその後の論文作成
2）カリキュラムの連続性	なし	「テーマ研究」3年間のステップ	「自然探究科」3年間のステップ	「探究基礎」2年間のステップ。最終年次は受験対策カリキュラム
3）発表形式	担任教員へのレポート提出	レポート執筆。口頭発表を含むプレゼンテーション	口頭発表とポスター発表	論文執筆。ポスター発表
4）指導方法の特徴	各教科の授業展開のなかで事象の背景や理由などを問いかける場合もある。	個々の生徒の内発的なやる気と指導教員に任せる。	自然のフィールドで経験させ、それをもち寄り自分で考えさせる。	一斉に探究の型を教えるが、あとはTA の協力を得ながら自分でテーマ追究する。
5）進路	難関校を含めた大学進学	大学進学	地元企業への就職、専門学校、大学への進学	難関校を含めた大学進学
6）学校図書館の位置づけ	自習、資料利用	資料利用、居場所探究型学習との関係は強くない。	資料利用。自然環境科の別棟のミーティングルームで探究型学習の資料を利用。	探究型学習に対応した図書館の新設とそのための組織、職員配置

究型学習を支援する施設が用意され、そこは学校図書館類似の設備がある。だが、そこことは別に専任司書が配置された学校図書館が置かれていて、本来の学校図書館理論からすると考えられない状況がそこに出現していた。

堀川高校は四校のなかでは、もっとも本格的に、教育課程に探究型学習を取り入れている学校と言える。そのためのカリキュラムが段階的に用意され、それを支援するためのＴＡの配置や学校図書館も設置されている。堀川高校のみが学習の成果として「レポート」ではなくて「論文」を課しているのも、「探究」を本格的に実施するという意気込みを示している。学術的な探究を志向するので、多くの場合に高校のカリキュラムを逸脱した学びが展開するが、京都市の中心部にあるという立地条件もそうした学習環境を支えていると言えるだろう。また、難関国立大学への進学率の高さについても、探究型学習の成果に加えて、こうした学習資源の豊富さや京都府下からの人材を選抜できる有利さなどの要因も加味して考えなければならない。

この調査を通じて、二〇一〇年前後の日本の公立高校で行われている探究型学習の一端を明らかにすることができた。最初の課題に戻って整理すると次のようになるだろう。

学校の教育目標に応じて、探究型学習は自然から直接学ぶものと、社会現象や学術的なテーマなどの抽象的な現象にアプローチするものとがあった。いずれも、その対象に応じて課題設定をし、観察や文献調査、外部の専門家への聞き取り等の経験的方法を適用するものであるが、その過程は二年ないし三年続き、その間にモチベーションを維持するためのグループ活動や討論などを組み合わせることや、他学年の生徒との交流などを実施する。また、「学術」を志向する学校では「論文」を執筆するが、「レポート」を課すところもある。また、最後には口頭発表やポスター発表によって、皆で学習成果を共有する機会をつくることが一般的である。

探究型学習のカリキュラムを実施する教師は、探究型学習が習得型学習のモチベーションとは異なると考え、探究型学習を習得型学習より先かもしくは同時に始めるかたちで組み合わせた学校カリキュラムづくりを行っていた。一方、系統主義的カリキュラムの学校の教師は、探究型学習は習得型学習と自分の経験知を総合して行うものと考え、習得型学習の発展として探究型学習をカリキュラムに組み入れていた。客観的な評価としては、進学率の上昇、研究発表での受賞、発表スキルの向上など、さまざま挙がったが、結局のところ「探究型学習」の効果の評価は、生徒自身が探究型学習での学びに意義を見出せるかどうかに関わっていることが教員へのインタビューから浮き彫りになった。

尾瀬高校と堀川高校の卒業生のなかに、高校で身につけた探究型学習のスキルや経験が、一般の大学の学部レベルをはるかに超える内容をもつこともあるために、入学した大学での授業に不満を抱えているという報告があることを耳にした。また、神奈川総合高校、堀川高校、尾瀬高校では一定数がＡＯ入試によって大学に進学している。しかし、これらの事例のような、高校で探究型学習の経験とスキルを身につけ、学びへのモチベーションを高くもって入学してくる学生はわずかであり、大学側から見るとＡＯ入試制度はうまく機能していない現状がある。このように、日本の高等学校における探究型学習は高大接続の問題において、大きなジレンマを抱えている。なお、堀川高校と神奈川総合高校では従来の系統主義教育を前提とした受験構造において、進学の実績が上がったことが報告されている。だが、これが探究型学習の成果かどうかを判断するには、さまざまな要素が複雑に作用しているために、この調査では明らかにできなかった。

四つのケースでは、どの教員も「読書センター」としての学校図書館の機能は認識していた。探究型学習のカリキュラムづくりに関わった教員の場合は、程度の差こそあるものの、「学習情報センター」としての学校図書館の機能に気づいていた。ただ、設備や資料の内容が学習に資するという認識レベルの教師が大半であった。今回の探究型学習を担当している教員へのインタビュー調査のなかで、学校図書館が探究型学習を支援することの重要性とそこにおいて学校図書館専門職員という人的側面がそれを左右することを明確に認識していたのは尾瀬高校の自然探究科指導教員のみであった。

学校図書館の課題

この調査で扱った四つの高校の学校図書館にはいずれも専任司書が配置されている。もちろん司書教諭もいる。だが、探究型学習のカリキュラムに学校図書館が明確に位置づけられていたのは堀川高校だけであった。尾瀬高校は自然探究棟の施設構成を見れば、その構想がデューイの『学校と社会』に示されたシカゴの実験学校を考慮して進められたことははっきりしているが、学校図書館専門職員が関与できるものとしては設計されていなかった。『学校と社会』が書かれた一八九九年前後にはアメリカでも学校図書館への人的措置については十分ではなかったことの影響もあるだろう。尾瀬高校の当初のプランでは自然探究科は自然科学の方法を適用するものとして始まり、徐々にこの初期のシカゴの実験学校の形態に移行していったことも興味深い。

四つの学校図書館を経験主義教育に位置づけられたアメリカの学校図書館を参照軸にしてモデル化してみると、湘南高校は読書と勉強場所、神奈川総合高校と尾瀬高校はそこに調べ学習が加わり、堀川高校は探究型学習にまで対応できるものに進化しているとひとまずはまとめることができるだろう。だが、堀川高校の探究型学習に対応するためには、コレクションも学校司書のノウハウも不足していることも指摘されていた。本格的な探究型学習は必然的に学術領域に展開するものとなる。それこそが、現在の教育改革が目標としている高大接続の理想のかたちである。となると、学校図書館は必然的に大学図書館との協力関係を密にすることが求められるのである。

3　「調べる学習コンクール」の効果

　ここで紹介するのは二〇〇九年一一月から開始し、二〇一一年二月に報告書を執筆して終了した「図書館を使った調べる学習コンクール」についての総合調査の概要である(13)。筆者を含めた研究チームは、コンクールの主催者であったNPO法人「図書館の学校」の協力により、コンクールの概要、とくに力を入れている千葉県袖ケ浦市の事例、受賞作の分析、受賞者による振り返りの記述の分析などを通して、調べる学習がどのような効果をもつかを検討した。ここで言う「調べる学習」とは、以前から行われている夏休みの自由研究や総合的学習の時間、各教科における調べ学習など、探究型の学習を行い、その成果を文章として表現したものである。この「調べる学習」の調査を通じて、学校教育における多様な機会で実施されている探究型学習の実態に迫ることができた。なお、二〇一五年に、主催者の図書館振興財団は国立教育政策研究所の協力を得て、同趣旨の調査を実施したので、その結果も適宜参照している(14)。

コンクールの概要

「図書館を使った〝調べる学習〟賞コンクール」は、一九九七年に始まった。コンクールの主催団体は、当初は（株）図書館流通センター（TRC）の企画・開発部門と日本児童教育振興財団であったが、一九九九年にNPO人図書館の学校（以下「図書館の学校」）が発足してからは、同法人と児童教育振興財団が共同主催となっており、それ以外に文部科学省他の多数の関連団体が後援している。

コンクールの目的として、「図書館利用の促進と調べる学習の普及」が掲げられている。コンクールが始まったきっかけは、TRCが開発した書誌データベースの「本悟空」のユーザーアンケートを実施したところ、学校関係者の間で調べる学習の方法がわからないという回答が多かったことにある。本悟空には、同社と慶應義塾大学幼稚舎図書館が協同で開発した学校用の件名検索システムが搭載されていたが、こうしたツールを使った文献検索の意義や方法が十分に理解されていなかったことから、このノウハウを普及させるための方法としてコンクール形式が選ばれたという。

一九九〇年に生涯学習振興法が施行され、一九九二年完全実施の学習指導要領においては新学力観による人間教育と生涯学習社会における自己教育力が目指され、新しい教育観が導入された。一九九八年に公表されたその次の学習指導要領においては総合的な学習の時間が導入され、これは二〇〇二年から完全実施になっている。また、一九九七年に、学校における読書と探究型学習のセンターとなるべき学校図書館について規定した学校図書館法が改正になり、二〇〇三年度から学級数一二以上の学校に司書教諭が配置されることが義務づけられた。二〇〇一年には超党派議員の立法活動による新法、子ども読書活動推進法が公布・施行された。

これらは、この時機に子どもの読書環境や学習環境の改善のための積極的な政策措置が施されようとしただけでなく、学ぶための方法や学ぶ内容について大きな変化があったことを意味している。こうしたことを背景にして、生涯学習機関としての図書館の振興と新しい学習方法としての調べる学習を推進するために導入されたのが、このコンクールであった。ここで言う図書館には公共図書館と学校図書館の両方が含まれる。当初から「学校の部」以外に「公共図書館の部」が用意されていたのは、子どもたちが夏休みに行う自由研究で公共図書館を使って調べる事例も多いからである。「小学生の部」「中学生の部」「高校生の部」以外に「大人の部」と「子どもと大人の部」が用意されている。また、「調べる学習サポート部門」として、「図書館の部」と「学校の部」が用意されている。(15)

一九九七年にスタートした時点での応募総数は九二五点であったが、この調査で対象にした二〇〇九年度の応募総数は一万五〇〇〇点に達している。その内訳は、小学生が三分の二を占め、中学生が二割、高校生が四パーセントほどであって、学年が進むほど応募が少なくなる。地域別のコンクールが開催され、そこに学校単位で応募するのが一般的である。ちなみに、その後の二〇一二年度は四万二二九点、二〇一五年度の応募数は七万五六点と大幅に増えている。

応募要項には、調べる学習部門のテーマとしては「身近な疑問や不思議に思ったこと、興味があることなどを中心に自由に決めてください」とある。学習者の自由な発想で調べる学習を進めることを推奨しており、当然、高等教育機関や研究機関での研究報告は対象としていない。「必ず書くこと」として「調べる時に利用した資料名および図書館名」と明記されている。「図書館を使った調べる学習」であることを示すことが要求されている。

それ以外の要件としては、作品の用紙や形に制限はないし、ページ数／文字数の上限は、小中学生が八〇ページ以内、高校生以上は八万字以内（ワープロ原稿でＡ４判五〇ページ、原稿用紙四〇〇字詰め二〇〇枚程度）となっている。実際の応募作品は、小学生や中学生はカラフルな表紙をつけて、画用紙や厚手の紙に図や写真をたくさん掲載したものが多い。一方、高校生や大人の作品は概ねワープロを使用して書かれＡ４判の用紙をプリントアウトした論文形式のものが多くなっている。

こうした要項に基づいて、作品の多くは夏休みに書かれ、一〇月中頃から一一月末までの応募期間に事務局に送付される。また、地域コンクールを経由する場合にも、この期間にコンクールが行われて選ばれた作品が全国コンクールの事務局に送付されることになる。

コンクールは、全国での審査が一次、二次、三次、最終と四回ある。また、地域コンクールで選ばれた作品は全国審査の二次へと進む。先に見たように、二〇〇九年の状況だと応募作品の約八割は地域コンクールでの審査対象である。そして地域での参加数に応じて、規定数の作品が全国コンクールの二次審査に進むことができる。こうして、二次審査、三次審査、最終審査と進んで優秀作品が選考される。

審査の視点

二〇〇九年度の最終審査の場に立ち会って、審査委員がどの点を重視して審査しているのかを観察した。概要をまとめておこう。

〈小学生作品の審査〉

審査基準として、テーマ設定や構成（論理性、流れ、読みやすさ）、図書館（資料）の利用が考慮され、それ以外に文章力、見せ方、量などが議論の対象になった。高学年になると「仮説検証」が行われているかどうかも重要な論点になってくる。読んだ資料を列挙しただけのものの評価は高くなかった。ただし、どの要素を重視するのかについては審査委員によって異なることもあった。

発達段階に応じた作品かどうかという基準もあった。その学年の水準に比して優れている作品は評価されるが、学年水準からあまり逸脱していると評価されないという面も見られた。低学年の作品は文章だけではなく、写真や絵を使用して視覚的効果を高めたものが評価される傾向もあった。反対に、高学年においては、形式よりは内容が重視された。

〈中学生・高校生作品〉

内容は歴史、政治から科学に至るまで多岐にわたり、それに応じて表現方法も多様になる。論理展開と全体の構成が評価要素として重視されている傾向が見られた。また大人顔負けの優れた文章表現をしている作品についての評価は高かった。

文献引用の書式の不備とテーマ設定が身の丈にあっていないという点が指摘された作品も見られた。文献引用の書式については、Wikipediaへの過度の依存や、論旨の展開に必要かつ十分な文献を判断することの難しさが背景にあることが議論されていた。また、適切なテーマ設定ができていない点に関して、とくに社会問題は一方的な立場からの批判だけではなく「多様な言説をきちんと踏まえるべき」という意見が複数出された。つまりテーマについての資料を集めるだけでなく、そこからどう取捨選択するかが問われている。

年々、応募作品の数が増え、全体のレベルが上がっている。しかしながら、一方では同じような作品が増えているという審査場面での声がある。実際に最終選考に残り、受賞する作品の多くが特定の学校や地域であらかじめ指導を受けたと思われるものである。「図書館を使った調べる学習」というコンクール自体の要件を書き手および指導者がどのように理解しているのかが問われている。

最終審査のあとに各審査部会の部会長へのインタビューを実施した[16]。審査委員会にあらかじめ審査のための評価ポイントを列挙した紙が配布されている。審査委員によって評価ポイントへの判断は異なっているが、共通して重視されているのは、テーマの選定と論理展開であった。テーマ選びについては自分の関心を問いとして意識化し、さらに仮説にまで高めることができるかが重要である。小学校の低学年や中学年までは問いを立てるところまでで評価されるが、それ以上の学年になると検証可能な仮説にまで高めることが求められている。

そして、テーマ選びと連動するのが、問いを仮説にし、それを検証するための観察や実験から得られた結果と文献調査に基づいて補足した結果をどのように表現するのかという論理展開である。ここでの論理とは、文章としての説得力といってもよいかもしれない。学術論文であれば、それぞれの学問領域の方法に基づいた論文の標準的なレトリックがあるが、「調べる学習」の作品においてもそれに準じた書き方が要求され、「問い→観察・体験→（仮説→検証→）文献による確認」といった標準的な過程が念頭に置かれている。もちろん、発達段階やカリキュラムによってその詳細は違っている。学年が下になるほど、この「仮説→検証」の要素は小さくなり、学年が上がるほどいわゆる論文に近いものになっていくことが予想される。

「文献による確認」は「図書館を使った」というコンクールの題目とも密接に関わっている。応募要領には、文献の引用方法とともにどの図書館の資料であるかも明記することが要求されている。この点について、審査委員の間でも少々の意見の相違が見られた。通常の学術論文においては、歴史や文学など文献を一次資料とする研究以外は、引用・参照文献は背景的な知識を明らかにすると同時にその研究の出発点になるものである。審査委員の立場には、「図書館を使った調べる学習」なので文献資料を使うことを重視するものと、調べるという行為において文献は背景的あるいは手段的なものであるというものとの二つがあるように見受けられた。

インタビューで今村正樹氏（偕成社社長）が述べていたが、「図書館を使った」とは「公共的な情報源を使うことの象徴的な表現」であるという指摘は重要である。サーチエンジンで検索したインターネット上の情報を無批判に使うのではなく、資料や情報を使用するときのルールと情報源そのものの評価について指導者が共通の認識をもっていることが要求されているのである。また、調べる学習について、坂元昂氏（当時日本教育工学振興会会長）が述べたように、観察や体験を知識に結びつける効果、自分の考えを整理し発信する効果、それによって、問題解決力を上げる効果や学ぶ意欲を増加させる効果があることが共通して指摘されている。さらには、蔵元和子氏（読書活動研究家）はそうした効果が学力向上につながり、上級学校への進学実績にも貢献しているといったことを指摘していた。

地域コンクール——袖ケ浦市の場合(17)

コンクールの参加者数が二〇〇〇年代になってから急激に増加したが、それは地域コンクールの実施に依存している側面が大きい。地域コンクールは一九九九年に最初に文京区に導入され、二〇〇〇年からは千葉県袖ケ浦市、東京都杉並区が参加するなど、徐々に規模が拡大していった。地域コンクールの開催団体は地方公共団体（教育委員会）が半数以上であり、教育委員会の学校教育課が実施しているケースと公立図書館と協同で実施しているケースがある。それ以外に開催団体はＮＰＯや公立図書館、博物館や図書館の連合組織などである。

調査した袖ケ浦市の運営方法について概観しておこう。袖ケ浦市は調査時点で地域コンクールを開催して一〇年になる。コンクールの主体は教育委員会が教員研修のために設置した総合教育センターである。総合教育センター内に学校図書館支援センターが置かれ、市内の小学校八校、中学校五校の学校図書館支援の中心に位置づけられている。各学校では、図書館利用教育や総合的学習の一環として地域学習や環境学習に力を入れており、とくに夏休みの自由研究はそうした学習を行う重要な機会ととらえて、そのための指導をしている。夏休みに入ってまもない七月下旬の半日は調べる学習の相談会が開催される。そこでは、調べる学習を担当している司書以外に博物館学芸員や教員、企業の研究開発部門の社員などさまざまな分野の専門家が一堂に会して、子どもたちおよび付き添いの父母に対して自由研究についてのアドバイスを行う。市内すべての小中学校図書館は、夏休み期間中にも開館して、学校司書が調査の相談に乗ったり資料利用の手伝いをしたりしている。

そうして書かれた調べる学習の作品は、毎年九月に学校ごとに審査され、優れたものは一〇月に開催される市のコンクールに出品される。そのなかからさらに選ばれたものが全国コンクールに提出される。市のコンクールの上位入賞作品は展示会が開催されて一般の市民が目にすることもできるようになっている。袖ケ浦市では、二〇〇九年度は二〇一六点の作品の応募があったが、学校と市の二回の審査会を経ることで、かなりレベルの高い作品が全国コンクールに進むことになる。

袖ケ浦市は千葉県の内房と呼ばれる東京湾岸に面する都市であり、一九九〇年の合併による誕生からまもない時期に、人を育てる一環として読書に力を入れ始めた。一九九〇年代初頭から、各学校に図書購入費を配分し、蔵書管理システムを導入した。一九九〇年代中頃には各学校図書館に専任職員を配置し、一九九九年には全校配置を実現した。また、一九九七年から公共図書館と全学校を結ぶ資料の物流システムを稼動させ始めた。文部省の「学校図書館情報化・活性化推進モデル地域事業」に選ばれた一九九八年にはすでにこのような独自の事業を実施していたので、次の課題として、学校図書館が学習過程に積極的に関わる調べる学習に取り組みやすい状況にあった。袖ケ浦市が二〇〇〇年から地域コンクールを実施してきた背景には以上のことがあり、その後も二〇〇一年から小学校用、中学校用の「学び方ガイド」を発行し、二〇〇六年に総合教育センター内に学校図書館支援センターを開設するなどし、市を挙げて子どもたちが調べる学習を行うための支援体制がつくられていった。

年に一回の全国コンクールのスケジュールに合わせて、袖ケ浦市の地域コンクールは、夏休み前の指導から始まり、夏休み中の支援、提出後の修正指導、校内コンクールから市内コンクール、展示、発表、アーカイブ化といったプロセスで行われている。そのために、年に二回、市内の司書教諭と学校司書（読書指導員）が集まって、コンクールについて協議し、指導方法について意見を交換する研修の場が存在している。市全体で共通して実施されているコンクールの支援体制としては、夏休みの学校図書館の開館および中央図書館で夏休み中に行われる調べ学習相談会の開催がある。後者は、調べるテーマに関わる主題の専門家が相談に応じるものである。事後的な支援体制としては、学校や教員によって対応に差はあるが、提出後の指導の機会があり、学校内の審査を経て市内コンクールに提出される。市内コンクールの入賞作品は市の展示会で一般に閲覧される。また、市の入賞作品を複製して各学校図書館に配架することによって、次年度以降の執筆の参考にすることも行っている。

各学校の図書館を使った学習指導については、市が独自に刊行した「学び方ガイド」にあるガイドラインに沿って行うものとされている。「学び方ガイド」には「集める」「整理する」「まとめる」「発表する」の各段階について教科での学習内容の例示や指導に使うワークシートなどが含まれている。しかしながら、実際にはそれぞれの学校に任されている。コンクールのための事前、事後の指導についてもそれぞれの学校や担当する教員によって取り組みに差がある。

袖ケ浦市の調べる学習に対する取り組みが首尾よく展開した理由としては、まず、市が独自に読書教育という枠組みですべての学校の図書館について資料費をつけ、読書指導員という担当職員を配置することで整備に取り組み、さらに支援のための物流システムや情報システムを作り上げたことがある。そうした基盤の上に、学習指導要領の改訂で総合的な学習の時間が始まり、文部省のモデル事業に指定されることで、いっそうの発展を遂げたと言える。地域コンクールの実施は、教育的に評価されにくかった調べる学習を、可視化する効果をもっていたと言うことができる。

こうした学習過程の効果について、袖ケ浦市の教育関係者は、読書量を増やし、その質を高めたこと、そして図書館利用能力や情報リテラシー能力を向上させたことを指摘している。袖ケ浦市の実践は、図書館を使った学習が単に夏休みの自由研究のためだけではなく、学校カリキュラムにおいて新しい学習方法と教育評価法を引き出す可能性をもつものであることを示している。だが習得型学習との関係について教師の意見は必ずしも一致しておらず、今後の検討課題である。

コンクールで圧倒的に多数の受賞者を輩出している袖ケ浦市の実践を調査した結果、それは偶然の出来事ではなく、地域のさまざまな立場の人たちが子どもの探究型学習を支えていることが明らかになった。最後に今後のさらなる検討課題として評価方法が挙げられる。調べる学習作品の評価は通知表の総合的な学習の時間の領域に記述されることになっており、コンクールの受賞は指導要録に記録される。これに加えて、市内の作品発表会を行う中学校は、生徒どうしの相互評価や多数の教員による評価など、教育評価学的な観点から新しい試みに取り組んでいた。図書館を使った調べる学習が従来の教育目標、教育内容、教育方法のみならず教育評価に至るまで学びの新しい像をつくっているとすれば、その検討によって全体像が明らかにされるだろう。

受賞作品の分析(18)

第八回（二〇〇四年）から第一二回（二〇〇八年）のコンクール受賞作品を、テーマ、構成、使った参考資料の三つの観点から分析した。分析対象としたのは小学生の部六七作品、中学生の部二〇作品、高校生の部一八作品である。

小学生の部では、日常生活での観察や家族との会話のなかで生じた疑問を主なきっかけとして、動植物や自然現象をテーマとした作品が多く見られた。作品の構成は①仮説を立ててそれを検証していく作品、②多くの疑問に対して一つ一つ調べて答えていく作品が多く、文献調査だけでなく実験・体験活動やインタビュー調査を含めて総合的にアプローチしていた。また、利用されている資料は、ほとんどが図書と電子資料であり、図書の約半数はNDC4類（自然科学）であった。小学生の部では作品の制作を通じて、①身の回りの現象に対して「疑問」をもち、それを問いとして発信する能力、②文献だけでなく、実験・体験やインタビュー調査を含めたさまざまな方法を組み合わせて問いにアプローチする能力、③調べるための基本的手段として、図書とインターネットを活用する能力、が得られると期待されている。

中学生の部では、作品のテーマは自然科学だけでなく歴史など人文科学にも拡がりを見せる。テーマ選択のきっかけも、新聞や書籍などのメディアや過去の経験の影響が多くなる。作品の構成面では、多くの疑問に答えたり特定の対象について調べてまとめたりする作品のほか、最初に課題を設定して、最後にその課題に対する解決策を提示する作品が増えてくる。また、参考資料として、図書と電子資料以外にも、逐次刊行物や官公庁・自治体の報告書なども利用するようになる。中学生の部では新たに、①メディアや過去の経験から、解決すべき課題を見つけて定式化する能力、②文献調査やインタビュー調査、体験活動で調べたことを根拠として、課題に対する解決策を提示する能力、③必要に応じて、図書と電子資料以外の多様な資料を活用する能力を得ることが期待されている。

高校生の部では、人文・社会科学系のテーマの作品が中心であり、日常の観察や会話よりも、学校の授業、メディア、過去の経験をもとにしたものが多い。作品の構成面では、課題を設定し、それに対する解決策を提示する作品がさらに多くなり、逆に特定の対象について総合的に調べてまとめる作品は少なくなる。また、中学生の部までと比較すると、多様な方法で調べる作品が減り、文献調査のみか、文献調査とインタビュー調査を組み合わせた作品が多くなる。インタビューの訪問先は、講演会や学術機関が多い。参考資料では、中学生の部までと比べて、より信頼性の高い資料が多く引用されるようになる。高校生の部では、①テーマを十分に絞り込む能力、②絞り込んだテーマに応じて、より妥当な調査方法を選択する能力、③信頼性に応じてメディアを取捨選択する能力を得ることが期待されている。

以上のように、受賞作品の分析から、本コンクールへの参加を通じて、テーマ設定力、論の構成力、資料活用能力が少なくとも学校段階に応じたレベルで身につけられていることが示唆された。

受賞者への質問紙調査(19)

コンクール第一回（一九九七年）から第一二回（二〇〇八年）の受賞者を対象に、二〇一〇年一月から二月にかけて質問紙法（郵送法）で行った調査の結果を検証する。この調査は執筆プロセスと回答者が感じている効果を明らかにすることを目的としている。この期間の受賞者は四一六人であった。調査の時点で小学生だったもの、複数回受賞者、住所不明者等を除いた実際の配布数が一八〇件で、そのうち九九件を回収した。回収率は五五パーセントであった。調査実施当時のステイタスとしては大学生二八人（二八・九パーセント）、高校生二六人（二六・八パーセント）、中学生二四人（二四・七パーセント）、社会人一四人（一四・五パーセント）、大学院生が四人（四・一パーセント）となっている。

まず、選んだテーマであるが、小学生だった回答者は理科に近いテーマと社会に近いテーマを選んだのに対し、中学生、高校生と学年が上がるにつれて理科は少なくなり、高校生だった回答者のほとんどは社会に近いテーマを選んでいた。これは、研究手法として、小学生だった回答者は「実験・観察・制作」と「インタビュー」「見学・経験」の三つを選んでいる人が多いのに対して、中高生だった回答者は「実験・観察・制作」が減って「見学・経験」「インタビュー」を選んでいる人が多いことと対応している。また、小中学生だった回答者は夏休みの課題として取り組んだのに対して、高校生だった回答者は教科外学習、卒業研究で取り組んだと答えている。このことは、使用したメディアの入手先や人的支援に関して、小中学生は公共図書館と家族が多いのに対して、高校では学校図書館、教師が増えていることと関連している。

以上により、小学生は夏休みの課題として家族の支援を受けながら公共図書館に通いつつ理科や社会など身近なテーマについて多様な方法で研究するという姿が浮かび上がる。中学生になると、基本的には小学生と同じだが科学的な方法による理科的なテーマが減ってくる。高校生では、学校での教科外学習や卒業研究などで教師の支援を受けながら社会科系の方法とテーマに限定されてくることがわかる。

執筆の効果については、小学生だった回答者と中学生だった回答者について分析した。いずれも、自分が選んだテーマに近い教科に効果があったと回答しているが、理科的なテーマを選んだ回答者でも国語や社会に対する効果があったと述べていることが注目される。これは、文章を書くことで国語の力が身につくと感じているのであろうし、小中学生の作品が理科といっても純粋に科学的な方法だけによるのでなく、地域分布や歴史的な背景などテーマの補足的な情報を集めて執筆するケースが多かったこととも関わっている。このことは、「選んだテーマにかかわらず効果があった」こととして、教科以外のスキル面で「文章を書く」「本を読む」「人前で発表する」「図書館を利用する」といったものを挙げている回答者が多かったことと対応するものである。ただし、中学生だった回答者で「人前で発表する」ことに効果を感じていない人が多いことについては今後の検討を要する。

最後に、受験や進路選択、社会に出てからの効果の分析について述べる。受験に対する効果を感じている回答者は中学生、高校生の過半数にのぼった。自由記述欄の分析では文章を書く力や論理的な思考、粘り強さ、また学ぶことの動機づけなどの効果が指摘されている。書いたテーマをその後も継続して調べ続けたと回答している人は小学校で取り組んだ人の四割、中学校で取り組んだ人の六割おり、また、執筆経験がその後の進路選択に影響を与えたと報告している回答者もいる。現在社会人になっている人の八割が何らかの効果を感じると報告しており、書いたりまとめたりする力や粘り強さなどに効果があったことについて具体的に指摘されている。

結論として、コンクールの受賞者は、自分自身の興味や関心を発展させ、そのなかで図書館利用やさまざまな調査方法を用いることでスキルが向上し、また、さまざまな情報を用いることで読解力や書く力を伸ばすことができたと感じている。コンクールによって効果的に情報リテラシー能力を身につけていたと言えるだろう。

なお、二〇一五年調査で荻野亮吾は、受賞者への質問紙調査データのうちから「身についた力」の因子分析の結果、四つの因子を認めることができるとしている。それは、知的好奇心や学ぶことへの意欲などの「学ぶ力」、論理的思考力や解決すべき課題を見つける力である「課題発見・解決力」、プレゼンテーション資料をつくったり発表したりする「プレゼンテーション力」、文章を構成したり、わかりやすい文章を書く力である「文章構成・表現力」である。また、これらの力は、その後の入試や就職等のさまざまな場面に役立つだけでなく、自己肯定感にもつながっていると荻野は述べている。調べる学習で求められるものは社会に出てからの汎用力であり、コンクールがもたらすものは現在の教育課程で強く求められているものだとしている。(20)

同じく、調査に加わった岩崎久美子は、「調べる学習」の利点として、「学ぶことのおもしろさを知った」を挙げた受賞者が九一・九パーセント、「わからないことがある場合、自分で調べる習慣がついた」八五・七パーセント、「図書館の利活用を学んだ」八一・三パーセント、「図書館が好きになった」七六・八パーセントなど探究型の学習のメリットを指摘するだけでなく、「調べる過程で学校の先生以外の人と知り合えた」のような社会的コミュニケーション力がつくことを挙げている。(21)もとより、これらは受賞者という特殊な集団に対する調査から浮かび上がったものにすぎない。だが、コンクールはこのような学びを促進する仕掛けとして機能していることは確かであり、確実に参加者を増やしている。

まとめと課題

二〇一一年度に完全実施の学習指導要領では、現代社会を知識基盤社会と呼び、そこで必要な能力を育成することを課題としている。その学習指導要領は、学校内でも教室に限らないあらゆる場面が学習の場であり、学校外も含めて学習者自らが学び知識を獲得し、他者と知識を交換し、外部に知識を発表する過程全体を重視している。主体的に獲得する知識を学校が終わってからも活かしていく生涯学習社会の到来は一九九〇年代以来の課題であったが、ようやくそのための具体的な展望が開けてきたと言える。学校図書館および公共図書館の役割が知識基盤社会を支えるものとの認識が拡がっているのである。

「図書館を使った調べる学習コンクール」は、「図書館を使った調べる学習」を学習課題として明示化したことにより、学習者のみならず学校や教員にとっても探究型学習を進めるための動機づけとなっている。現在は、学校や地域を挙げての指導体制をもつ地域や組織が多くの入賞者を出しているが、こうしたところの指導や運営のノウハウを全国的に普及させることで、知識基盤社会の実現に寄与することができるだろう。そのためには次のような課題がある。

第一に、学校におけるカリキュラム上の位置づけを明確にすることである。探究型学習を積極的に実施していた清教学園や茗溪学園のような先進的な指導体制をもつ学校や袖ケ浦市のような地域を挙げて取り組んでいるところのやり方を明らかにし、それを普及させることである。

第二に、探究型学習の方法を明らかにすることである。「図書館を使った調べる学習」は文献やネット上の情報を評価しながら新しい知を獲得することを意味する。しかしながら、テーマ設定や論理構成のためには、それ以前の教科学習や総合的な学習の時間との関係を無視できないし、文献だけでは不十分であり、自ら観察、体験、調査、実験、インタビューなどを行うことが必要である。経験的な知の構築方法をもとにしてどのように一つの作品として作り上げるかの方法を明らかにしていくことである。

第三に、文献やネット上の情報を使う方法についてである。この分野には一定のノウハウの蓄積はあるが、単に文献を検索する方法だけではなく、参照した文献についてそれを作品のなかにどのように使っていくのかについての明確な考え方が必要になっている。とくに、学習過程について文献で発表された学術的成果を利用するだけではなく、知の生成・循環に参加していくという新しい考え方に立てば、著作権法の規定や学術的な慣習に基づいて文献や情報を適切に引用することが必要になっていく。

第四に、学校や地域で調べる学習に取り組む児童生徒たちを支援する仕組みをつくることである。このためにガイドブックの刊行や研修会の開催、機関誌『図書館の学校』やホームページによる広報などの啓発活動が期待される。

第五に、全国コンクールの重要性を確認するとともに、個々の学習者の作品がよく見え、また個々の評価がすぐにフィードバックされる教育的な場としての地域コンクールの重要性もまた確認しておく必要がある。さらに願わくば、学校内の作品の展示や発表会の開催のようなものも開催されることで、こうした学習過程が次の年度にもうまく引き継がれていく。

今回、図書館を使った調べる学習コンクールの実施に関する調査を行った。主体的な学習と言語力を重視する今次の学習指導要領の考え方からは、コンクールはそうした学力を身につけさせ、評価する場として重要であると結論づけられる。コンクールはそうしたこれまであまり自覚されていなかった探究型学習の意義を顕在化する効果をもっている。今後のコンクールのあり方について、子どもたちの発達段階に応じた評価の必要性と評価基準の明確化、共同的な作品の評価、年少者の作品の評価、時間をかけた調査や研究、そして指導者自身が行う調査研究の必要性といった課題がある。

なお、この調査を通じて、学校図書館の整備とそれが学習情報センターとして十全な機能を発揮するための職員の配置、そして学校カリキュラムにおける位置づけという課題の重要性が改めて明らかになるとともに、地域の公共図書館が子どもたちの学習活動を支える機関として不可欠の役割を果たしていることが明らかになった。公共図書館は、読書資料を提供するだけでなく、教育課程に適切な資料を提供する役割をもつ。何よりも、そこに常駐する職員は、調べるための学習資源やネット上あるいは学校外の学習資源の豊富な知識や検索技術をもち、学習者のテーマ選択や作品における議論展開についてのアドバイスを行い、また、教員に対しても調べる学習における積極的協力や教材作成のサポートをすることができる。このように学校教育を支援するための専門知識をもった職員の配置は大きな課題である。これはコンクール以前の問題であるが、コンクールの実施を通じて実現していきたい。

注

(1) 根本彰編『探究学習と図書館――調べる学習コンクールがもたらす効果』学文社、二〇一二年、一一ページ。
(2) 市川伸一「学力論争における国際学力比較調査の役割」21世紀COEプログラム東京大学大学院教育学研究科基礎学力研究開発センター編『日本の教育と基礎学力』明石書店、二〇〇六年、六八ページ。
(3) 日本教職員組合『教育課程改善試案――わかる授業楽しい学校を創る』一ツ橋書房、一九七六年、二四三ページ。
(4) 若林身歌・田中耕治「第8章　総合学習の変遷――教科の枠組みを超えた学習の追究とカリキュラムの創造」(田中耕治編『戦後日本教育方法論史』下（各教科・領域毎における理論と実践）ミネルヴァ書房、二〇一七年、一六四―一六五ページ）を参考にしたが、整理の仕方は同じではない。
(5) 同右、一七一―一七六ページ。
(6) http://www.mext.go.jp/a_menu/shotou/new-cs/qa/01.htm
(7) 文部科学省『今、求められる力を高める総合的な学習の時間の展開（中学校編）――総合的な学習の時間を核とした課題発見・解決能力・論理的思考力・コミュニケーション能力等向上に関する指導資料』教育図書、二〇一〇年、一七ページ。
(8) 同右、一九ページ以下。
(9) 松田ユリ子・今井福司・金昭英・根本彰「現行学習指導要領における探究型学習の現状分析――学校図書館とのかかわりから」『東京大学大学院教育学研究科附属学校教育高度化センター「学校教育の質の向上」プロジェクト平成20年度報告書』東京大学大学院教育学研究科附属学校教育高度化センター、二〇〇九年、一―四九ページ。本節はこの報告書に基づくが一部に筆者の独自の見解が含まれる。共同調査者である松田ユリ子氏（神奈川県立田奈高校司書）、今井福司氏（白百合女子大学准教授）、金昭英氏に感謝したい。
(10) 片岡則夫『情報大航海術――テーマのつかみ方、情報の調べ方、情報のまとめ方』リブリオ出版、一九九七年。山形県鶴岡市立朝暘第一小学校編『こうすれば子どもが育つ　学校が変わる――学校図書館活用教育ハンドブック』国土社、二〇〇三年。鶴田道雄『学びの力を育てよう――メディア活用力の育成』ポプラ社、二〇〇五年。遊佐幸枝『学校図書館発　育てます！調べる力・考える力――中学校の実践から』少年写真新聞社、二〇一一年。

（11）荒瀬克己『奇跡と呼ばれた学校――国公立大合格者30倍のひみつ』（朝日新書）朝日新聞社、二〇〇七年。

（12）松田ほか、前掲、二一ページの表2をもとにしているが全体を作り直している。

（13）根本彰編、前掲。この調査は、東京大学大学院教育学研究科図書館情報学研究室所属の大学院生金昭英、浅石卓真（南山大学准教授）、井田浩之（城西大学助教）の諸氏と筆者との共同で実施した。参加者に対してご協力を感謝したい。

（14）図書館振興財団編『図書館と学校が地域をつくる』学文社、二〇一六年。

（15）その後、「調べる学習英語部門」（中学生の部、高校生の部）が加わっている。

（16）根本彰編、前掲。末尾の資料1、資料2として掲載のものを参照。

（17）同右の3章（金昭英執筆）の冒頭の要約部分をもとにしている。

（18）同右の4章（浅石卓真執筆）の冒頭の要約部分をもとにしている。

（19）同右の5章（井田浩之執筆）の冒頭の要約部分をもとにしている。

（20）荻野亮吾「調べる学習で身についた力」図書館振興財団編、前掲、五七―六八ページ。

（21）岩崎久美子「豊かな人生のための読書と図書館活用」図書館振興財団編、前掲、七九―八九ページ。

第Ⅲ部　外国の学校図書館と専門職員制度

第7章　フランス教育における学校図書館CDI

1　フランス教育の概要

教育理念と教育制度

フランスは革命によって共和制を選択したときに、国民一人一人が国の主役であるという考えが支配した。そのためこの国では学校を卒業するときまでに、学習者自らが自分の考えを構築し、他者に対してわかりやすく自分の考えを説明し、互いにそれを交換して議論することができる能力を身につけることが最大の教育目標となっている。これは、啓蒙思想に基づく理性主義的な公教育論であり、紆余曲折はあるにしても、現在に至るまで継承されている。

フランスはいちじるしく中央集権的な公教育制度をもつ。初等中等教育は、全土を二九の大学区に分け大学区庁が管下のリセ（lycée、日本の高等学校に相当）、コレージュ（collège、同中学校に相当）、小学校の教育行政に責任をもち、管下の教育行政を監督する国の視学官制度がある[1]（図7－1）。教育財政についても国家主導のしくみになっている。公立学校の教職員は国家公務員であり、学校や教育課程に関わる部分については国家が負担している。なお、地方も教育に関わっており、県はコレージュの、市町村は小学校の土地・建物や設備のような物的な要素を中心に負担するという分担がある[2]。

学校は、小学校（五年制）→コレージュ（四年制）→リセ（三年制）→高等教育機関と続く。義務教育はコレージュま

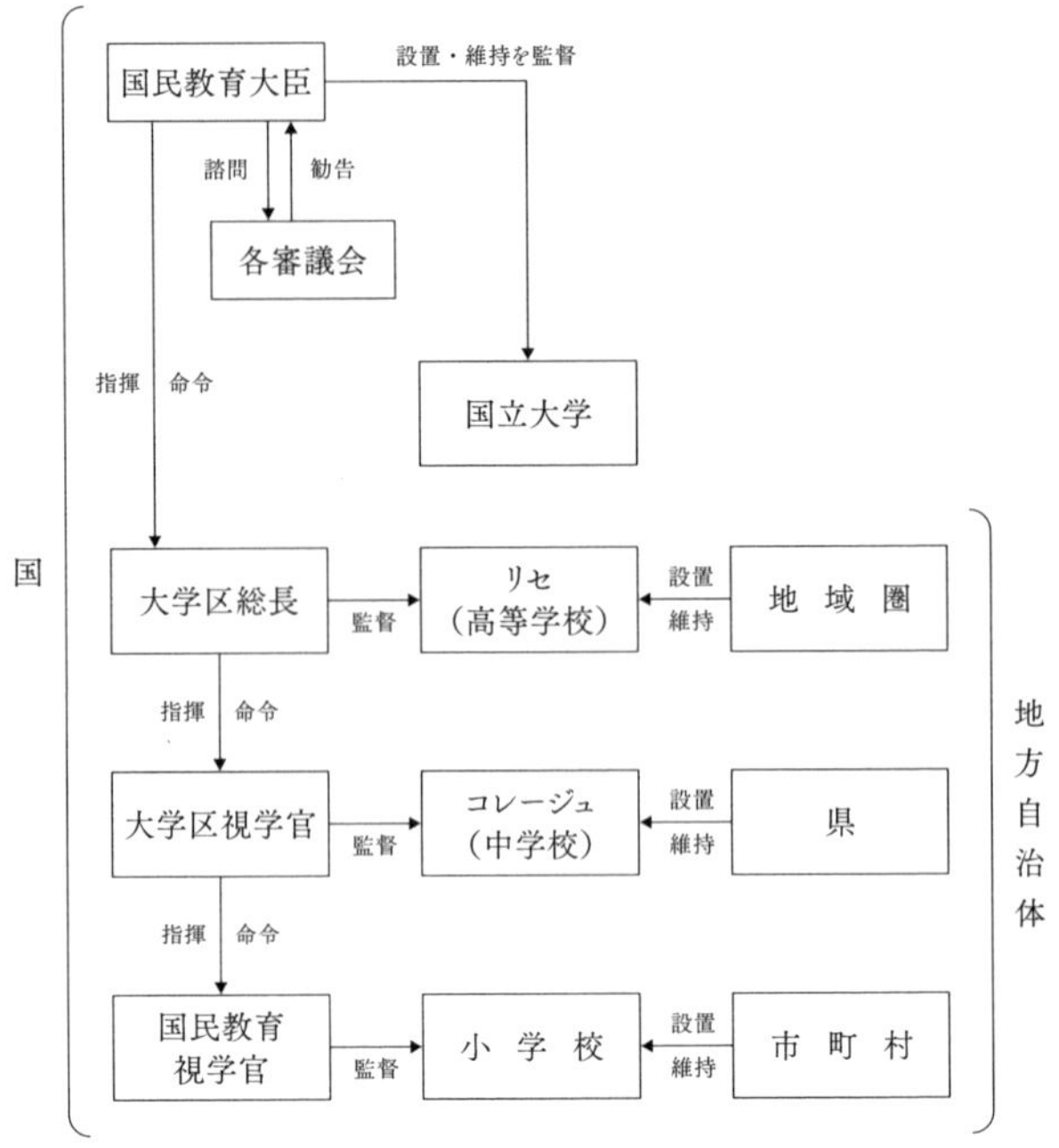

図 7-1　フランスの教育行政機構（2014）

でだが、リセにはほぼ一〇〇パーセントの子どもが通う。リセの最後にバカロレア（baccalauréat）と呼ばれる高校卒業資格試験に合格すれば大学に入学する資格を得ることができる。二〇一四年の高等教育進学率は三七・三パーセントであった。フランスの高等教育は、大学の他にグランゼコール（grands écoles）と呼ばれる専門別のエリート養成学校をもつことが特徴である。中等教育教員養成の高等師範学校（ENS）、理工学のエコール・ポリテクニーク、国立行政学院（ENA）、国立古文書学校（École nationale des chartes）などが知られている。グランゼコールの一つである、図書館員養成のための国立図書館情報学高等学院（ENSSIB）は、大学卒業者あるいは国立古文書学校卒業者を対象として試験を行って入学者を決める上級図書館員養成機関である。(3)

教育課程と哲学教育

国民教育省は全国的な教育課程の基準として、学習指導要領（programme）を定めている。このあたりは日本に似ており（というよりも明治期に日本がフランスを手本にして制度をつくったと言うべきだろう）、学ぶ内容の基準は国家によって与えられる。また、コレージュ、リセの最終学年で「哲学」を学ぶことを除くと、教科についても類似している。

制度的には国家主導ではあるが、学ぶ行為は私的なものとされているところが日本とは大きく異なる。まず教科書出版は自由とされ、教科書検定制度のようなものはない。また、教科書の採択は学校ごとに教員集団によって行われ、個々の教員の教科書使用義務はない。基本的に教科書は各学校が備えるもので、児童生徒に対しては貸与制をとっているので年度末に学校に戻されることになる。このことは、学校での学習は教員に委ねられており、学習指導要領に沿っているとしても内容的にはかなり自由であることを示している。教科書はどちらかというと日本の学校における資料集や教材に近いものとして扱われる。ただしこのことは、フランスに限らず欧米においてはほぼ共通していると思われる。

フランス教育の理念を示すものとしてよく知られている哲学教育は、コレージュとリセの最終学年に必修科目として実施されている。とくにリセの哲学教育はバカロレアの初日に哲学試験として課されていることもあり、重要である。哲学教育とは、哲学史を教えることでも哲学の学説を教えることでもなくて、学習者一人一人が大人として人生を歩み出すときに自分で物事を判断する力を身につけ、また、それを論理的に表現する力をつけることを目的とするものである。

哲学教育がコレージュとリセの最終学年に置かれているのも意味がある。それぞれの学校の最終的な目標の一部にそれぞれの段階に応じた自分なりのものの考え方と表現方法をマスターするためである。バカロレアの哲学試験に何が出題されたかが全国的な話題となるというのも、哲学教育が国民的な関心事であることを示している。ちなみに、二〇一七年度のバカロレアの哲学試験のうち理系の試験は次の三問のうちから一問を選択して四時間かけて書くものであった。

1．権利を守ることは、利益を守ることなのか？（Défendre ses droits, est-ce défendre ses intérêts ?）
2．人は自らの文化から自由になることができるのか？（Peut-on se libérer de sa culture ?）
3．『ミシェル・フーコー思考集成』（*Dits et Écrits*）からの抜粋の解説(4)

リセの哲学教育はこのような問いに自分なりの回答を出す練習をすることで、バカロレア試験への対策をしていると言うことができる。それにしても、1や2のような普遍的な問いについて何も材料が与えられずに自分の頭で考え構成し

表 7-1　リセの哲学教育の文科系プログラム（＊は理系でも実施）

主体	＊意識／知覚／＊無意識／他者／＊欲望／実在（実存）と時間
文化	言語／＊芸術／＊労働と技術／＊宗教／歴史
理性と現実	理論と実験／＊証明／解釈／＊生命体／＊物質と精神／＊真理
政治	＊社会／＊正義と権利／＊国家
道徳	＊自由／＊義務／＊幸福

て長い文章を書くことや、3のフーコーのような現代思想家の文章の解説を求めることは、かなり高度な知的能力を要求しているように見える。

フランスの教育課程はこうした試験を高校生の卒業要件として課すのであるが、それは日本の倫理教育にあるように哲学史を学ぶことでもないし、まして自らの哲学を論じろというのではない。自身の考えを表現するための定型的な言語的方法を学ぶことに主眼がある。白井成雄は哲学教育を「いわば「ものを言う市民」の育成とも言え、社会がある程度民主化していないと、なかなか定着しない教育制度」と述べている。[5] 具体的なプログラムの中身としては表7-1のように示されている。[6]

これらは個人の意識から始まって真理や時間といった基礎的概念、国家や宗教のような社会の仕組み、そして自由と義務、幸福というような倫理的問題まで、きわめて多様な概念をトータルに学ぼうというものであり、フランス国家の市民として生きていくために考えるべき範囲を示している。実際には、古代のプラトン、アリストテレスから始まり、現代のアレント、メルロ＝ポンティ、レヴィナス、フーコーに至る数十人の哲学者の著作に沿って、その主張を学び、自分の意見を書くための訓練をほどこすものである。

教科書も使われているようだが、必ずしも教科書を読むという教育ではない。このプログラムを担当する教師は先ほどの高等師範学校を典型として哲学教育を受けた教師であり、自分の言葉で働きかけ、議論を喚起することが可能な人たちであることを前提にしている。サルトルやレヴィ＝ストロース、フーコーなどもリセで哲学教師を務めたことが知られている。生徒はこのプログラムに参加することで、それぞれの概念についての教材を読み、議論に参加し、考察を深める。しばしばエッセイを書くことが奨励されるのは、こうした訓練の最終地点が自分の言葉で考えを表現することだからである。[7] そのための参考書も多く出版されているが、そこで重視されるのは論を構成する文のスタイルである。ある程度決まった論述のスタイルがあり、問いに対して自分なりのテーゼとアンチテーゼを構成してそれを展開することで論を進める。その際に先の哲学者からの引用も重要である。受験用の重要文言の引用集が用意されていてそれを暗記することも重視されているという[8]。

一定の論述スタイルと重要概念の把握および哲学者の言葉の暗記などを組み合わせて、バカロレアの哲学試験に備えることで養われる、考える市民の育成は、日本の道徳教育や倫理教育と似て非なるものと言える。あくまでも諸概念の相対的・学術的位置づけを理解した上で概念を使いこなすと同時に、それを論理的説得的に文章で表現する能力が重視されている。自由にものを考えることが最初からできるわけではないから、実際に行われるのは型にはまった学習方法であり評価方法である。この科目は典型的であるが、フランスの教育は歴史的には教師が教材をもとに講義し、生徒はその指示のもとに筆記し作業をし、暗記するものであり、多くの科目はこの方法で教授されていた。それは形式的には日本の教科学習とそれほど大きな違いはなかったと言える。

フランスの哲学教育と日本の道徳教育を考察した森田伸子は、二つの違いを指摘した[9]。一つは、市民あるいは公民という概念がフランスでは一貫して揺らがなかったのに対して、日本では戦前は国家主義をベースとし、戦後になるとそれを排した民主主義を掲げたように、大きな転換があった。さらに戦後教育では当初、国家主義・伝統主義的なものを排する傾向があったのが、それへの批判としての伝統への回帰がある、というように揺れていた。このように、日本の道徳教育は価値が政治的道具として外部から与えられる傾向がある。

そしてこれは第二の相違と関わる。フランスの哲学教育は一貫して合理的で批判的なものの見方をする市民を育成することに重きを置いており、そこでは古今の哲学者の言葉を手がかりに自分で考える教育が支配的である。しかしながら、日本の道徳教育では価値が外部から与えられるために、価値の獲得はフランスのような知的なアプローチをとらずに情操教育へと流れる。かつて日本の小中学校の子どもたちに配られた『心のノート』に典型的なように、個人のアイデンティティ、良好な他者との関係、環境への関心、クラス、学校、国、世界の人々への愛、といった価値と態度が説かれる。誰もが否定できない価値ではあるが、それを導くための思考を鍛えずに情感に訴えるアプローチでは思想を自分のものとすることはできない。

2　フランスの教育改革と学校図書館の沿革

教育改革の過程

フランスの学校における教育方法は伝統的に主知主義と呼ばれる知識伝授型であった。客観的知識・技術の伝達を通して理性を研磨することが目標であり、カリキュラムは細かな教科に分かれていた。二〇世紀になるとフランスにも米英の新教育の影響が及び、子どもたちの自発的な学びの姿勢を重視する方向へ変わってくる。先ほどの哲学教育も当初は哲学者の文章を読ませ、教師が説明し、また重要な部分を暗記させるものであったが、現在では教師と生徒が対話し、議論することや自分の考えをまとめて文章にするものに変化している。

教育課程の変化のプロセスを見るとき、学校図書館との関係で重要なのは一九八〇年末のジョスパン改革から始まる一連の教育政策である。この政策は、社会党のミッテラン大統領のもとで教育基本法が制定され、二一世紀の教育を見据えた効果的な教育課程や教職員の待遇の改善などを含んだ総合的な教育計画法であった。[10] そのなかに、図書館を教育資源提供の場とするための改革が含まれていた。コレージュとリセでは学校図書館が資料情報センター（ＣＤＩ：Centre de documentation et d'information）という名前で義務設置され、そこにはドキュマンタリスト教員（ＰＤ：Proféssure documentaliste）と呼ばれる司書教諭が配置されることになった。詳しくは次節で述べるので、まずは教育課程改革について見ておく。

学習指導要領の改訂により一九九九年より、リセでは「市民・法律・社会」（Éducation Civique, Juridique et Sociale：ＥＣＪＳ）と呼ばれる新科目が始まった。そのカリキュラムは市民性概念を基礎にしてこれを自ら学習するものである。現地の学校を視察した大津尚志によると、そこで扱われるテーマと概念は最初から与えられたものである。表７－２はそのテーマと含まれる概念を示し、図７－２は一般的に行われている学習方法である。[11]

先ほどの哲学教育のプログラムの目的が最終学年に自らの思考を鍛え、さまざまな哲学的概念に基づき表現できるよ

表 7-2　「市民・法律・社会」のテーマと概念

	テーマ	概念
第１学年 「社会生活から市民性へ」	市民性と市民精神 市民性と統合 市民性と労働 市民性と家族の結びつきの変化	「市民精神」「統合」「国籍」「法」「人および市民の権利」「私権と参政権」「社会権と経済上の権利」
第２学年 「制度と市民性の実践」	市民性の行使、代表と政治権力の正当性 市民性の行使、政治参加の形態と集団行動 市民性の行使、共和国と自治主義 市民性の行使と市民の義務	「権力」「代表」「正当性」「権利の状態」「共和国」「民主主義」「防衛」
第３学年 「現代世界の変容と市民性」	市民性と科学技術の進歩 市民性と正義・司法、正義・司法と平等の新たな要求 市民性とEUの構築 市民性とグローバリゼーションの形態	「自由」「平等」「主権」「正義・司法」「公共利益」「安全」「責任」「倫理」

うな力をつけることにあるとすれば、この科目は一学年から順を追って市民性とは何であり、どのような実際の制度や政治的概念と関わりあうのか、さらには変動する社会においてどのように実現されているのかなどを学ぶことで、哲学的思考の準備を行うものである。その際に用いられる方法は探究型学習である。各自がそれぞれのテーマに応じて研究課題を設定し、情報を集めて分析したり、簡単な調査を行ったりする。そうして得られた知見をもとにして討論のための発表資料を作成し、口頭発表を行い討論に参加し、最終的にレポートを作成するというものである。調査した大津は次のように述べている。

本教科の学習指導要領にも「知識は伝えられるものとは限らず、自分でつかみとるもの」とある。自ら学び自ら考えることによる主体的な学習が求められる。自分で設定したテーマに関係するデータを収集し、再構成し、そしてそれらをまとめた上で自らの見解を述べるための力をつけることが求められている。それは、従来の伝統的な教科とは異なる学習方法である。(12)

もう一つの教育課程上の改革として注目される個別課題学習（Travaux Personels Encadrés：TPE）は、二〇〇〇年からリセの二年次三年次に行われている学際的で探究的な学習である。「市民・法律・社会」が個人単位の学習であるのに対して、こちらは三人のグループをつくって共同

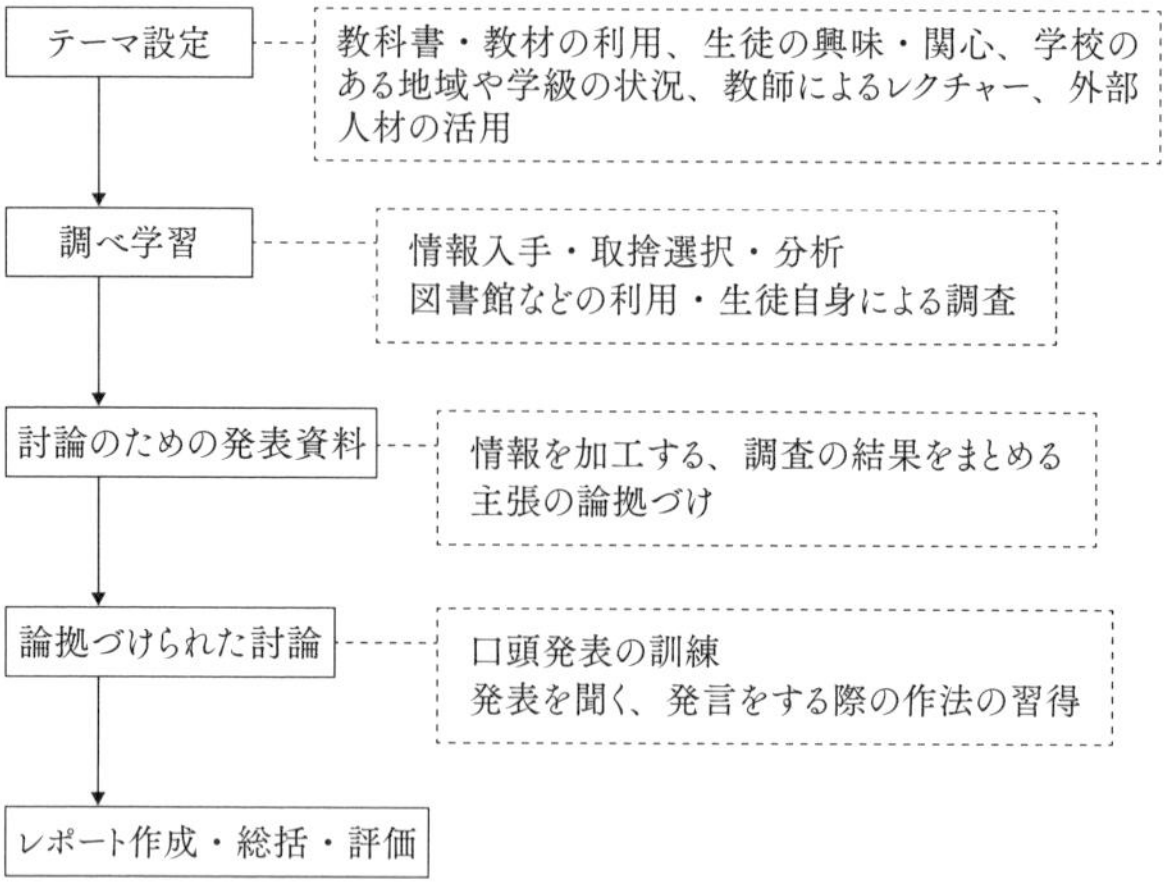

図 7–2　「市民・法律・社会」の学習方法

で探究型学習を実施する。そこでは表7－3に示されたようなテーマが与えられている。このテーマは二年ごとに国から示される。文科、経済・社会科、理科の三つのクラスがあり、クラスによって学習テーマが少しずつ異なっている。学際的テーマを選ぶことが前提になっていて、そのために複数教科の教員が指導を行う。場所として教室よりもこれから述べる図書館が重要であり、場合によっては学校外で調査をして、調査結果をもち寄って分析する。通常はグループでレポートを作成し、口頭発表を行うことになっているが、これは個人学習と比べると相互性や共同性などの点でメリットがある。バカロレアでは、口述試験の選択科目のなかで個別課題学習を選ぶことができる。バカロレアで口頭発表の成果が活かされるわけである。

　複数のクラスを観察した大津によると、個別課題学習の理系クラスのあるグループは、「津波――発生、伝播と防止」というテーマでA4判二ページのレポートを作成していた[13]。このテーマは、地球科学、地理、経済学を横断する学際的アプローチである。まず、①津波の発生原因（地震、地すべり、火山活動）を地球科学的に分析し、「地球のどこで津波が発生するのか」「古代以来の主な津波」について述べ、チリや日本、インドネシアにおいて、多数の犠牲者が出た過去の津波の記録から二〇〇六年七月一七日のジャワの大津波に至るまでを紹介した。続いて、②伝播では津波の拡まり方について地球科学的な分析が示されていた。③津波の被害の防止では、国際的な取り組み（衛星の利用）、地域的な取り

表 7-3　個別課題学習のテーマ

文科	経済・社会科	理科	
		生命地学系	技術系
人間と自然 断絶と連続 イメージ 境界 芸術、文学、政治 記憶・手記	人間と自然 断絶と連続 文化的実践としての余暇 プリントメディア 企業とその領域的戦略	人間と自然 断絶と連続 モデル、モデル化 成長 自然と技術の脅威 科学と食料	人間と自然 エネルギーと環境 モデル、モデル化 自然と技術の脅威 創造と生産 情報とコミュニケーション

組み（日本の海底地震計（OBS：Ocean Bottom Seismograph）など）を紹介し、災害対策について述べられていた。レポートは、学校図書館CDIでの調査を中心として作成されるものである。インターネット接続はCDIに用意されていて、ここがこうした調べ学習を進める拠点となっている。

これらの教科の導入が、日本の総合的学習の時間の導入と同時期であるのは偶然ではないだろう。二一世紀に向けての教育改革の一環として従来型の学習に加えて、経験主義的な学習が必要であるとして導入されている。コレージュの教育課程にも教科横断型の「発見過程学習（Itinéraires de découverte）」が導入されていて、同様の学習を行うことになっているが、これはリセの探究的な二科目の準備クラスにあたる。中等教育へのこうした探究型学習の導入には、知識伝達型の学びではなくて知識創造を目指した学びが重視されるという明確なメッセージが込められていることは明らかである。そして、個別課題学習の評点がバカロレア試験の点数に加えられているから、学習者のインセンティブも上がることになる。このように、高大接続を利用した探究型学習の導入がフランスの教育課程改革の特徴である[14]。だが、次に述べるように、こうした改革を実施するための制度的な仕掛けが施されていることが、日本では見逃されていたことについて次に述べる。

学校図書館とドキュマンタリスト教員[15]

フランスの学校図書館も、他国の学校と同様に、学ぶ場に必要な書物や資料のコレクションとして始まったが、施設や資料、管理する職員という点では十分なものではなく、整備が始まるのは第二次世界大戦後である。「新教育」の導入とともに戦後にリセには

「資料情報サービス」として学校図書館が置かれ始め、その数は一九六七年には全国で六〇〇を数えた。一九七三年には現在も使われている資料情報センター（ＣＤＩ）という名称に変更になり、学校建築の中心に置かれる例が増えてくる。

これが一九八九年教育基本法により、ＣＤＩはリセおよびコレージュにおいて必置になると同時に、それまで不安定だった学校図書館専門職員の配置が法的に規定されることになった。[16] これがドキュマンタリスト教員（ＰＤ）と呼ばれる学校図書館専門職である。あわせて行われた教員養成制度の改革において、教員養成は修士課程の教職大学院（ＩＵＦＭ：Institut universitaire de formation des maîtres）が行うことになり、そこが出す CAPES de documentation が設けられた。ＣＡＰＥＳ（Certificat d'aptitude au professorat de l'enseignement du second degré）は中等教育における教員資格のことで、それまでの教科教員のなかに資料を扱う教員資格が含められたわけである。日本的に言えば、中高の教職課程の教科の一つに司書教諭養成科目が含められたと考えればよい。というように、ＰＤは教員資格の一つであることが特徴であり、その意味で日本の司書教諭と関連づけて考えることができる。

ＩＵＦＭにおける教育内容には、教員養成に必要な教育学や心理学の知識および図書館員養成に必要な知識と技術に加えて、情報通信に関わる科目がある。ＣＤＩは単なる図書館ではなく、学校における自己学習と探究型学習を実践する場であり、学校全体に対するメディアや情報システムを提供する場でもあって、情報リテラシーを学ぶ場でもあるから、それらに対応する学習が行われることになる。[17]

中等教育のＣＤＩに複数配置されるドキュマンタリスト教員が何をするのかについては、二〇一二年一月に全国学校図書館協議会が企画した訪問調査グループが実施した調査に詳しく報告されているので、これに基づき紹介しておく。[18]

訪問学校のＣＤＩは中等教育の学校の中心にあって、多くの場合にドキュマンタリスト教員は二人、アシスタントが一人配置されている。ドキュマンタリスト教員の仕事はまずＣＤＩの運営に関するもので、資料の選択・受入れや目録作成、資料の貸出・返却、学習の場として使用するための時間割管理、読書振興のための働きかけなど日本の学校司書が実施しているものと同様のものがある。加えて、先に述べた「個別課題学習（リセ）」や「市民・法律・社会（リセ）」、「発見過程学習（コレージュ）」のような探究型クラスで、教科教員とチームティーチングを実施し、単独で授業を行う。

当然、授業外でCDIで個別の指導を行うことも重要な職務になる。さらには、哲学ほかの各教科においても文献資料を使う授業および論文やレポート・発表を伴う授業はたくさんあるので、教員ないし生徒への対応が必要になる。

こうしてみると、一九九〇年代の教育改革の仕掛けのなかで、資料やインターネットを用いた探究型の学習がきわめて重要な位置づけとなり、それを担うのがCDIとドキュマンタリスト教員であったことがわかる。リセとコレージュにドキュマンタリスト教員を場合によっては二人ずつ配置するのも、新しい学びの方法に対応するために多大な投資をすることであったことも理解できる。

3　学校図書館の実地調査に入って

筆者もこの調査と同じ二〇一二年九月にフランスの学校図書館を調べる機会があった。調査対象の学校図書館のあるポワチエはフランスの西部にある古い街である。人口は九万人弱だが周辺全体を合わせると二五万人程度の都市圏を構成する。その大学庁、リセ、コレージュ、小学校、教育ドキュメンテーションセンター、公立図書館などの関連機関を訪問し、聞き取り調査を行った。以下はその報告である。(19)

大学庁における学校図書館とドキュマンタリスト教員の制度の概要調査

期　日：二〇一二年九月一七日一〇：〇〇―一二：〇〇
機　関：Rectorate de Académie en Poitiers（ポワチエ地区大学区庁）
応対者：Madame Annick Baillou, Inspectorice d'Académie（学校制度担当の視学官。小学校の教員、校長を歴任）

まず、Académieというのは大学区で、全国で二九あるうちの一つ。フランスは中央集権的な国で学区も上から制定されているが、財政的には義務教育の小学校とコレージュは自治体との分担になっている。ここではこの地域の学校図書館（CDI）とドキュマンタリスト教員（PD）についての説明を聞いた。

コレージュとリセにPDが配置され、小学校に配置されていないのは、小学校は学級担任制であるのに対し、中高は教科担任制であることが大きい。PDの養成は、現在、教職大学院において教科（disciplines）の一つとして行われているからである。その役割は①図書館のオーガナイズ、②利用者（生徒・教員）への指導・アドバイス、③関連の研究調査活動、④他校との渉外、⑥Projet（課題）である。養成は現在は修士課程で行われ、専門の資格CAPESを取った後にインターンを経て取得する。

PDは一九八六年以来配置されてきたもので、この大学区に二三九の中学高校があるが、そこに一—二人が配置され、さらに私立学校を入れて三〇〇人ほどがいる。うちCAPESをもたない約五〇人は契約によって配置されている。全国では年に一八五人ほどの新しいCAPES取得者がいて、うち一四五人は新しい取得者、四〇人は他教科からの移行などの内部取得者である。給与等は他の教諭と変わらない。年齢的には他業種の経験を経てからなる人がいるので少し高いかもしれない。

最後に私見でよいのでと言って、この制度についての評価をうかがった。「まずこれはきわめてフランス的な制度で他の国にはないのではないか。また、システムとして面白い。とくに教科を超えたところの横断的な学びをつくるための支援として機能している」というプラス評価であった。

リセ（高校）の図書館とドキュマンタリスト教員（図7-3、7-4）

期　日：二〇一二年九月一七日一四：〇〇—一六：〇〇
機　関：Lycée Victor Hugo
応対者：Madame Lise-Maud Paris, Professeure documentaliste

次に近くのヴィクトール・ユゴー高校に行って、実際の司書教諭の仕事を見る。この学校は生徒が一三五〇人ほどである。図書室CDIは学校の中心部分の奥まったところにあった。そのPDのパリス教諭によると、この図書館は近年整備されたものであり、それには近所に住んでいる作家のアルベルト・マンゲル（『図書館——愛書家の楽園』『読書の歴史』

など）の支援（年に一回は講演の作家を呼んでくれたり、珍しい本を寄贈してくれたり）によるところが大きいという。図書室は他校よりも大きいと言っていたが、思ったほどではなかった。また、蔵書三万冊ということだが、書架と書架との間には空いたスペースがかなりあり、それほど蔵書が多いようには見えなかった。ＴＰＥ（個人課題学習）に対応するような専門的な調査がこの蔵書でできるのかという疑問を抱いた。パリス氏はベテランの教員で、数年に一度異動があるのですでに一〇カ所くらいの学校を担当したという話である。最初から教員であったのではなく、他の職を経た後この職の初期の段階のものについたということである。

図 7–3　リセの図書室とパリス教諭

図 7–4　リセ図書室の書架

バカロレアの文系フランス語試験では読むべき本が官報で指定され、それを事前に読むことが必要になる。ＴＰＥは高校において必修で、三人ほどのグループで九月から一月くらいまで調査をし、最終的に論文と口頭発表を行う。テーマは官報で分野ごとに与えられているが、二つの教科にまたがることを原則とし、それぞれの教科教員の指導を受けるものである。図書館が重要な研究の場であり、ＰＤは研究支援を行う立場である。バカロレアにおいてＴＰＥを選択することができるので、生徒たちは熱心に取り組みチームでペーパーを提出し、口述試験を受けることになる。

ＰＤのパリス氏は、教員というより図書館員という雰囲気がふさわしい人だった。ＰＤはもっと教員的なものかと思ったがそうではないということである。また、図書館もそれほど大きくはなく、ごく普通の図書館だったことも意外だった点の二つ目である。ＤＤＣで分類された本、フィクション、雑誌と視聴覚資料はそれぞれ別の棚にある。それ以外のコレクションとしては、他校で使われている教科書コレクションと職業別のパンフレットコレクションがあった。データベースも導入されている。古い本も一室に置かれていて全体には昔の教養主義的な図書館のイメージが残っていた。

コレージュ（中学校）の図書館とドキュマンタリスト教員（図7－5、7－6）

期　日：二〇一二年九月一八日一〇：〇〇―一二〇〇

機　関：Collège Théophraste Renaudot

応対者：M. Patick Bozetto, Proféсseure documentaliste

テオフラスト・ルノドー校はポワチエ近郊のサンベノワという小さな町にあるコレージュである。校舎は鉄筋コンクリート四階建てで日本の学校とあまり変わらない。図書室はコンパクトでよく整備されているという印象だった。職員体制が整備されていて運営されている日本の学校図書館とほぼ同じような規模で蔵書なども近いものがある。違いはどこにあるのだろうか。一つは教員用の教育雑誌などが置かれていたことである。

頂いた資料によると、新規の図書資料の購入の基本方針は以下である。「例」とあるのは前年度に重点を置いた項目である。(20)

・読書の楽しみを伝える資料（購入希望ノート、文学賞受賞作品など）
・教科教員との連携で学習カリキュラムの内容およびその変化に則した図書等（例：芸術およびその歴史に関する資料、スペイン語辞書類を購入する）

・教科プロジェクトとの関係で入れる資料（例：「変身」をテーマとした読書チャレンジ用に長編小説、ドキュメンタリー、写真集、バンド・デシネを用意する）
・デジタルリソース（後述のＣＲＤＰへの登録により、Europresse 登録の定期刊行物一五〇〇種に完全版で閲覧可能）

また教育活動としては次のような説明がある。

図 7-5　コレージュ図書室のカウンター

図 7-6　コレージュ図書室での学習風景

・六年次生（コレージュ一年生にあたる）向けの文献検索入門研修の実施。
・ＣＭ２（小学校最終学年）の生徒を招いての資料利用の橋渡し
・教科担当との協力（歴史・地理教師、英語教師）によるジャーナリスト招聘、数学、物理化学、地球生命科学、歴史・地理それぞれをテーマとしたクラス単位での文献検索

応対してくれたＰＤのボゼット教諭（図７-７）は、教員の利用はそれほど多くないと話していた。とはいえ、

インタビューの最中にも美術の教員がきて、これから図書館で行う美術関連の展示の相談をしようとしていた。教科と図書館がさまざまに結びついている様子がわかる。ボゼット氏に少し踏み込んだ個人的インタビューを試みた。

小学校教員になったが、仕事の負荷が重く、家での仕事が多いなどたいへんということがあったので、二〇〇五年にPDになって七年が過ぎた。読書が好きだったことが大きい。一九八九年からこの職種が教員資格の一つにふくめられた。だが教員（professeur）といいながら、教える機会が少なくこの職は中途半端ではないかと思うこともある。かたやデジタル化が進んで生徒にとって紙メディアの位置づけが小さくなっているなかで、PDが情報技術にもっと進むべきという議論がある。自分自身は歴史出身で、途中で転職したのでマスターコースで学んでいないが、一般的にCAPESのレベルは高いので、若手のPDは十分デジタル技術も教えられるはずだ。ただ、教員としての認知度が低い。このまま続けられるかどうかは不安がある。ポルトガル語をやっているのでブラジルに行ってフランス語教師になることも考えている。

図 7-7　ボゼット教諭

日本でも一九五〇年代から六〇年代にかけて愛知県や東京都で専任司書教諭の制度があったがうまく機能しないことが多かった。その理由の一つに「教諭」でありながら教室で教えることがないことに対する不満があったが、それと共通すると思われる。ボゼット教諭の場合はもともと教員だったためにその点の不満があるのだろう。

しかしながら、当時の日本の高校のカリキュラムが習得型となっていたのと比べると、この中学校でのカリキュラムは資料や情報に基づく調査を重視するものになっている点で大きく異なっている。また、彼自身が述べているように、若いドキュマンタリスト教員は教職大学院で情報や資料に基づく調査や教育について学んでおり、基礎的な知識や技術の知識の違いもあるのではないかと思われた。

小学校の図書室と読書環境（図7－8）

図7-8　小学校図書室とボランティア

期　日：二〇一二年九月一九日一〇：三〇―一二：〇〇
機　関：Ecole primaire Paul Bert
応対者：M. Jean-Francois Michelle, Directeur（校長）

ポワチエ市内の中心街にあるポール・ベール小学校を訪ねた。古い建物であり、スポーツができる校庭のようなものはなく、真ん中の空き地は舗装されているがバスケットボールができる程度のスペースしかない。門はロックされていて、小学校に関してはセキュリティが厳しいことがわかる。訪問したのは水曜日だったが、フランスの小中学校は一般に休みか半日で終わりであり、教会に通う曜日となっている。これは革命後の宗教分離によるものだそうだ。一二時には親が多数迎えにきていた。

ここの図書室は教室とは別室の狭い部屋を二つ使っていて、十数人の小学校一年生がいた。クラスの半分がここにきて、自由に本を読んだりしている。またボランティアの親が二人きていて、読み聞かせをしたりしている。専門職はおらず、ここにある本は親からの寄贈や教員による購入（PTA会費から）による。子どもたちは水曜日の午前中に図書室にくる（フランスの学校全体で水曜日の午後は休みと決まっている）。本の貸し出しをしており、全生徒が一週間借りる。本を読むことを振興しているのは、その後の校長との話し合いでもわかった。貸し出しに際しては、ＰＣは使っておらず、ノートに児童名と書名を書いていた。日本の昔の学校図書館そのままだった。

メディア環境の変化と教育支援――ＣＲＤＰとＣＮＤＰ

期　日：二〇一二年九月一七日一六：〇〇―一七：三〇
機　関：ＣＲＤＰ
応対者：Mme Martine Ferré, directeur, Mme Christelle Fillonneau, in charge of the documentation services.
期　日：二〇一二年九月一八日一四：〇〇―一六：〇〇
機　関：ＣＮＤＰ
応対者：Mme Mônica Macedo-Rouet

ＣＮＤＰ（Centre national de documentation pédagogique）は国立教育ドキュメンテーションセンターであり、ＣＲＤＰ（Centre de ressources et de documentations pédagogiques）は、三一ある支部の一つで、この大学区を担当する教育ドキュメンテーション資源センターである。ＣＮＤＰはフランス全体に一つしかないナショナル・センターである。ＣＮＤＰがポワチエ郊外にあるのはパリからの政府機関の分散化政策によってこちらに移転してきたからだという。ＣＲＤＰはそれ以前からポワチエにあった。

教育ドキュメンテーション（documentation pédagogique）という概念は少々理解し難いが、もともとは学校教育に関する教材や教育資料の制作と流通を行うための組織であった。その後、近年のＩＣＴ導入により学校におけるソフトウェア開発、教材コンテンツ、教員向けのソフトウェア、さらにネットワーク整備までを扱うものになっている。日本の教育委員会にも教育資料（情報）センター等の名称をもった組織がつくられている場合があるが、これが全国組織として整備されたものと考えられる。

ポワチエ地区のＣＲＤＰはナショナル・センターが近くにあることが影響して、他の地区のＣＲＤＰとやや違った性格をもっている。ポワチエ地区のＣＲＤＰはなかでもデジタルコンテンツとソフトウェア開発に力を入れており、とくに紹介されたのは全仏の学校図書館で使われている学校図書館の管理ソフト（資料の整理や検索、貸出しのためのもの）である。そのソフトは、学校での検索に対応して本の内容を目録で示したり、新刊書の内容紹介を行ったりといったことを容易にするものだという。

ＣＮＤＰには、教育省の出版部門としての役割、教育に関する広報センターの役割、教育資源への全国レベルでのアクセス平等を実現する役割、教育情報関係のイノベーション開発等の役割がある。教育関係インターネットサイトや教育関係のビデオ等の教材の作成をしており、三〇〇人のドキュマンタリストがいる。一九八〇年代からあるというが、ヨーロッパでもこうしたナショナル・センターが設置されているのはフランスが唯一である。

ドキュメンテーション関係についてはとくに詳細に話を聞いた。①ＣＤＩ支援、ＰＤへの支援。②ドキュメントのネットワーク・データベース支援。③調査・統計の提供。④教材を保存管理し、再活用できるようにすること。⑤地元密着型のＣＲＤＰを教員が利用しやすいものとするために全国レベルで利用環境を整えること。ＣＤＩが今後ラーニングセンター、展示場、研修の場となるのに貢献すること。⑥ＣＲＤＰの図書館 médiathèque は教員用の資料や教材が置いてあるが、そのなかでおすすめ図書のセットと教員用ガイドを一緒にした「読書セット」はよく利用されているとのことだった。

ＣＤＩが各学校において図書館と教育メディアセンターを兼ねる組織であるので、それを地域レベルで支援し、さらに全国レベルで支援する体制がつくられていることがわかる。

公立図書館（Médiathèque François-Mitterrand）（図７－９、７－10）

期　日：二〇一二年九月一九日一四：三〇―一六：三〇

機　関：Médiathèque François-Mitterrand, Poiers

図 7-9　ポワチエ市立メディアテーク入口

図 7-10　どこかで見た本が……

応対者：Mme Martine Pelletier, person in charge of the youth department

最後に、ポワチエ市立図書館中央館（フランソワ＝ミッテラン・メディアテーク）を訪問した。フランスの公立図書館は、古い歴史的資料をアカデミックな利用者に提供するところというイメージがあったが、二〇世紀末から二一世紀にかけてそのあたりの考え方も随分変わったようだ。パリの国立図書館（Bibliothèque nationale）はセーヌ左岸の新開発地区に移転し、フランス国立図書館（Bibliothèque nationale de France）という斬新な建築デザインの大図書館である。その立役者はルーブルの改革なども含めて二〇世紀末にパリの大改革を実行したミッテラン大統領である。ポワチエの中央館の名称にミッテランの名前が付されているのは、この改革の一環に位置づけられて新しくつくられたからのようだ。他にも同名の図書館はフランス各地にある。

図書館はポワチエ市の中心部にあり、隣にはロマネスク様式の大聖堂として世界的に有名なサンピエール大聖堂が建っている。ポワチエは五館体制で図書館サービスを行っており、現在六館目を建てているということであった。この図書館は八〇〇〇平方メートルの面積に六〇万点の資料があり、かなり大規模な図書館と言ってよい。実際、児童室を中心に見たが、ゆったりしたスペースに資料と家具が配置されていた。資料は児童サービス担当の専門司書が選書や整理・排架を行っており、さまざまな行事・展示会を実施しているとのことだった。日本のコミックはフランスではどの書店でも売られているが、この図書館でも専門のコーナーが設けられていた。先に述べたように学校や教員向けの資料はCRDPが専門に担当することになっているので、こちらは子どもたちの利用を中心にしているようだった。

メディアテークと名づけられているようにマルチメディアの資料に力を入れようという姿勢はある。一角にアルトテーク（Artothèque）と呼ばれる美術図書館に絵画や版画などの作品が置かれていて、六〇日期限で貸出していることや、CDやDVDなどがかなりよく揃っていた。また、既成のデータベースを導入し提供するだけでなく、こちらの地域情報のデータベースも提供されていた。だが、全体としてこれまでの図書館の概念と大きく違っているところはなかった。

ポワチエ市立図書館中央館の最大の特徴は、中世以来の古文書・古文献を豊富に所蔵し、世界中の研究者が来館しているということだろう。フランス革命で貴族や教会から押収した資料が図書館に集まり、それを管理することが図書館の役割とされてきた。また、フランスの法定納本制度（dépôt légal）があり、この地方の出版物の出版社は一部をこの図書館に必ず納入しなければならないので、自ずと地域資料が豊富に収集できる仕組みになっている。

4　おわりに

以上、フランスにおける読書教育とドキュマンタリスト教員による学習支援について見てきた。おおまかに言えば、小学校ではクラス担任を中心として読み書き能力を身につけさせ、フランス語教育に基づく読書の習慣化が試みられている。学級文庫やボランティアによる学校図書館サービス、公立図書館を中心とした読み物の提供が行われているが、それほど組織的なものではない。これが、コレージュ、リセと上がるにつれて、読書環境をサポートするだけでなく、伝統的な教科に基づくカリキュラムと、教科とは別に設定された共通コンピテンシーズに基づく教科横断的なカリキュラムに対応することが要求される。このときには学習者が自ら発見して学ぶための学習資源や情報が必要となり、各学校にドキュマンタリスト教員が配置されて、教科教員と連携しながら、探究調査型の学習に対する組織的支援体制が組まれている。リセの個人別課題研究（TPE）はその総決算である。これは教育評価の方法と関わり、コレージュの最終卒業試験Brevetやリセの卒業資格試験バカロレアにおいては、時間をかけて考察させるような出題がなされ、このタイプの学習経験が重要な役割を果たすことが指摘されている。ドキュマンタリスト教員の養成は現在教員養成系大学院において、教科教員の一つに位置づけて行われている。英米系の国では大学院における図書館員養成課程のなかに位置づけられるのが普通であるが、フランスは教員養成系の課程で養成されていることが最大の特徴である。

中等教育から高等教育への接続という意味でフランスは学校図書館を含めた大胆な実験を行ったと言うことができる。これを可能にした要因としては、徹底した主知主義によるカリキュラムがあるだろう。フランスは言語教育や哲学教育を通じて伝統的に個の学びを重視してきたため、二〇世紀末の教育改革はその延長線上に位置づけられ、自然に移行できた部分もあるだろう。だが、フランスの学校図書館および専任教員の配置がうまくいっているかどうかについては不明な点もある。教員の利用が少ないとか、ドキュマンタリスト教員が教員なのか図書館員なのかのアイデンティティの危機があるといった、日本でも多く聞く問題点の指摘もあった。

注

（1）二〇一四年九月一三日の中央教育審議会地方教育行政部会提出の資料による（http://www.mext.go.jp/b_menu/shingi/chukyo/chukyo1/003/gijiroku/__icsFiles/afieldfile/2014/09/25/1265320_001.pdf）。

（2）フランスの教育制度については、フランス教育学会編『フランス教育の伝統と革新』（大学教育出版、二〇〇九年）を参照した。

（3）フランスの図書館員養成は、岩崎久美子『フランスの図書館上級司書――選抜・養成における文化的再生産メカニズム』（明石書店、二〇一四年）に詳しいが、これから述べる学校図書館専門職は別の教員養成系列の養成に依っている。

（4）西原史暁「2017年のフランスのバカロレアの哲学の問題」（http://id.fnshr.info/2017/06/16/bac-philo-2017/）

（5）白井成雄「フランスの高校（リセ）の哲学教育について」『哲学会誌』（弘前大学哲学会）第四一号、二〇〇七年、三三ページ。

（6）同右、三七ページ。

（7）哲学教育に参加した日本の哲学者の参観記がネットに上がっている。藤田尚志・西山雄二「思考の方向を定めるとはどういうことか――フランスの高校における哲学教育」二〇〇八年一一月二八日（https://utcp.c.u-tokyo.ac.jp/blog/2008/11/post-150/）。

（8）坂本尚志「バカロレア哲学試験は何を評価しているか？　受験対策参考書からの考察」『京都大学高等教育研究』第一八号、二〇一二年、五三―六三ページ。

（9）森田伸子「戦後日本における道徳教育――フランスの哲学教育を参照枠として」園山大祐、ジャン＝フランソワ・サブレ『日仏比較――変容する社会と教育』明石書店、二〇〇九年、一一六―一一九ページ。

（10）小林順子編『21世紀を展望するフランス教育改革――１９８９年教育基本法の論理と展開』東信堂、一九九七年。

（11）大津尚志「フランスにおける高校「総合学習」の実地調査報告」『中央学院大学社会システム研究所紀要』第八巻第二号、二〇〇八年、八九―九九ページ（https://www.cgu.ac.jp/Portals/0/data0/social-system/publication/pdf/8_2/8_2_6.pdf）。

（12）同右、八九ページ。

（13）同右、九三ページ。

（14）藤井佐知子「フランスにおける接続問題」荒井克弘・橋本昭彦編『高校と大学の接続――入試選抜から教育接続へ』玉川大学出版部、二〇〇五、二七七―二九四ページ。

（15）フランスの学校図書館と司書教諭職の全体像については次の書籍が詳しい。Françoise Chapron, *Les CDI des lycées et collèges, de l'imprimé au numérique*, Presses universitaires de France, 2012.

（16）Guy Pouzard, Documentation and Information Centres (CDI) and New Technologies in France, *Bibliothèques scolaires et centres de documentation, School Libraries and Resource Centres*, OECD, 2001, p. 139–144.

（17）ドキュマンタリスト教員の資格取得については次の図書が詳しい。Françoise Chapron et Claude Morizio, *Préparer et réussir le Capes externe de documentation*, Presses universitaires de France, 2003.

（18）全国学校図書館協議会フランス学校図書館研究視察団編『フランスに見る学校図書館専門職員――ドキュマンタリスト教員の活動』全国学校図書館協議会、二〇一二年。

（19）『子どもの読書活動と人材育成に関する調査研究　外国調査ワーキンググループ報告書』国立青少年教育振興機構、二〇一三年。

この調査報告は、二〇一三年に国立青少年教育振興機構が実施した「子どもの読書活動と人材育成に関する調査研究」のなかの

「外国調査ワーキンググループ」で報告したものである。フランス調査では同行した新潟大学教育学部准教授足立幸子氏にたいへんお世話になった。感謝申し上げる。

(20) 同右、「ドキュメンテーション情報センター（ＣＤＩ）の活動総括」(2011/2012) 一〇四―一〇七ページ。

第8章　米国ハワイ州の図書館サービスと専門職養成システム

1　図書館員数の概略

二〇〇七年三月および二〇一五年一月にハワイ大学マノア校の訪問研究者としてそれぞれ数週間滞在したときに、ハワイにおける図書館サービスの概要とそのための職員制度、および対応する図書館員養成教育についてのリサーチを行った。ここでは職員制度を中心としたサービスの概要と図書館員養成状況について報告したい。本稿は、今から三〇年前に筆者がハワイに滞在してアメリカの図書館を身近に知って以来[1]、アメリカ型図書館の一つの典型として理解してきたサービスおよび図書館員像のまとめである。個別の分野を扱った先行研究はいくつかあるが、本稿のような総合的視点に立った論考は書かれていない[2]。

最初にハワイ州の図書館の数と図書館員の数を掲げておく（表8-1）。もとになったデータは、毎年、全米の図書館についての詳細な統計データを提供してくれる *American Library Directory* の二〇〇六―〇七年版と同二〇一三―一四年版からとったものであるが、他の資料によって補足した[3]。ハワイ大学にディレクトリーに掲載されていない小さなコレクションがあったりするが、全体像はこれで把握できると言ってよいだろう。

ハワイの図書館は州公共図書館システムと州立ハワイ大学図書館が中心となっている。また、公立学校にも必ず図書館が置かれている。最大の図書館はハワイ大学マノア校のハミルトン図書館で、州立図書館がその次に大きい。これ以

表 8-1　ハワイ州の図書館数および図書館員数

		2006-07 年度			2013-14 年度		
		図書館数	図書館員数	MLIS 保持者数	図書館数	図書館員数	MLIS 保持者数
公共	ハワイ州立図書館	1	42	42	1	41	41
	地域館・分館	50	131	121	49	133	131
小計		51	173	163	50	174	172
大学	ハワイ大学マノア校	2	68	54	2	81	48
	ハワイ大学他キャンパス	8	43	23	7	42	22
	私立大学	4	17	9	3	41	24
	コミュニティカレッジ	6	47	25	8	49	27
小計		20	175	111	20	213	121
公立学校		254	240	–	261	219	–
小計		254	240	–	261	219	–
専門	医学系	10	8	5	7	11	7
	法律系	2	0	0	3	3	0
	科学技術系	4	5	2	3	1	1
	人文社会系	10	4	4	10	8	4
	企業	4	1	0	2	1	1
	政府	16	24	15	14	34	20
	軍	7	24	10	7	34	12
	博物館	2	13	6	1	10	6
小計		55	79	42	47	102	51
計		380	667	316	378	708	344

外に多数の公共、大学、専門、公立学校図書館があり、専門の職員が配置されている。私立学校も二〇校程度はあるようだが、そこに学校図書館がどのように配置されているかについてのデータは得られなかった。

表８－１から、七年間に図書館員数とそこにおけるＭＬＩＳ保持者数は、公共図書館については微増、大学図書館と専門図書館でははっきりと増加していることが読み取れる。また、学校図書館員数については減少していることがわかる。

なお、ＭＬＩＳ（図書館情報学修士号）とは、アメリカ図書館協会が認定している全米の大学に置かれた図書館員養成修士課程コースにおいて取得できる学位のことで、かつてはＭＬＳ（図書館学修士号）

と呼ばれていた。大学によってはＭＡ in ＬＩＳやＭＩＳ（情報学修士号）といった学位だったりすることもある。本稿ではそれらを含めた総称としてＭＬＩＳと表記する。専門図書館と学校図書館の専門職員はＭＬＩＳとは別の資格の場合もあるが、これについてはあとで述べる。

次に、全米の二〇〇七―〇八年度と二〇一二年度の専門職図書館員数の統計値を比較してみる(4)（図８－１）。連邦国家であることや専門職の定義が難しいために、複数館種にまたがる全米の図書館員の正確な統計は存在していない。ここでは、それに代わるものとしてアメリカ図書館協会が複数の統計の作成元から集めた図書館員統計データをひとまとめにしてウェブサイトに掲げているものを用いた。この図や先ほどの表に掲げられているのは正規職員数であり、ＦＴＥ（フルタイム換算）で示される。これは職員の延べ数ではなく、職員一人あたりの週あたりの勤務時間（通常四〇時間）を基準にした換算値で、実質の職員数ということである。この図の「その他の職員」とは補助職員や臨時職員であって表８－１には含まれていない。

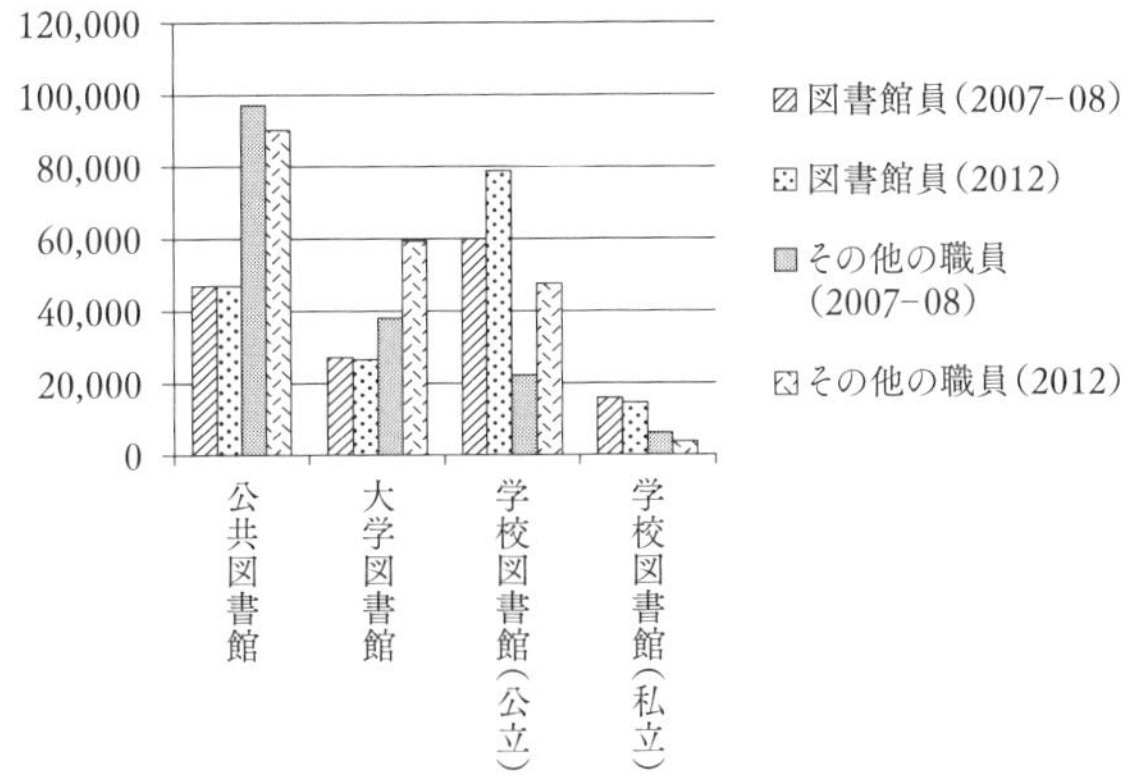

図 8–1　全米の図書館雇用者数

あくまでも専門図書館を除いた図書館に関する参考程度の数値であるが、二〇一二年に全米で図書館員が一六万六〇〇〇人、その他の職員が二〇万人おり、二〇〇七―〇八年に比べると全体では微増になっている。この図から読み取れることの一つは、公共図書館や大学図書館では図書館員の数は若干減少しているが、学校図書館員（公立）はかなりの増加を示していることである。また、その他の職員は公共図書館では減少し、大学図書館、学校図書館（公立）でかなりの増加を示している。

2　ハワイ州の図書館と図書館員

公共図書館

公共図書館員数に関して表8－1と図8－1を比べると、ハワイと全米で、同様の傾向を示していた。

ハワイ州の公共図書館は全米で唯一、州の単一システムを採用している。つまり州立図書館が中央図書館となっていて、他の四九ある図書館は州立の地域館、分館であり、市町村立図書館が存在しないということである。アメリカにおいては州によって、カウンティ図書館システムや図書館区（library district）制度を採用していて、複数の自治体が一つのシステムで図書館を運用している例もあるが、通常は日本と同様に州立図書館と個々の自治体図書館は別組織である。また一般的に、全米の州立図書館は日本の県立図書館とは違い、州政府のための法律社会科学系専門図書館の場合が多く、ハワイ州立図書館は全米の基準からするとだいぶ異なっている。基本的に四つの島から形成されてアメリカ本土から孤立していること、図書館が整備されたのが二〇世紀後半で、図書館システムの考え方が強くなった時期だったことなどが背景にあると思われる。

州立図書館はハワイ州庁舎およびホノルル市庁舎のすぐ近くにある。この一帯は民生地区（civil district）と呼ばれている。全体が公園のようになっていて、そこに政府系の建物が置かれている。アメリカの都市は、このように政府機能をもつ一角とビジネス機能をもつ一角がすぐそばにありながら分離され、さらにダウンタウンの多民族的な居住地域に連なる構造となっていることが多い。そして、図書館はそのなかで、政府機能をもつ地区に位置づけられるのが一般的である。少なくとも理念の上では広く市民に情報を提供することで民主主義に貢献する機関として図書館は社会的に認知されている。

こうしたことは、ハワイ州立図書館のサービスのなかに、連邦政府刊行物を全点永久保存する寄託図書館部門があったり、同様に州政府刊行物も同館のハワイ太平洋セクションで管理していることによく現れている。この州立図書館では、歴代の連邦政府がどのようなことをしてきたのか、州政府が今何をしているのかを詳細に調査することができる。民主主義を支えるために、政府の活動に関心を寄せる市民に常に情報を提供し続けることは公共図書館の基本的活動の一つである。

ハワイ州立図書館は一九一三年に現在の場所に古典様式の建物としてつくられた。回廊式で中庭やバルコニーに出て本が読めるという建築構造になっている。一九九〇年代前半に増築されてかなり大きな建物になった。主題別に部屋が分かれていて、一階が成人フィクション、言語・文学・歴史、ＹＡ（ヤングアダルト）があり一番奥にハワイ太平洋セクションがある。逐次刊行物は地階にある。二階は美術・音楽・レクリエーション、社会科学と哲学セクション、ビジネス・科学技術セクション、オーディオビジュアルセクションとなっている。また連邦政府刊行物のデポジットもここにある。蔵書は五七万点、購読逐刊物は三一八タイトルであり、かなりの部分が開架になっている。四一人いる職員すべてがＭＬＩＳをもっている。部門に分かれていてかなり専門的な仕事を担当している。

ハワイは人口一三七万人のところに、五〇館の図書館による全州単一の州立図書館システムを構成する。これは他州にない独自の仕組みである。ホノルルの中心街および郊外を除くと人口分布はかなり分散的であるが、人口一万人弱の小さなコミュニティにもサービスポイントが置かれている。そしてどんな小さな図書館でも三万冊程度の蔵書があって、必ずＭＬＩＳをもった職員が配置されているのが特徴である。年間の資料費はシステム全体で四四〇万ドル（約五億円）、地域館でも二万ドル（約二三〇万円）程度はあるようだ。

ハワイの公共図書館の特徴に、公共―学校の合同図書館（combined library）がある。五〇の地域館のうち一〇館がそうした合同図書館になっている。二〇〇七年にそのうちのいくつかを見学した。基本的には学校の敷地内か隣り合うところに公共図書館の建物があって、蔵書も資料費等も公共図書館システムのものという位置づけであるが、そこに学校図書館の機能が併設されている。だから、子どもたちは学校図書館のための図書カードと公共図書館のための図書カードを別々にもち、使い方も区別されているとのことだった。一番違うのは借りられる冊数と返却が遅れたときの延滞金の有無ということだった。

また職員も公共図書館システムの職員と公立学校システムで雇用された職員との二種類に分かれる。つまり一つの図書館で二つの異なったコミュニティにサービスするのではなく、二つの機能をもち、それぞれを別の職員が担うということだった。新自由主義的な教育政策のために、一部の小規模学校の運営が民間企業に委託されている。そうしたところの合同図書館の学校図書館員は企業から派遣されているので運営にも難しい面があることも聞いた。

大学図書館

大学図書館員については、全米ではあまり増えていないのに対して、ハワイでは増えている傾向がうかがえた。ＭＬＩＳ保持者も増えている。

州立のハワイ大学はホノルル市マノア地区を本校として、近郊のパールシティやハワイ島のヒロにもキャンパスを置いている。また、他に技術的な専門学校に近い二年制のコミュニティカレッジがあり、それ以外にいくつかの小規模な私立大学がある。

ハワイ大学マノア本校（ＵＨＭ）のハミルトン図書館は、アメリカの大学で一般的に大学院図書館（graduate library）と呼ばれる中心館で、ハワイ大学の主要な学問領域をカバーしている[5]。大学の図書館が集中的なシステムをもつか分散的なシステムをもつかは大きな問題の一つであるが、ハワイ大学はできたのが比較的新しいこともあり、典型的な集中システムをもつ大学となっている。そのコレクションは貴重書など閉架スタックにあるもの以外は、基本的に全面開架制をとっている。一九九〇年代の前半に増築されてかなり広くなった。

全部で五層あり、一階にビジネス・人文学・社会科学のレファレンスも兼ねた総合的なレファレンス・カウンター、三階の増築部分に科学技術のレファレンス・カウンター、四階にアジアコレクション、そして、五階にハワイ太平洋地域コレクションのカウンターがある。それ以外にも、貴重書、地図、マイクロフィルム、大学文書館に専門の職員が置かれている。この図書館の特徴は、太平洋の真ん中という土地柄もあり、太平洋地域とアジア関係の資料に強いことである。

マノア校はオアフ島のマノア谷と呼ばれる谷間に置かれている。この図書館の地下の閲覧スペース全体が二〇〇四年一一月二日の深夜、洪水に襲われた。その地下書庫には図書・雑誌、数十万点の貴重な地図資料・写真資料・政府刊行物があったが、それらは水浸しになった。また、後に述べる大学院図書館情報学プログラムの教室や教員室も水没した。人的被害がなかったのは幸いだったが、その後のボランティアも含めた復旧作業にもかかわらず、失われた資料も多数に上る。その傷跡は現在に至るまで残っており、先ほど指摘したようにコレクションの統計値が示されていないのもこれが理由と思われる。

この中心館とは別に、一九六〇年代まで中心館の機能を果たし、その後ハミルトン図書館ができたことにより学部図書館（undergraduate library）となったシンクレア図書館がある。こちらには、学部学生用の図書が置かれているが、さらに視聴覚資料部門が置かれアメリカ連邦政府資料の寄託図書館ともなっている。両館を合わせると、蔵書は三四〇万点、購読雑誌は三万タイトルということである。これらを支える正規職員は八一人で、うちＭＬＩＳをもっている図書館職が四八人である。この多くが後ほど説明するハワイ大学大学院のＬＩＳプログラム卒業生である。これ以外に、管理職の館長、副館長二人がいる。

この五年間で、マノア校では図書館サービスにあたる図書館職が減り、図書館において学術研究支援、情報技術、メディア制作、教育支援などの専門的な仕事をする正規職（Administrative, Professional, Technical：ＡＰＴ）の職員数が増えた。これは、多様な情報・メディア・教育研究支援の場を目指す大学図書館の一般的傾向である。

ＵＨＭ以外の大学としては、ホノルルのハワイパシフィック大学の図書館職員が二六人（ＭＬＩＳ取得者一四人）とハワイ島ヒロにあるハワイ大学ヒロキャンパスの図書館職員が二〇人（ＭＬＩＳ取得者九人）、オアフ島ライエにあるブリガムヤング大学ハワイ校の図書館職員が一一人（ＭＬＩＳ取得者六人）で比較的大きい。他に州立のコミュニティカレッジがいくつかあって図書館サービスには力を入れている。

アメリカ社会で州立大学は、公的な財政基盤で高等教育を提供する場である。ハワイ大学はその理念に沿って図書館を設置している。ハミルトン図書館は誰もが自由に入館が可能であり、年間を通して大学の構成員だけでなく、州民全体あるいはそれ以外の人々誰もがアクセス可能な情報センター的役割を果たしている。図書館員数が増えているのは、学術機関としての図書館関連での情報に携わる仕事に多様性があり、それに図書館職が対応している結果であると言える。

学校図書館

本書第I部で見たように、アメリカの学校図書館は第二次世界大戦後の日本の学校図書館設置運動の初期にモデルとして参照された。そこで示唆したように、日本に導入された一九四七年から数年の時期はアメリカの教育界にとっても学校図書館はいまだ実験的な段階にあった。アメリカの一般の学校で学校図書館の設置が進むのは一九五七年に全米国防教育法（National Defence Education Act）が成立して、連邦政府の補助金が各州の教育部門を通して教育委員会に配分され、公立学校の図書館サービスの振興が始まってからである。このときには科学技術関係の資料購入経費や専門職員の配置が進められた。冷戦体制下の教育改革において学校図書館が積極的に位置づけられるというのは、日本とはまったく違った政策手法であった。

全米教育統計局（NCES）の報告書によると、一九五三―五四会計年度の全米の公立学校における学校図書館員配置率は四〇パーセントであり、一九六〇年代まではこの水準だったが、一九八五―八六会計年度には七九パーセントと上昇し、一九九九―二〇〇〇会計年度には八六パーセントとなった(6)。

ハワイ州もこのときから学校図書館の設置が進んだ。また、一九七二年には学校図書館設置のための州の基準がつくられ、これに基づいて専門職員の配置が行われた。一九八〇年代なかばにはすでに一〇〇パーセントの配置率になっていた。二一世紀になっても全米で公立学校図書館員の数はかなりの増加を示しているのに対して、ハワイ州ではむしろ減少傾向を示していた。それは、ハワイが連邦政府の資金に依存していることによる。

二〇〇二年、連邦政府が新自由主義経済理論を背景にした教育改革法（おちこぼれ防止法 No Child Left Behind Act）を採用したことで、学力テストによる成績を優先する考え方が浸透した。要求された成績水準に満たない公立学校は教育産業に運営を委託される。委託されるのは都市部のエスニックマイノリティが多い貧しい地域か地方の過疎地域の学校が多い。委託されると教科ごとの学力向上に力を入れるので、もともと運営経費が少ない学校では、図書館やその専門職の充実には手が回らないことになる。ということで、今回の調査でも、もともと図書館員が置かれていたが今は定員が削減されたという学校がかなりあった。表8-1からわかるように、この七年の間に学校図書館職員数が一割ほど減り、配置率も九四パーセントから八四パーセントへと下がっている。

他方、全米的には、学校図書館専門職の配置はこの間も進んでおり、一九九九―二〇〇〇年度の公立学校での配置率が八一パーセント（フルタイム六五パーセント、パートタイム一六パーセント）だったのが、二〇一一―一二年度には九一パーセント（フルタイム七〇パーセント、パートタイム二一パーセント）と上がっている。(7) 新自由主義的な教育改革が州政府や自治体レベルの図書館に与える影響は一様ではない。必要な政策と位置づけられれば、重点的に資金配分が行われた。全米的に学校図書館の教育上の必要性は認められていると言えるが、ハワイ州の場合は、以前から連邦政府による財政支援が手厚く存在したところなので、このような低下が見られたものと考えられる。

公共図書館も学校図書館も、行政的にはハワイ州教育庁に属するが、実質的な管理系統は別である。学校図書館は教育庁のなかの教育工学オフィス（Advanced Educational Technology Office）が担当しているが、そのなかに同名の部門と学校図書館部門がある。学校図書館部門の担当者は実質二人であった。

学校図書館は各学校の運営に任されており、同部門が集中的に管理しているわけではない。したがって予算や人員についても毎年調査を行って把握しているということである。二〇一一年におけるハワイ州の公立学校の数は二六一校あって、二一九人の職員が担当している。これらはスクールライブラリアンの資格をもった職員である。小さなコミュニティの学校には正規職員が配置されていないこともあり、これが社会的な問題になっていた。(8)

なお、一般的にアメリカの図書館には大学院で養成される専門職以外に、学部や専門学校で養成される図書館補助職（library assistant）や図書館技術職（library technician）などの補助職員がいる。アメリカ図書館協会の調査によると、全米の学校図書館員の配置として一校あたりスクールライブラリアンが平均〇・六人の配置であるのに対して、補助職員が

されている。

一・五人であった。[9] 数値はフルタイム換算（ＦＴＥ）によるものである。合計すると、一校あたり二人強の職員が配置されている。

ハワイ州の学校における図書館は、学校における資料情報センターの機能を果たすための位置づけがなされていると言える。まず、日本と比べて授業のやり方がかなり異なっている。教科書は貸与制が一般的であり、きわめて分厚い。分厚いのはその内容を全部マスターすることが期待されているのではなく、学ぶときに参照するレファレンスブック的な位置づけと考えた方がよい。教師の説明が一方的なものではなく、必ず問いを発して生徒が答えるという学習者が知識の獲得に至るためのプロセスが重視される。その際に、答えが一つとは限らないこと、また、どんなに間違った答えであっても否定せずに、解決のヒントを子どもの個性に合わせて引き出そうとするのが一般的である。こうしたプロセスは、次の段階になると生徒が自分で調べプレゼンテーションすることに結びつく。

アメリカのクラスは日本の「授業」にあたるが、「業を授ける」のではなく、自ら学ぶ方法を学ぶ場である。まず一クラスの人数が少ない。せいぜい二〇人程度である。教師は内容の計画をするときに、どのような方法でどのような資料を使って学ぶのかを事前に図書館員に相談し、一緒に授業を組み立てることがある。また、チームティーチングで教師が説明し、図書館員が資料面での補助をすることも多い。図書室を使ってクラスを行うこともある。アメリカでは図書館が、単なる読書教育の場ではなく、学習情報センターであるのは、このようにクラスにおいて教科書はあくまでも副教材にすぎず、多様な資料を使った学ぶプロセスに支えられていることによるだろう。

オバマ大統領が在籍していたことで知られるホノルルの私立高校プナホウスクール（Punahou School）には、通常の図書館のなかにアーカイブ手稿室（Archives and Manuscripts）という一次資料を集めた部屋があった。とはいっても、多くの資料は州立図書館や州の公文書館からコピーを集めたものであるが、高校レベルになると、たとえばハワイが王国から合衆国に組み込まれる過程を自分で一次資料を用いて調査をし、それをもとに発表するといった高度なことが行われている。このようなクラス構成と進め方は小学校から大学院まで共通しており、そのために小学校段階から徹底した情報リテラシー教育を行うわけである。

それでは入学選抜はどうなのかという疑問が出てくるかもしれない。アメリカの場合、大学入学の選考過程は、半分がSAT等の標準テストの成績と各自が執筆するエッセイ、そして高校でのクラス外の活動（生徒会、運動や芸術などの活動、ボランティアなどの社会活動）で評価されるのが一般的であることを知る必要がある。SATは日本の大学入試センター試験と比べても大分平易である。数学や英語（国語）は日本で言えば公立高校の入試問題程度である。他の歴史や理科、外国語などもそれほど難しくない。つまり教科内容をマスターし使いこなすことにはあまり大きな比重が置かれておらず、もっと自由な活動が評価の対象になるのである。

いささか、理念的なことにこだわってみたが、日本の学習環境とはかなりの違いがあり、図書館を必要とする学習活動もそこからきているということを指摘できる。ただし、そうした学習環境が基盤にあるとしても、そこに図書館を位置づけることは理念であり運動目標でもある。それがどのような学校でもうまくいっているとは限らない。プナホウスクールのような私立学校でも学習環境を整備して教育水準の向上を目指すところでは、学校図書館の積極的な位置づけが行われている。

専門図書館ほか

専門図書館は一般に主題および所属機関によって分類することができる。主題では、科学技術系図書館、人文社会系図書館、法律図書館、医学図書館（病院図書館を含む）、所属機関では、政府図書館、軍隊図書館、刑務所図書館、企業図書館、博物館図書館といった具合である。

主題による専門図書館には大学の専門学部や大学院の付属施設および、政府系の研究所や地域学会や財団の図書館が含まれる。ハワイ大学の教員養成のカレッジに付属している教育図書館は人文社会系図書館に該当し、海洋・地球科学部付属の海洋・地球科学図書館は自然科学系の図書館に該当する。他の研究所や学会、財団の図書館は規模が小さいものが多い。

法律図書館はハワイ大学の法律図書館以外には弁護士事務所のものがあるが、多くは小規模で専門職は置いていないようだ。医学図書館はハワイ大学以外に病院図書館があるが、小規模のものであっても専門職を置いているところもある。政府図書館は連邦政府、州政府、市／カウンティの政府機能を支えるもので、連邦および州の裁判所図書館、州議会図書館、市／カウンティの行政図書館などがある。これらは職員が一定数いて専門職を置いているところもある。

次に軍隊図書館というのは日本ではなじみがないが、ハワイが太平洋の軍事拠点ということもあり、軍関係者の仕事と日常の生活を支えるためのものである。ＭＬＩＳ保持者を含み数名の職員を配置したかなりの規模の軍隊図書館が存在している。刑務所図書館は文字通り刑務所に置かれている図書館である。娯楽的な図書以外にも、受刑者の人権を保障するという意味合いから法律資料が置かれるのと、また宗教書が多いことも特徴となっている。博物館図書館は三館あるが、とくにホノルルのビショップ博物館は規模が大きくハワイの歴史、民族、文化、自然についての総合的な展示を行い、研究活動も進めている。ここには職員一〇人（ＭＬＩＳ取得者六人）のかなりの規模の図書館が付属していて、一般にも公開されている。

それ以外にも、教会に付属した図書館、各地の歴史協会の図書館、労働委員会に付設した図書館などがある。いずれも小規模なものであり、専任スタッフが一人もいないようなところも含まれている。

3　図書館員制度と養成

専門職制の概要

アメリカの図書館員の専門職制度は、アメリカ図書館協会が認定する図書館情報学修士課程教育プログラム（ＭＬＩＳ）を修了した資格取得者を専門職として採用する多数の職場によって形成されている。先ほど述べたようにかつての図書館学修士プログラム（ＭＬＳ）は、現在はＭＬＩＳと一般的に呼ばれている。図書館専門職を雇用する職場は最初からあったわけではなく、関係者の努力によってつくられたものであるが、それについては一九世紀から二〇世紀にかけての図書館員に関する歴史の問題でありここでは述べない。(10)

ハワイ州は一九六〇年、連邦五〇州のうち最後にできた州である。二〇世紀になってからずっとアメリカの統治下にあったので、他地域から遅れたとはいえ、図書館員の専門制と図書館学教育について本土と大きくは変わらない歴史をもっている。

アメリカの図書館専門職制には、組織人事における職階制が採用されている。これは、職の内容とその職につくための能力が職務表に具体的に示されていて、応募者はその能力があることを証明することで職につくものである。この制度が含意することは、昇級や昇格は自動的ではなく、常にその能力を示し続ける必要があるということである。戦後まもない時期に日本の公務員制度が職階制を採用しようとした時期があったが、結局のところ、終身雇用を前提とした年功制がそのまま保持され今日に至っている。

専門職制はこの職階制の存在を前提として、さらに、同一の知識や技術をもった人々が大学ないし専門職協会によって認定され、その認定資格を能力認定の基準として採用するものである。もちろんそれぞれの組織において多様な職の位置づけがある。また、専門職の内部にもランクがつくられる。

このランクについてハワイ州公共図書館システムの職員構成では次のようになっている。それぞれに細かい職務内容の記述があり、その職につくための要件が明示されている。

図書館職（Librarian）Ⅱ—Ⅴ
図書館補助職（Library Assistant）Ⅱ—Ⅳ
図書館技能職（Library Technician）Ⅴ—Ⅷ

このうち、図書館専門職の最初のポジションは図書館職Ⅱであり、図書館職Ⅲになると少し責任が増し、図書館職Ⅵで地域館の責任者あるいは州立図書館のレファレンス、資料組織、主題専門の部門のスペシャリスト、図書館職Ⅴで州立図書館の部門長ないし大規模地域館の責任者としての位置づけになる。また、州の給与体系上、図書館技能職と図書館補助職は「ホワイトカラー」に位置づけられているのに対し、図書館職は「科学的専門職」に位置づけられている。図書館における業務管理は図書館職の仕事であって、どの範囲の仕事をするのかは明確に規定されている。

学歴要件は四年制大学卒で必ずしもＭＬＩＳを要求していないが、認定校のＭＬＩＳをもつ人は最初から図書館職Ⅲの要件を満たしているものとして扱われる。たとえば学士卒の図書館職Ⅲの人がⅣになるためには二年半の職歴が必要なのに対して、ＭＬＩＳ取得者は一年でよい。図書館職Ⅳ以降は管理的職務が要求される可能性があるとなっており、とくに図書館職Ⅵは最低一年の管理的職務が義務づけられている。また、図書館情報学の博士号をもっていれば専門職の職歴に代替できるとされているのも、専門職教育と研究の関係を示唆している。

重要なのは、いったんこの職につけば原則的にはずっとこのポジションであることである。昇給はあるが、毎年保障されているわけではない。また、図書館員Ⅳについてから、それなりの業績を上げたからといってそれだけで図書館職Ⅴにはなれるわけでもない。ここが職階制の特徴で、それぞれの職が独立していて別々に公募される仕組みである。図書館職Ⅴのポストの公募に応募して認定されればそちらに移ることになる。

たとえば、ある地域館の責任者のポスト（図書館職Ⅳ）が空いたとすれば、そのポストについては州政府人事部のウェブサイトや他の広報手段によって公募される。アメリカ図書館協会の機関誌 *American Libraries* やその公共図書館部会の機関誌 *Public Libraries* にはそうした公募広告が多数掲載されている。募集広告にはそのポストにつくための要件、待遇等が詳しく掲載される。同じ図書館に応募資格がある人がいても、他の応募者と同様の手続きを経て競争的に採用されない限り、そのポストにつけないことになる。

だからこそ専門職の流動性が高くなる。公募においてその職が要求している条件に合致していれば年齢は関係なく応募できるため、若くてもよりよい待遇とやりがいを求めてどんどん職場を移る人が出てくる。専門職制が強力に機能する場面はここにある。よりよい職を求めるためには、自らのパフォーマンスをアピールすることが大切である。そのために方法としてはもちろんその職場でどれだけよい評価を受けたかが重要であるが、それ以外に専門職団体の会議で発表したり研修の講師を務めたり論文を書いたりする活動も重要である。そうした業績全体に対して総合的に評価が行われている。

学校図書館メディアスペシャリスト

減少ぎみとはいえ、二六一の公立学校に二一九人の学校図書館員（メディアスペシャリスト）が配置されている。これに加えて私立学校にも専門職の図書館員が配置されている。これらのメディアスペシャリストたちの実像はどんなものであろうか。

まず、メディアスペシャリストになるためには、教員免許状の取得が前提で、さらに図書館情報学の修士号をもつことが必要になる。ハワイ大学の養成プログラムについては次項で述べるが、教員資格をもつ図書館員（メディアスペシャリスト）は学校のなかで教育プログラムに関わるために重要な役割を担っている。

教員資格をもつ図書館員の中心的な仕事は、印刷資料ないしオンライン資料に含まれる情報を評価し提供することである。図書館は授業でインターネットやオンライン教材を使用する場となっているため、教員と連携をとりながら業務をする。その業務とは教員が教材を使用するときの相談相手になり、場合によってはチームティーチングを行う、教員の要請に応じて資料や教材を作成することなどを含む。若手教員のメンター役を担うこともある。ハワイでは各校平均で週に一二回、教員との話し合いをもつ機会があり、毎日平均四つの授業で指導を行うとされている。また、個々の児童生徒への読書指導や資料貸出、レファレンスサービスを行っている。

ハワイ大学図書館情報学プログラム

ハワイ州には、ＭＬＩＳを出す教育機関として、ハワイ大学マノア校にある図書館情報学プログラム（ＬＩＳＰ）がある。ここは、一九六五年に図書館学大学院（ＧＳＬＳ）として設置され、一九八七年に情報学的要素を加えて図書館情報学校（ＳＬＩＳ）と名称を変えた。一九九七年には、自然科学カレッジに所属する情報コンピュータ学科に吸収され、現在の組織へと至った。つまり、独立性の高いＧＳＬＳの時代とは違い、三重の組織構造になっていて、位置づけはやや不安定なところがある。

ＭＬＩＳを出せるのは全米とカナダの大学のうち、アメリカ図書館協会の図書館情報学資格認定委員会（ＣＯＡ）が認定した大学院修士課程をもつ大学五九校に限られる。うち、アメリカ五〇校、カナダ八校、プエルトリコ一校である。アメリカではニューヨーク州には七校あるのに対して、一七州には一校もない。(11)

図書館情報学は学部課程でも開講されているが、学部で学んだだけでは専門職資格として通用しないこともある。ＣＯＡ認定システムでは、原則として七年ごとに個別の教育機関の評価が行われる。その際に、個々の機関は、組織、使命・目標、計画策定プロセス、カリキュラム、学生、教員、施設、経営・財政などの広範な項目について内部報告書を作成する。その後、外部の審査チームが、教員や学生、卒業生、図書館員とグループミーティングを行ったり、施設やクラスを見学したりすることで、審査を行う。最終的にはチームの委員が投票によって認定の当否を決定する。この過程は、アメリカ図書館協会の「図書館情報学修士課程プログラム認定基準」（二〇〇八年）に示されている。(12)

ハワイ大学の認定は過去、一九六七、一九七四、一九八〇、一九八六、一九九四、二〇〇〇、二〇〇九、二〇一五の各年度に実施された。二〇〇九年度の調査の際には、大学は一七六ページの詳細な報告書を作成した。(13)六人の訪問調査者が二〇〇八年一〇月に三日間にわたってさまざまな調査を行い、最終的に各項目に関わる評価と多様なアドバイスを示した二七ページの外部審査報告書を作成した。(14)二〇〇九年一月二五日付で認定審査は合格とされた旨の文書が送られている。(15)

プログラムの概要

現在の図書館情報学プログラムは、ハミルトン図書館の地下で行われていて、正規教員八人が担当し、年間、三〇人から五〇人程度の修士課程の学生が入学してくる。こちらの科目は週に一回二時間四〇分の授業を一ターム一五週やると三クレジットになる。これを一三科目で三九クレジット取得して修了という扱いである。大学の出講科目カタログには四五科目程度が記入されている。(16)そのなかで次の五科目は必修である。

LIS 601 Introduction to Reference & Information Services（レファレンス情報サービス入門）
LIS 605 Metadata Creation for Information Organization（情報組織化のためのメタデータ作成）
LIS 610 Foundations of the Information Professions（情報専門職の基礎）
LIS 615 Collection Management（コレクション管理）
LIS 663 Database Searching（データベースサーチ）

また、次の経営系の科目のいずれかが選択必修となる。

LIS 650 Management of Libraries & Information Centers（図書館情報センター経営）
LIS 684 Administration of School Library Media Centers（学校図書館メディアセンター管理）

図書館情報学プログラムは情報コンピュータ学科に所属しているので、そちらで開講されている情報技術系の科目のトラックも用意されている。

こちらのクラスの進め方は、教員が講義をするものであっても、一回ごとに事前に読んでくるリーディングアサインメントが指定され、複数回のペーパー提出が求められる。リーディングアサインメントには、教科書の章や雑誌論文が指定される。講義は教科書的なまとめを中心とするが、通常、クラスの場ではそれを理解しやすくしたり、質疑応答や議論が展開されたりする。教員は学生のクラスへの参加の程度や提出ペーパーの出来、そして最終的な試験の成績を総合的に評価する。学生にとって一つのクラスでも準備に時間を要し、アサインメントも多いからたくさんの科目はとれない。だいたい週に五科目程度が普通である。さらに、修了のために修士論文を執筆するコースと執筆しないコースがある。

修了した後の学生は、専門職として図書館や関連企業に就職を希望するのが一般的である。二〇一四年秋の*Library Journal*誌に掲載された全米のＬＩＳ大学院の就職調査を見ておこう。(17)回答があった全米の大学院四〇校の二〇一三年修了者の合計は合計四八四六人であった。このうち、すでに就職を決めていると報告があったのは女性一〇七四人、男性六四一人の合計一七一五人であり、全体の三五パーセントであった。そのなかでハワイ大学は女性が二七人中一三人、男性が六人中一人の就職が決まっており、就職率は五一・五パーセントで、全米では五位に相当するものだった。ハワイ大学は修了者の数は少ないが就職率がよい方であることがわかる。

学校図書館メディアスペシャリストの資格

学校図書館員の資格はハワイ州教育局に置かれたハワイ州教員資格基準委員会（The Hawaii Teacher Standards Board）が認定する。その資格を取るためには、別に学校図書館系の科目を取り、また教員資格を取得しなければならない。その際の学校図書館系は次の二科目が必修であり、さらに、児童青少年サービス系の科目から二科目を選択する必要がある。

学校図書館系科目

LIS 686 Information Literacy & Learning Resources（情報リテラシーと学習資源）
LIS 696 Practicum in Librarianship（図書館実習（学校図書館での実習））

児童・青少年サービス系科目

LIS 681 Books & Media for Children（児童図書メディア）
LIS 682 Books & Media for Young Adults（ヤングアダルト図書メディア）
LIS 683 Services in Public Libraries（公共図書館サービス）
LIS 685 Traditional Literature & Oral Narration（伝統文学と口演）

LIS 689 Asian American Resources for Children & Youth（児童・青少年のためのアジア系アメリカ人資料）

LIS 693 and LIS 694 Special Topics as They Relate to Services for Children and Youth（児童・青少年関係の特別講義）

前提となる教員資格取得の際に教育学や心理学、教科教育の学習の上、教育実習をし、さらにこれらの科目を取ることでメディアスペシャリストの資格認定が行われる。

お金の問題

ハワイ州の図書館職員の給与を見ておきたい。連邦労働省の二〇一三年度統計に基づいて、先に挙げた州と全米の図書館職員の給与の一覧が示されている[18]。州ごとの図書館専門職の給与の中央値のうち、ニューヨーク（六万一〇〇〇ドル）やカリフォルニア（七万ドル）は給与が高い州である。ハワイ州は六万三〇〇〇ドルで全米平均の五万四〇〇〇ドルよりかなり高く、それらの州に匹敵するものであることがわかる。また、図書館関係職員のなかで、図書館専門職の給与は補助職（二万四〇〇〇ドル）や技能職（三万ドル）に比べても相対的に高い。

アメリカの専門職は、その資格を大学院で取得し、就職できさえすれば一定レベルの給与が保障される仕組みになっている。図書館補助職や技能職のなかには資格や要件があってそれで就職した人が、在職のままＭＬＩＳを取るために大学院に通うこともある。

ハワイ大学の図書館情報学プログラムの授業料を見ておこう。二〇一四—一五年度に、秋学期と春学期それぞれ五科目一五単位ずつ合わせて三〇単位を取り、残りの三科目九単位をその後の夏学期に個別科目単位で取って修了しようとすると、州民で一万二〇〇〇ドル（一ドル一二〇円として約一四〇万円）、州外者で二万八〇〇〇ドル（約三四〇万円）程度の費用がかかる。州民にとっても学費は安いとは言えないが、先ほどの給与差を見れば、このようなキャリア形成に意味があることがわかるだろう。ハワイ大学の図書館情報学プログラムにも、先ほどの図書館補助職や技能職を含めて多様なキャリア選択をした人が通っている。

4　書物文化の公的装置としての図書館

以上、アメリカ合衆国ハワイ州における、図書館員の配置、図書館設置の状況、図書館職・技能職・補助職の配置状況、図書館職員の給与の状況、図書館専門職養成の状況を見てきた。

ハワイ州の人口は一四〇万人弱で日本の県と比較しても規模は小さい。そこに、公共図書館が五〇館、大学図書館が二〇館、専門図書館四七館が設置され、公立学校すべてにも図書館が配置されている。最大のハミルトン図書館の蔵書数は三四〇万冊である。また、MLISを取得した専門職としての図書館員が学校図書館を除いて三四〇人ほど正規職として働いている。八四パーセントの公立学校図書館にも正規専門職が配置されている。

全体として、図書館の設置密度はかなり高く、専門職の配置率も高いことが確認できた。概ね、図書館専門職に対する評価は高いと言えよう。しかしながら、これは一朝一夕に実現されたことではない。その状況をつくるにあたって、アメリカ社会全体に存在する競争的な社会状況にうまく適応し、自ら評価的競争的な状況を勝ち抜いてきた努力があった(19)。

だが、遅れてできたハワイ州では、どちらかというとそうした本土の図書館政策を受けて政策的な配慮のなかでつくられた面があった。公共図書館は州が直接運営するものであり、単一システムをとっていることや、公立学校図書館システムへの専門職配置が連邦政策のおかげで早めに整備されたが、その後、政策の変化により後退していることなどにそれを見ることができる。それだけ、政府の財政状況や新自由主義的な政策によって、政府の財政政策の影響を受けやすいと言うことができる。

印刷文化や書物文化に南北格差が存在することは以前より知られている。それは、世界的な課題として存在するし、ヨーロッパやアメリカといった大陸レベルでも存在している。その文脈で言うと、ハワイは南の島であり、もともと書物文化が定着しているところではなかった。実は今でもそうである。何よりもそれを物語るのは、一定規模の書店は大手チェーンのバーンズ・アンド・ノーブルがホノルルに一店あるだけで、その規模もかなり限定されたものにすぎない。つまり、書物文化、メディア文化を支える市場が育っておらず、むしろ公的装置として、図書館を積極的に位置づける考え方があり、そのための政策が存在して、この状況が成り立っているのである。

このことが示唆することは大きい。書物文化が厚みをもっていた日本においても、必ずしも今後の民間市場は安泰ではない。若い世代の書物文化離れはかなり進行している。とすれば、図書館政策をハワイに学ぶことには意味があるだろう。

注

（1）根本彰「日米の公共図書館の違いとは――ハワイから帰って考えたこと」『みんなの図書館』第七二号、一九八三年、三八―四六ページ。

（2）望月エミ子「ハワイ大学のGSLSに学ぶ」『薬学図書館』第三〇巻第四号、一九八五年、二三六―二四四ページ。魚住英子「ALA認可ライブラリースクールにおける図書館・情報学教育――ハワイ大学大学院を例に」『同志社大学図書館学年報』第二一号、一九九五年、一七―二四ページ。ハラダ・バイオレット「学びのスペシャリストとしてのスクールライブラリアン――21世紀の学校における協働の重要性」（安里のり子訳）『同志社大学図書館学年報』第三五号、二〇〇九年、七六―八六ページ。

（3）*American Library Directory*, 59th ed., 66th ed. R.R. Bowker, 2006–2007, 2013–2014. ただし、ハワイ大学マノア校については、二〇〇七―〇八年度以降スタッフ数が明記されず、蔵書数についても二〇〇七―〇八年度に三三六万冊とあり、その後はまったく同じ数である。これはあとで述べる二〇〇四年秋の洪水被害が原因と思われる。そのために、右の欄の数値は、同図書館のウェブサイトにある二〇一二―一三年度のものを使った（http://guides.library.manoa.hawaii.edu/c.php?g=105734&p=68523）。また、学校図書館について、公立学校のみを示している。数値は二〇〇七年については教育庁での聞き取りによって入手し、新しい方は二〇一一年のもので次の新聞記事からとったものである。“Too many Hawaii public schools lack librarians,” Honolulu Advertiser 二〇一一年一月二三日付。

（4）http://www.ala.org/tools/libfactsheets/alalibraryfactsheet02（注のURLはすべて二〇一六年三月二八日に確認した）。二〇一二年はこの時点で挙げられている最新のものである。二〇〇七―〇八年のものについてはInternet Archive のWayback Machine から入手した（http://web.archive.org/web/20080415000000*/http://www.ala.org/library/fact2.html）。
（5）倉橋英逸「ハワイ大学図書館――研修報告」『大学図書館研究』第七号、一九七五年、二六―三四ページ。
（6）連邦政府の資金が全米の学校図書館建設にどのような影響をもたらしたかの統計的な分析は次の報告書にある。Fifty Years of Supporting Children's Learning A History of Public School Libraries and Federal Legislation From 1953 to 2000, NCES, 2005. https://nces.ed.gov/pubs2005/2005311.pdf
（7）Table 701.10. Selected statistics on public school libraries/media centers, by level of school: Selected years, 1999-2000 through 2011-12, National Center for Education Statistics（http://nces.ed.gov/programs/digest/d13/tables/dt13_701.10.asp）.
（8）注3の新聞記事。および、"Hawaii's School Librarians: No Longer at a Campus Near You?" Honolulu Civil Beat, June 30, 2014（http://www.civilbeat.com/2014/06/hawaiis-school-librarians-no-longer-at-a-campus-near-you/）.
（9）根本彰『情報リテラシーのための図書館――教育制度と図書館の改革』みすず書房、二〇一七年、一四七ページ。
（10）ウェイン・A・ウィーガンド『司書職の出現と政治――アメリカ図書館協会 1876―1917』川崎良孝・吉田右子・村上加代子訳、京都大学図書館情報学研究会、二〇〇七年、XIIページ、四四二ページ。
（11）*Library & Information Studies: Directory of Institutions Offering Accredited Master's Programs*, Last updated, July 22, 2014.
（12）詳しくは次を参照。*Standards for Accreditation of Master's Programs in Library & Information Studies*, Adopted by the Council of the American Library Association, January 15, 2008.
（13）University of Hawaii Library and Information Science Program, ALA Accreditation Program Presentation（http://www.hawaii.edu/lis/coa2008/coa_files/coa2008_ProgPres.pdf）
（14）External review panel report on University of Hawai'i Master of Library and Information Science（http://hawaii.edu/lis/coa2008/coa_files/Hawaii_EXTERNAL_REVIEW_PANEL_REPORT_11-25-08.pdf）
（15）University of Hawaii at Manoa, Library and Information Science Program（http://www.hawaii.edu/lis/about-us/accreditation/）
（16）Library and Information Science（LIS）, College of Natural Sciences（http://www.catalog.hawaii.edu/courses/departments/lis.htm）
（17）"Placements & Salaries 2014: Renaissance, Librarians"（http://lj.libraryjournal.com/2014/10/placements-and-salaries/2014-survey/explore-all-the-data-2014）
（18）Statistics on Librarian Salary, by State and Role（http://ja.scribd.com/doc/233553373/Statistics-on-Librarian-Salary-by-State-and-

Role#scribd）

（19）これについては次の文献が要領よく論述している。マイケル・F・ウィンター『技量の統制と文化——司書職の社会学的理解に向けて』川崎良孝訳、京都大学図書館情報学研究会発行、二〇〇五年、XIページ、二〇九ページ。

第IV部　日本の政策的課題

第9章　学校内情報メディア専門職の可能性

1　日本の図書館員養成課程

日本の図書館情報学教育は、図書館情報学の専門教育、資格課程としての司書養成教育、そして司書教諭養成教育の三つから成り立ってきた。きわめて多くの問題点が指摘されているが、いまだもって解消される見込みはたっていない[1]。二〇〇三年から二〇〇六年にかけて、日本学術振興会科学研究費基盤研究（A）による研究プロジェクト「情報専門職の養成に向けた図書館情報学教育体制の再構築に関する総合的研究」（研究代表者：上田修一慶應義塾大学教授（当時））が実施され、筆者も参加した。通称LIPER《ライパー》と呼ばれるこの研究の報告書はいくつかのかたちで刊行されている[2]。本章ではLIPERで行われた伝統的な三領域に関する議論を整理し、とくに学校図書館班による学校内情報メディア専門職の必要性を提起する報告の概要を紹介したい。

なお、以下、これに関する用語として、「学校内情報メディア専門職」の他に「学校内情報メディア専門家」と「情報専門職（学校）」がある。「学校内情報メディア専門家」は学校図書館班が中間報告で用いた呼称で、「情報専門職（学校）」は、LIPER全体の報告書を作成するにあたって他の館種との関係で統一するために言い換えた呼称である。基本的にこれら三者は同じものを指しているが、今後本書では原則的に「学校内情報メディア専門職」を使用することにしたい。

まず、図書館情報学の専門教育について、戦前から文部省図書館職員教習所はあったが、高等教育への位置づけは一九五一年にGHQの働きかけで慶應義塾大学文学部に日本図書館学校（Japan Library School）が開校することで開始された。同校はその後文学部図書館学科となり、現在の文学部図書館・情報学専攻に名称を変えている。戦後教育改革の時期に、国立大学では東京大学、京都大学、東京学芸大学、大阪教育大学に図書館学担当の教員が配置されて研究教育がスタートした。文部省の図書館職員教習所は図書館職員講習所、図書館短期大学、図書館情報大学と、名称と位置づけを変えて、現在は筑波大学と統合されて同大学知識情報・図書館学類になっている。他にも一九七〇年代以来、図書館情報学の専門課程がいくつかの大学に設置されている。

司書資格に関しては、一九五〇年に図書館法が制定されて以来二〇〇八年に図書館法が改正されるまでの六〇年近くの期間、一部の大学を除いて「講習」による「司書」養成の枠組みを維持してきた。図書館専門職としての就職の機会がきわめて限られているにもかかわらず、国家資格としての司書資格取得を希望する学生や社会人の数は少なくなく、教育市場として安定した構造が存在することが改革を妨げてきた。また、大学教育カリキュラムとして教授される知識・技術の展開と標準化が十分に検討されておらず、教育内容や技術レベルに働くべき競争原理が十全に機能していない。

司書教諭資格については第Ⅰ部で述べたように、学校図書館法成立により司書教諭は一部の学校を除いて置かれることになったが、専門職員としての学校への配置はほとんど進まなかった。その主たる理由は、法における司書教諭の配置が「教諭をもつて充てる」（学校図書館法第五条第二項）となっており、一般の教員の職務の一部をその職務に充てるものとされているからである。この法制度のもとで、教員を養成している大学のうち二〇〇校を超えるところで司書教諭養成が行われ、現職教員向けの講習も四〇大学程度で実施されている(3)。

実質的に兼任の司書教諭が配置されてきたことについてはさまざまな議論がある。その資格要件も教諭資格に加えて、司書教諭講習五科目一〇単位の学修を前提とするものにとどまっており、制度設計として当初より専門職としての法的位置づけを意図したものではなかったと考えられる。そのために、司書教諭を補う職員が多様なかたちで配置されてきた。実験助手のような教育職の場合や非常勤職員が配置される場合、PTA雇用の職員が配置される場合などがあり、それらはおしなべて学校司書と呼ばれることが多かった。二〇一四年の学校図書館法の改正により、学校司書が法的に認知されるようになったが、その養成についてはまだ標準的なものが定められていない。LIPERの議論はこの法改正前に行われたものであるが、学校図書館における職員配置の基本的構図は変わっていない。学校司書養成の問題も含めた今後の養成教育の見通しについては、第10章で述べる。

2　LIPER図書館情報学カリキュラム

通常、専門職と呼ばれるものは、養成課程の厳密な認定あるいは標準的な試験制度による資格付与によって、資格者の知識技能水準の平準化がはかられるのに比べて、日本の図書館員の職制が著しく弱体であることは以前からさまざまな指摘がされてきた。たとえば、アメリカの図書館専門職はアメリカ図書館協会が認定する一年課程の図書館情報学大学院の修了をもって専門職資格とされ、大学の養成課程に対する厳密な評価過程がある。同様に、日本の教職課程はその課程認定は教育課程審議会によって厳密に行われているし、都道府県教育委員会が実施する採用試験によって質的統制がはかられている。

これに対して、司書養成の課程認定は行われていない。文部科学省担当課に、科目内容と科目担当者についての書類を届け出るだけである。二〇〇八年の図書館法改正により、司書養成のための教育内容の変更や教育課程の見直しも行われたが、個々の科目ごとの評価による単位を合算して資格を付与するという養成のあり方に実質的な変更はない。司書資格の付与は大学の責任において行われる。逆に言えば、全国共通の質的な基準が存在していないということだ。

LIPERは、アジアの近隣諸国を含めて国際的に情報専門職を大学院修士レベルで養成する方向に移行しつつある状況とのギャップが大きくなっているとの認識に基づき、これを改革するための提言をしようというものであった。専門職として、従来の司書カリキュラムに加えて、情報技術の修得および利用者の情報利用行動、知識の組織化などの領

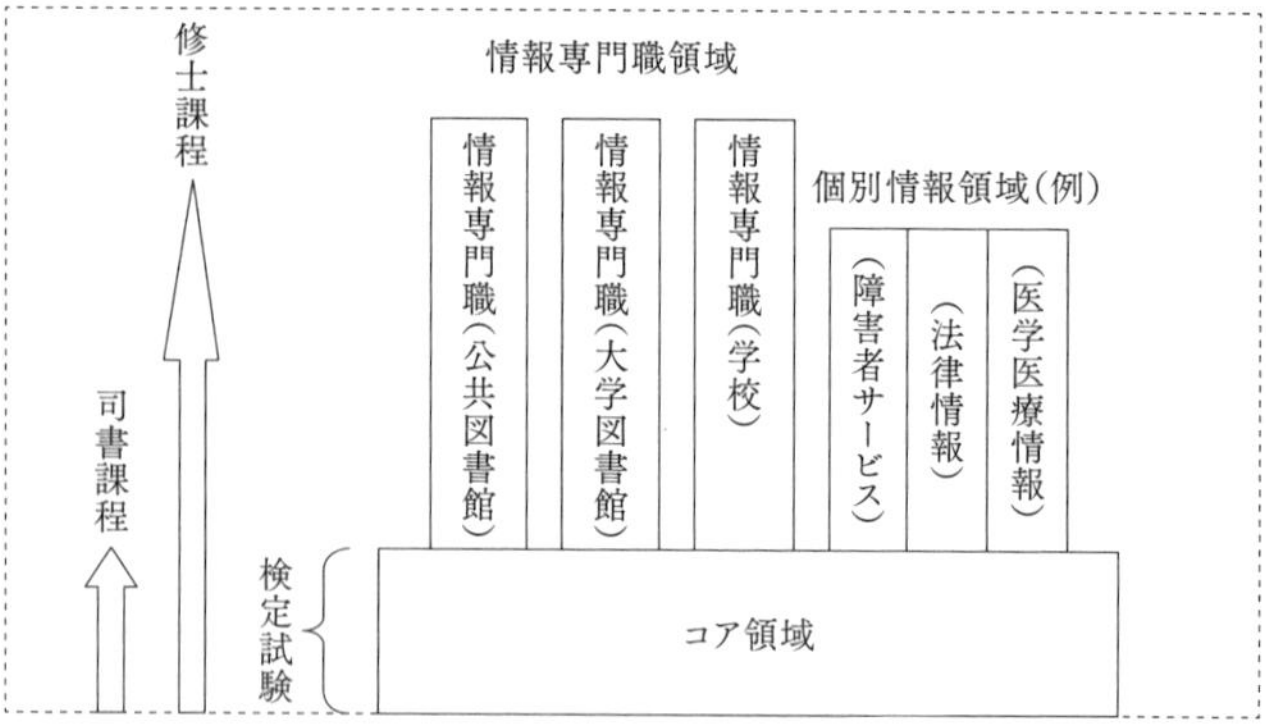

図 9–1　図書館情報学カリキュラムの履修（LIPER）

域で新たなカリキュラム開発が必要になることを見越して実施したものである。筆者は、全体のまとめ役として加わるとともに、館種別の学校図書館班のメンバーとして参加した。

第4章で、一九五〇年成立の図書館法の規定では、直接の対象としている公共図書館以外に司書資格を大学図書館や学校図書館でも有効に活かそうという構想があり、時限つきでそれが行われたことに触れた。しかしながらその期間の終了後は、学校図書館法（一九五三年）で司書教諭資格ができていたこともあり、館種による資格の分断が明確になり、職員養成が館種別に検討されることとなった。この間、館種を超えた共通資格の議論があったことは確かだが、それがうまくいかなかったことについても述べた。ＬＩＰＥＲはその意味で図書館情報学教育が館種を超えて共通のカリキュラムをもちうるための契機を探るという意図のもとに行われた。

ＬＩＰＥＲ研究班は三年間にわたる共同研究の結果、図9－1で示されるカリキュラム案を提言した。まず図書館情報学の「コア領域」と呼ばれる館種や個々の領域を超えた共通の領域では「図書館情報学基礎」「情報利用者」「情報資源組織化」「情報メディア」「情報サービス」「情報システム」「経営管理」「デジタル情報」の七科目が教授される。コア領域は従来の司書課程に相当するものであり、この基礎的な科目に「検定試験」を課して、学習者および教育機関の評価に使えるようにする。評価過程の弱さをこのような自主的なものを実施して改善していこうというものである。これに加えて、「情報専門職領域」が設定され、「公共図書館」、「大学図書館」、「学校」の館種別のものと「個別情報領域」が用意される。これらはコア領域を学んだあとで、修士課程で発展的に学ぶカリキュラムで選択制になっている。

3　LIPER学校図書館班中間報告

このカリキュラム案が従来のものと違うのは、館種共通の図書館情報学教育のコア領域に、発展的な館種別および個別情報の領域を積み上げる考え方をとっていることである。情報専門職領域のなかで、公共図書館と大学図書館が明記されているのに対して、「情報専門職（学校）」とあり、「学校図書館」となっていないのには理由があった。これについて、報告書では、「求めるべき学校図書館専門職を、現実の延長上に考えるのではなく、まず、原点に立ち戻ってあるべき姿として追求することとした。あるべき姿というのは、従来、「図書館」、「視聴覚」、「情報（コンピュータ）」として各係がそれぞれに担当してきた校内の情報やメディアを一元的に管理し、その利用について支援・指導する専門職であ」り、また「学習／教育のための知識や情報を体系的に収集・組織・提供し、学校およびそれを支える地域社会を含めた学習コミュニティ全体の形成に貢献する[4]」ものととらえている。

すなわちこのプランでは、従来の学校図書館専門職とされてきた司書教諭や学校司書の延長線上に置くのではなくて、新たに学校内で情報やメディアに関わる部門を統合的に扱う専門職の養成を引き受けるということである。第3章で、占領終了前後に視聴覚教育が制度的に確立し、それを学校図書館と統合的に扱う動きがあったが、結局、うまくいかず、学校図書館も視聴覚資料の扱いも別々の教員職務として位置づけられたことについて触れた。かつての視聴覚資料は今ではデジタルネットワークで提供される教育メディアと一体的に扱われつつあることから、図書資料だけでなく教育メディア全般を扱うことを想定した人材育成を考えているということである。これは、司書教諭か学校司書かという二項対立を超えるだけでなく、学校内の施設としての図書館にいる職員ではなく、教育課程全体に関わることを想定しているところに特徴がある。この想定にあたっては、一九九八年に文部省の「情報化の進展に対応した初等中等教育における情報教育の推進などに関する調査研究協力者会議」最終報告にて、「司書教諭を情報教育推進の一翼を担うメディア専門職」として位置づけて、学校の情報化の中枢的機能を担っていくと述べられたことを参考にしている。

（司書教諭の役割）

○学校図書館が学校の情報化の中枢的機能を担っていく必要があることから、今後、司書教諭には、読書指導の充実と合わせ学校における情報教育推進の一翼を担うメディア専門職としての役割を果たしていくことが求められる。司書教諭は、情報化推進のための校内組織と連携をとりながら、その役割を担っていくことが必要である。具体的な役割としては、子供たちの主体的な学習を支援するとともに、ティーム・ティーチングを行うこと、教育用ソフトウェアやそれを活用した指導事例等に関する情報収集や各教員への情報提供、校内研修の運営援助などが考えられる。国や教育委員会においては、司書教諭の職務や役割の重要性等に関する周知や資質の向上に一層努めていく必要がある。(5)

これまで、司書教諭をこのように学校内の情報教育やメディア教育全体を推進する専門職としてとらえる構想は具体的に提案されたことがなかった。

そのためこれを具体化するために、LIPER学校図書館班は上記の原案をもって五人の教育メディアや教育工学の専門家に対する非構造化インタビューを行った。(6) インタビューを行った専門家名と内容は次の通りである（所属は当時）。

メディア教育開発センター所長 坂元昂氏「情報メディアの発達と教育の変容」

大阪大学名誉教授 水越敏行氏「学習を支援するメディアの環境」

国立教育政策研究所教育情報研究センター長 清水康敬氏「メディア専門家としての学校図書館専門職像設置の現実的な展開」

聖心女子大学教授 永野和男氏「教育情報化コーディネータの例に見る情報教育分野の人材育成」

玉川大学学術研究所教授 山極隆氏「文部科学行政と情報メディアの教育」

その内容については報告書に詳しいので繰り返さないが、たとえば対応する「学校内ニーズ」として「著作権の専門家、情報モラル教育担当、学校教育全体の情報化の推進サポート役、教育内容や手法に関わる情報化の部分を担当」、「カリキュラムとの関連」として「総合的な学習に真剣に取り組む場合には不可欠の存在、学習課題の目標の明確化に貢献する（何を調べるのか、等研究テーマの設定支援、検索支援など）、最適なメディアへのガイド役、インターネットなど新しいメディアの利点の紹介、将来的には現行教科の再編がおこる、文章読解力・表現力・情報活用の実践力の育成のために、教室外の施設・資料、データベースなどをどう活用するかを指導できる」というように、専門家はかなり広範な情報教育への対応も想定した人材育成を考えていた。また、「制度化」の局面としては、「（食の教諭のような）情報・メディアの教諭を作る、専任の教諭がよいのではないか」というように大胆な新しい専門領域の教員職の創設を考えていた。それでも、すでに司書教諭という法的な教育職資格が存在し、人材が育成されていることのメリットを最大限に活かすことが前提としてあった。

情報教育や教育工学という、メディアと情報の学習への活用という共通点をもつ分野の専門家は、図書館情報学分野の関心事項や問題意識と共通点を有し、図書館情報学分野からの積極的な取り組みについては肯定的な意見や期待が示された(7)。基本的に、現在（ないし近い将来）の学校にはメディアに関する専門的知識をもった人材が不可欠であること、そしてそうした人材は単なる情報システムに関するスキルをもつだけではなく、メディアおよび情報の利用に関して指導できることが必要である。そうした人材は、メディアと情報に関するメンター、コーディネーター、ファシリテータなどの言葉で表現されるものであって、伝統的な図書資料を中心とした学校図書館運営のための図書館情報学の知識・技術を前提として、そこに加えてコミュニケーション能力、カウセリング、著作権の知識が必要であり、技術面についてはユーザーレベルのものでかまわないとされた。

時代と学校現場の要請からそうした人材が必要だとしても、財政緊縮の折に学校内に新たな職種を設けることの困難さは専門家も指摘していた。だから、すでに学校図書館法に規定されている司書教諭が、時代の要請に合わせて発展し、十全に機能することとなれば望ましいのであり、そうした動きが図書館情報学分野から出てくるようであれば、教育工学分野からも応援・協力が可能であろうということであった。この専門家インタビューは多くのものをもたらした。学校図書館専門職が図書館の枠を超えて学校内で一定の役割を果たす情報メディア専門職としての可能性が指摘されたからである。

この結果に対して、実際の学校図書館現場に対して実施した質問紙調査と学校で司書教諭ないし図書館担当職員として長年勤務する教職員六人に対して実施したフォーカス・グループ・インタビューの結果を加えて検討し、ワーキンググループは以下の八点の中間的な結論を報告している(8)。

①情報とメディアの専門家として指導できること

情報メディアの専門家からは、司書教諭が情報とメディアに関する専門家として従来図書のメディアでやっていたものの対象を拡げるという点で情報活用能力の育成をサポートできることが指摘されたが、実際の現場では学校図書館と情報教室が分かれている点や校務分掌も別立てになっていることなどの困難な状況が指摘された。学校の情報化ではなく、教育内容や教育手法の情報化を考えるなどの方法で展開をはかる方向が指摘された。

②学校教育全体を視野に入れて情報とメディアに関して横断的に動けること

学校は教科が中心になって教育課程が展開されるのに対して、メディアや情報に関わる業務は横断的な役割を果たすことが必要になる。これに関しても、現場では図書館担当者として教育課程会議に参加するような機会がきわめて低いことが指摘され困難な点が浮かび上がった。

③「教授支援」の必要性とその内容に関する理解を浸透させること

現場で、教授支援という場合に資料提供サービスが中心になっていて、授業担当教諭の授業案作成の支援を行うところには至っていないことが指摘された。専門家インタビューでは、司書教諭が情報コーディネーター的な位置づけになれば学校カリキュラム全体の支援や総合的な学習の時間の教育課程を進める推進力となるということも提案されている。

④本と読書が基本にあること

児童生徒への読書案内や全校レベルでの読書推進活動の主導などの実施率がかなり高いことを前提として、印刷メディアから学ぶことの重要さなどを基盤に据えた位置づけについては合意されている。これは学校教育において読書推進と言語力育成がもっとも基礎的なものであることについての了解が確認されているということである。

⑤著作権についての専門的な知識を提供できること

専門家インタビューからは教育現場での著作権問題の重要性が示され、この方面の専門知識は教員一般に低いことが指摘された。調査時点で司書教諭がこの問題に対応しているところは少なかったが、学校内情報メディア専門家の養成カリキュラムには著作権についての知識がひとつの核になることが指摘された。

⑥コミュニケーション能力が必要なこと

学校内での司書教諭の認知度が低いことがフォーカス・グループ・インタビューで明らかにされている。実務者がカリキュラム設計や教科横断的な役割を果たすための企画力、運営力、そして相互のコミュニティづくりや研修体制を含めて広義のコミュニケーション能力の必要性が指摘された。

⑦本の分類から知の組織化へと発展させること

専門家インタビューにおいて画集教材の管理を組織的に取り扱う仕組みがこれまで存在していないことが指摘されたが、従来の図書資料中心の資料組織化から多様なメディアを一元的に管理し、子どもの情報利用行動の特徴を理解し、アクセスポイントをきめ細かく用意し、教授支援につながる資料の構築ができる人材の育成が必要であることが述べられている。

⑧研修・養成など

現場からは教員が兼担であったり、一人職場であることがさまざまな不利な点をもたらしていることが指摘されている。養成や研修の問題以前に職としてのアイデンティティが問われているということだが、養成や研修においてもこうした状況を踏まえて他の専門領域の理論との関連を前提とした学びの必要性が指摘された。

4　学校内情報メディア専門職の養成案について

ＬＩＰＥＲ学校図書館班は二〇〇五年九月に上記の中間報告を出した後、それをもとにいくつかの検討を加えて、二〇〇六年三月に次の最終報告をまとめ、ＬＩＰＥＲ報告書に含めた。(9) ここでの「情報専門職（学校）」は学校内情報メディア専門職と読み替えることができる。

学校図書館担当者のあるべき姿としての情報専門職（学校）

本研究では、上記のような認識から、求めるべき学校図書館専門職を、現実の延長上に考えるのではなく、まず、原点に立ち戻ってあるべき姿として追求することとした。あるべき姿というのは、従来、「図書館」、「視聴覚」、「情報（コンピュータ）」として各係がそれぞれに担当してきた校内の情報やメディアを一元的に管理し、その利用について支援・指導する専門職である。これを仮に情報専門職（学校）と呼ぶこととする。これは中間報告まで「学校内情報メディア専門家」と呼んでいた名称をＬＩＰＥＲの全体的な枠組みに合わせて変更したものである。

この情報専門職（学校）の使命は、以下のとおりである。

○　学習コミュニティを構成する児童生徒や教師等に対して、情報やメディアへの利用を保証する。

○　学習コミュニティを構成する児童生徒や教師等が、情報やメディアを効果的に利用できるように支援・指導する。

情報専門職（学校）は、上述の使命を果たすべく、学習／教育のための知識や情報を体系的に収集・組織・提供し、学校およびそれを支える地域社会を含めた学習コミュニティ全体の形成に貢献する。この専門職の役割は、大きく3つに分けて考えることができる。

第1は、「知の組織化」である。知識を具現化したメディアや情報を選択・収集し、組織化して学習／教育に役立つ知の体系を構築する。メディアや情報を活用するための学習環境をデザインし、校内の知的情報資源全体の管理を担う。

第2は、「知の共有」である。情報専門職（学校）は、学習コミュニティの構成員に対して、学習／教育に関わる情報（著作権情報を含む）や多様なメディアを提供することを通して情報格差を是正し、総合的・多面的に知の共有化を図り学習コミュニティの成長を促進する。また、他の教育機関や情報提供機関と連携しつつ、地域学習コミュニティの発展を支援する。

第3は、「知の活用」である。児童生徒の知の活用には「読書」と「情報利用」がある。これらの土台に「リテラシー」（読み書き能力）があることを忘れてはならない。最近強調されている「読解力」や「言語力」、「国語力」などと呼ばれている、読み書きの実践的能力としての機能的リテラシーに対する支援・指導を含めて、読書と情報活用に関する支援・指導を行うことが重要である。読書と情報活用に関する支援・指導は、どの教科においても含まれる要素であるために、情報専門職（学校）は、教科横断的な指導計画を立案し運営することが必要である。また、教職員の知の活用については、教科における情報やメディアの利用に関連して授業設計や授業実施における支援を提供する。

以上の役割を果たすために、情報専門職（学校）は、学習／教育のための情報やメディアに関する性質や、利用者である児童生徒や教職員の情報行動の性質等を知り、支援・指導のための知識や技術を身につけることが必要である。とくに、次表の五つの領域に関する知識や技術が必要である。

これらの知識や技術の育成を通して、学校図書館の担当者が学校内においては全校的視野に立って専門的職務を遂行し、学校外においては地域学習コミュニティの発展に寄与することのできる情報専門職（学校）として確立されることが必要である。

情報専門職（学校）の役割体系

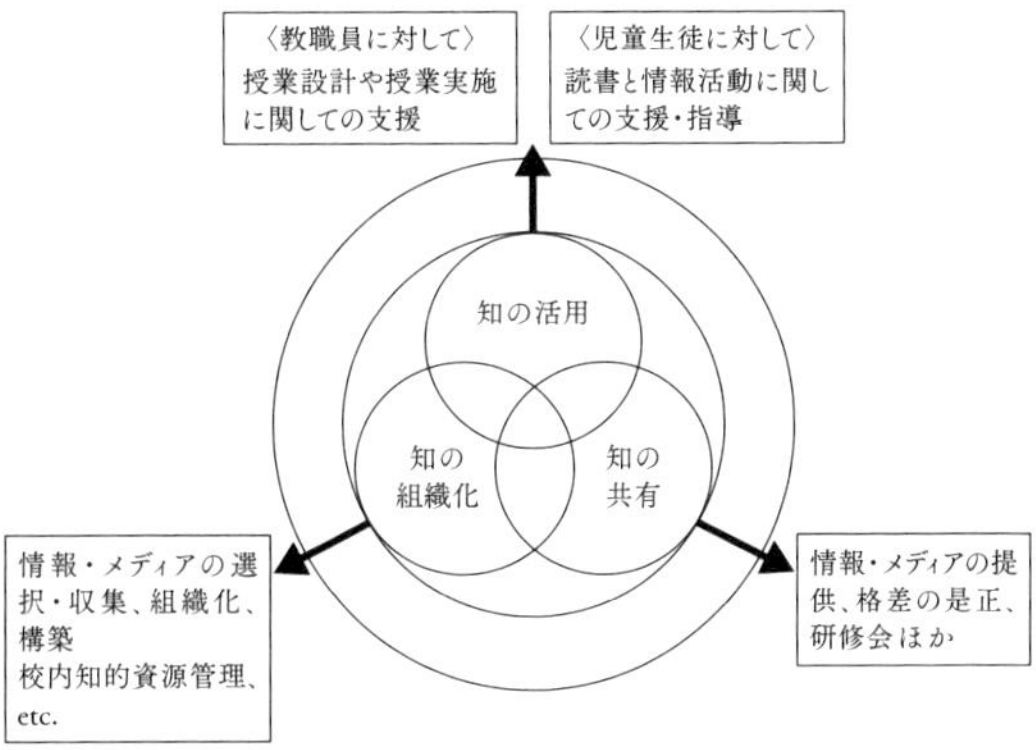

領域	内容
学校教育論	学校制度および学校における教授学習プロセス全般の理解。カリキュラム、教科の構造、教育方法、教育評価など。なお、教職資格を前提とする場合は不要である。
学習情報メディア論	児童生徒の情報・メディア利用特性と知の組織化の理論。学習情報メディアの構築とデジタルコンテンツ。著作権。
学習環境デザイン論	学習における各種情報・メディア利用の意義と特性。学習環境のＩＴ化と空間デザイン。学習コミュニティの構築。
教授・学習支援論	児童生徒の情報行動モデル。情報・メディア教育の原理と指導法。カリキュラムの企画・実施・評価。
子ども読書論	児童生徒の発達と読書の意義。読書の原理と指導法。国語力・読解力の育成。

このようなプランを提示してＬＩＰＥＲ学校図書館班の活動はひとまず終了した。このプランは戦後初期の教育課程・教育方法の改革過程で学校図書館を学校教育に位置づける方向にありながら、文部省の政策の転換によって中途半端にされたことについて、その課題を引き受け現代的な視点から再提示したものである。

とくに、アメリカの教育改革プログラムにあったように教育課程に学校図書館を明確に位置づけることを目的として、「知の共有」「知の活用」「知の組織化」という用語でカリキュラムとの関係を明示している。そして「学校教育論」はもとより「教授・学習支援論」や「学習環境デザイン論」といった科目を設定して教育課程や教育方法と密接な関係をもつべきことを主張している。また、視聴覚教育と学校図書館とが分離した歴史的経緯を踏まえて、情報工学や教育メディアの専門家の意見を取り入れながら、学校図書館は学習環境とメディアを直接取り扱う場としている。「学習情報メディア論」はそれを教授するものである。とはいえ、学校図書館として、子どもたちの読書環境の醸成というその後定着した役割を無視しているわけではない。「子ども読書論」はそれを中心的に取り扱う分野である。

5　その後の学校内情報メディア専門職論

このプランは当時の学校図書館と教育情報メディアとの架け橋となることを提案した大胆なものであったが、それだけに困難さがともない、容易に実現できるとは思われなかった。

このプランが教育工学や情報教育の専門家に一定の支持が得られた理由は、司書教諭が曲がりなりにも国家資格としての体裁をもっていたからであり、情報教育や視聴覚教育などが教科教員の分担体制で実施するだけでは十分ではないとの考え方から、司書教諭資格の拡張と展開によって現状を打破することができるとの期待があったからだと思われる。

だがこの提案は日本の学校図書館関係者からはほとんど無視されたといってよい。学校図書館班のメンバーがさまざまな場で発言したもの以外に、この提案についての議論が行われた形跡がないからである。それは、おそらく学校図書館の専門的職員をどのように設置するかについて、当初制度化された司書教諭がうまくいかないままに形骸化が進んでいたところに、二〇〇〇年前後から子ども読書年、子ども読書活動推進法の制定などで読書振興に光が当てられ、それとともに司書教諭配置の法改正や学校図書館を支える職員として学校司書の制度化が課題になるとの合意が形成されつつあった時期であったからだろう。つまり、学校における情報専門職としてまったく新しい職員制度をつくるよりも、この読書振興を足がかりにした職員制度化の可能性が出てきたととらえられていたのだ。

ＬＩＰＥＲの後継プロジェクト（ＬＩＰＥＲ２、ＬＩＰＥＲ３）はとりあえず図９－１の「コア領域」をどのようにつっていくかに集中することで、館種ごとの「情報専門職領域」や「個別専門領域」についての議論を先送りした。そのため、「情報専門職（学校）」の議論も宙に浮いたままになっている。また、情報教育やメディア教育関係者から、子どもたちのメディア情報リテラシー推進を要求する動きが幅広く起こることもなかった。

その後、坂本旬はメディア情報教育学というコンテクストから、日本の探究型学習の系譜を整理し、問題提起を行った。坂本は探究型学習には次の四つがあるという[10]。第一に「生活綴り方型探究型学習」であり、戦後まもない時期の生活綴り方教育運動のなかで、子どもの問題追求の態度と作文的方法を組み合わせて、各種の資料を読んで情報を集め、整理し、頭で考えそれを記述する「学習帳」を用いた「調べ学習」である。第３章で述べたように、戦後の教育改革期において、他にも資料に依拠する「研究問題解決学習」は存在していた。第二に「科学発見型探究学習」である。一九六〇年代から七〇年代にかけて、系統主義が中心になっている状況のなかで、外国の学習理論にも影響を受けて科学や学術研究の方法を意識した発見的な探究型学習を行うというものである。理科の実験や観察、社会的な調査や聞き書きなどが奨励された。教科学習のなかに探究的要素を取り込むものである。第三に「知的生産型探究学習」で、これは本書で取り上げている学校図書館を中心的な学習の場とする資料調査型の探究型学習である。そして、第四に「ＩＣＴ活用型探究学習」で、インターネットを積極的に使用して、情報探索、情報発信を行うことにより、学校内外の情報源や人的資源を駆使して、学習者間の相互性、社会参加、情報共有を可能にするものである。

坂本によると、第三の「知的生産型」だけでは、一九九八年のアメリカ学校図書館協会（ＡＡＳＬ）とアメリカ教育コミュニケーション工学協会（ＡＥＣＴ）による「子どもの学習のための情報リテラシー基準」にある「社会的責任に関わるべき基準」が満たされないという。そこでさらに第四の「ICT活用型」を含めた探究型学習が必要ということになる。「知的生産型探究学習」と「ICT活用型探究学習」を担当する教員についての言及はないが、これこそが学校内情報メディア専門職の必要性を明確に示すものだったと言うことができる。

このようにメディアリテラシー教育や情報リテラシー教育との関係で、探究型学習を再評価する動きもあるが、全体的にはそのための専門職を検討するという動きは弱い。ことほどさように、一度つくられ自走しているシステムに根本的に手を入れることは難しい。(11) だからこそ、戦後教育改革に匹敵する改革と言われることもある今しかこれを検討することはできないのではないだろうか。

注

(1) この問題について、さしあたって次の文章を参照。根本彰「序章　図書館情報学教育の戦後史」根本彰監修・中村百合子ほか編『図書館情報学教育の戦後史――資料が語る専門職養成制度の展開』ミネルヴァ書房、二〇一五年、一―四九ページ。

(2) LIPER (Library and Information Professional Education Renewal) は同時期にあったアメリカでの図書館情報学教育改革プロジェクトKALIPERを参考にしている。「情報専門職の養成に向けた図書館情報学教育体制の再構築に関する総合的研究」根本彰監修・中村百合子ほか編、同右、七八二―八一三ページ。また、全体および個々の研究グループの報告書は、日本図書館情報学会の旧ホームページに置いてある (http://old.jslis.jp/liper/report06/report.htm)。

(3) 文部科学省初等中等教育局「学校図書館＞司書教諭について」(http://www.mext.go.jp/a_menu/shotou/dokusho/sisyo/index.htm)。

(4) 同右、七九九ページ。

(5)『情報化の進展に対応した教育環境の実現に向けて (情報化の進展に対応した初等中等教育における情報教育の推進等に関する調査研究協力者会議 最終報告)』情報化の進展に対応した初等中等教育における情報教育の推進などに関する調査研究協力者会議、一九九八年 (http://www.mext.go.jp/b_menu/shingi/chousa/shotou/002/toushin/980801.htm)。

(6) 以下、LIPER学校図書館班の活動については次の報告書を参照のこと。『「情報専門職の養成に向けた図書館情報学教育体制の再構築に関する総合的研究 (LIPER)」学校図書館班中間報告――「学校内情報メディア専門家」の可能性』「情報専門職の養成に向けた図書館情報学教育体制の再構築に関する総合的研究」学校図書館班、二〇〇五年 (http://old.jslis.jp/liper/report06/

sl_2005_report.pdf)。学校図書館班のメンバーは、筆者以外に、堀川照代（青山学院女子短期大学教授）、河西由美子（鶴見大学教授）、片岡則夫（現清教学園中・高等学校教諭）、中村百合子（立教大学教授）、平久江祐司（筑波大学教授）の諸氏である。ご協力に感謝したい。

（7）同右、一二ページ。

（8）以下、同右、三三―四〇ページを要約した。

（9）「情報専門職の養成に向けた図書館情報学教育体制の再構築に関する総合的研究」前掲、七九九―八〇一ページ。

（10）坂本旬『メディア情報教育学――異文化対話のリテラシー』法政大学出版局、二〇一四年、六六―七五ページ。

（11）そのことについては次の文献で述べた。根本彰「単一職域の図書館専門職を目指して――中長期的課題を考える」『図書館雑誌』第一一〇巻第一〇号、二〇一六年、六二七―六三一ページ。

第10章　日本の教育改革の課題と学校図書館の可能性

1　歴史的展開のまとめ

多くの教員にとって、学校図書館は身近にあってもあまり気にとめていなかった存在であるだろう。学校図書館法上、すべての学校に図書館が必置であって実際に存在している。現在は半数程度の学校に法的資格としての司書教諭がいることになっている。教育系の大学では司書教諭の講習会を開き、学生に対する養成も行っている。さらに、学校図書館法の改正により、これまでも配置されていた学校司書が「専ら学校図書館の職務に従事する職員」として改めて位置づけられようとしている。

だが、そうした学校図書館の設置や司書教諭・学校司書の制度的位置づけにもかかわらず、学校図書館が何のための施設なのかについて、教育関係者に必ずしも一致した考えはなかった。多くは、学校図書館を児童・生徒の読書と結びつけて考えている。これはもともと図書館が読書推進の機関であるという理解が一般的に普及していたのに加えて、二〇〇〇年代以降、子ども読書活動推進法に基づいて地方教育委員会がそれぞれの子ども読書活動推進計画をつくってきたことが作用している。その計画において学校図書館も重要な役割を果たすことになっているからである。

ここでは、学校図書館は読書教育のみならず、教科の展開による教育課程そのものに密接に関わるという欧米で一般的な考え方を採用する。これは、ジョン・デューイに端を発する経験主義教育に基づいて二〇世紀初頭に始まり、一九二〇年代と三〇年代にアメリカの学校で定着し始め、五〇年代後半以降のスプートニクショックによる科学主義教育を推進する状況のなかで普及したものである。[1] 日本ではスプートニクショックが教科教育と試験による評価を徹底させることで、結局のところは知識の詰め込みによる暗記教育を推進した。だがそれは国際的な動きとは隔たっている。本章では、国際的な教育課程の動向とそのもとにある思想がもつ重要性を検討し、日本の学校教育における教育方法や教育課程の歴史的限界性を指摘することにより、今後相当の時間をかけて、学校図書館の整備ととくに教育職員の配置が進められなければならないことを論証したい。

戦後新教育と学校図書館の位置づけ

日本の学習指導要領を基準にした教育課程はいくつかの対抗軸によって表現されてきた。系統主義vs.経験主義以外に、前章までに触れた習得vs.探究、系統学習vs.問題解決学習、詰め込みvs.ゆとりといった対となる言葉がある。第一の項（習得、系統学習、詰め込み）は、日本の伝統的な学習方法をベースにして教科という枠のなかに学ぶべき内容を事前に決め、それに基づいてシステマティックに学び、その成果を試験によって確認するものである。それに対して第二の項（探究、問題解決学習、ゆとり）は、学習者が自発的に課題を見つけて知識を獲得し、場合によっては発展的に研究してそれをまとめて発表するというものである。自らの経験が学びの根拠になっているから経験主義と言われ、事前に課題が教員によって用意されているのではなく、自分で問題を発見し解決することで進展するので問題解決学習と言われる。さらにこうした学習過程が教員の主導ではなく学習者の自発性に基づき展開するために余裕（ゆとり）があると言われる。

よく知られているのは、この軸をめぐっての振れが周期的にあったことである。戦後の占領期に経験主義に振れたことから始まったが、占領が終了する頃に徐々に逆に系統主義に振れていき、一九六〇年代から七〇年代にそれが徹底された。だが、八〇年代には、もはや戦後ではないとの掛け声で詰め込み式の学びを見直すことから、経験主義への揺り戻しがあり、総合学習等の試みが始まる。この後、経済の高度成長がバブルを引き起こし、そしてバブル崩壊に至った九〇年代には一度「ゆとり教育」等の掛け声で始まった経験主義に対する警戒から、再度第一の項に触れる動きがあって、二〇〇〇年代になると、ゆとり教育が学力低下をもたらしたという批判が強まり、学力重視への力が強まった。

だが、教育課程を主導する文部科学省は、必ずしも詰め込み型系統主義に戻そうとしてきたわけではない。実は探究型学習と系統学習は対立しているのではなく、早い時期から両方の要素が教育課程のなかに組み込まれていた。たとえば、理科教育において、自然観察や物理や化学の実験を行うことなどは以前から存在していたが、それ自体は探究的なものである。同様に、社会科教育においても、史料読解や地図の読み取り、郷土・地域の観察や聞き取り、博物館や資料館での学習といったことは実施されていた。他の教科においても多かれ少なかれ、探究的な要素は組み入れられていたと言えるが、全体としては系統的なものが中心となり、探究的な要素は副次的なものでしかなかったということである。

これまでは、探究的な要素を入れていても、教育評価を行うための教育学的基盤が確立されておらず、上級学校進学のための教育評価が結局のところ系統学習中心のものになりがちだった。これが最大の問題である(2)。現在の教育改革が以前のものと異なっているのは、これから述べるように、国際的な教育政策の転換に対応させて、ようやく日本でも探究型学習も含めた学習理論が確立されようとしている点である。

その戦後最初の制度的な取り組みが戦後新教育の導入とともに一九四七年に開始された。新教育における教育課程の改革は、ＧＨＱの指導のもとに文部省が主導したもので、憲法の理念に基づく「自由」と「自治」を標榜していた。それは戦前戦中までの統制的な教育課程からの解放を意図するものであったために、当初の数年間は、学校現場において教師集団による自己研鑽と研究者との協働などのかたちをとる教育改革運動として繰り拡げられたところに特徴がある。この時期の新しい教育課程づくりの試みはそれぞれのモデルとなった学校名をつけて明石附小プラン、桜田プラン、川口プランなどと呼ばれて公開されていた。また、運動としてはコア・カリキュラムや地域教育計画などに見られるように新制大学の教員が指導して全国的な普及をはかろうとする動きがあった。

本書の第3章で明らかにしたように、この時期に「学校図書館型」の教育改革プランが存在していた。それは、ＧＨ

Ｑ民間情報教育局（ＣＩＥ）がアメリカから招請した図書館コンサルタントによる講習会をきっかけにした、学校に図書館を整備する動きである。文部省は『学校図書館の手引』（一九四八年）、「学校図書館基準」（一九四九年）を作成し、『学校図書館の手引』の伝達講習会を開催してその振興に努めた。また文部省は、東京学芸大学附属小学校ほかのモデル校指定による支援を行い、教育指導者講習会（ＩＦＥＬ）や、新制の東京学芸大学を拠点に活動した図書館教育研究会などを通じて学校図書館の重要性の考え方は拡まっていった。

その際のキーワードの一つは「図書館教育」であった。施設としての学校図書館を設置して、資料を整備し、利用できるようにするだけでなく、学校図書館を教育課程に組み込むことが真剣に議論された。その際に学習者の自発的な学習活動を支援することが重視されていたため、教科書に固定された知識伝授ではなく、学習者自らがさまざまな資料を参照しながら学び、構成する知識のあり方が主張された。また、教科に組み込む場合とコア・カリキュラムなどの経験主義教育課程と関連づける場合、そして独立した教科として行う場合の三種類があった。

このようにカリキュラム運動とほぼ同じ時期に学校図書館を柱にした教育課程改革が盛んになったが、一九五〇年代前半には急速に退潮してしまう。これは冷戦体制の開始と日本占領の終了とが作用して、教育課程行政全体の見直しが行われたことによる。すでに一九五一年に戦後教育の目玉の一つであった自由研究が廃止されており、一九五五年に社会科の見直しが行われ、一九五八年には学習指導要領の全面改訂があった。これらにより、学習指導要領を文部大臣が公示することでその規範化を明確にした。また、教科単位に授業時間を明示し、国語や算数・数学に関する基礎学力重視、科学技術教育振興のための理数系科目の内容の充実などが行われた。ただし、カリキュラム運動は収束したわけではなく、個々の運動体あるいは教科教員の組織、学校現場、そして教員ごとに、系統主義的な科目のなかに織り込むかたちで経験主義的な要素が実践されていた。だが、学校図書館に関する事項は、施設および資料整備と職員配置という通常の教育課程外の別種の制度改革であったために、外部要因の変更によって大きく推進力が減じられることになった。

学校図書館法の限界とその後の法改正運動

第2章で検討したように、一九四九年「学校図書館基準」を出すにあたって文部省は専任司書教諭配置を検討していた。設立されたばかりの全国学校図書館協議会を通じた学校からの請願書を受けて、当時の右派社会党は免許制司書教諭の法案づくりを検討していた。一九五三年一月の学校図書館法案では司書教諭の配置を規定し、学校教育法を改正して学校に配置する教諭の後に司書教諭を加え、教育職員免許法に司書教諭養成の規定を含めることを検討していた。議員立法による法制化とはいえ、担当の文部省とのすり合わせは行われていた。文部省は財政当局と協議した上で司書教諭を単独で法制化することには難色を示していたが、少なくともこの時点では、学校図書館の担当は一般の教諭の片手間仕事ではなくて、司書教諭と知識技術をもった事務職員でできるだけ対応するものとし、一定規模の学校には専任司書教諭、それ以外でも兼任司書教諭を置くものとし、兼任でも授業時間を制限するという配置基準を準備していた。

しかしながら、この学校図書館法案はいわゆる「バカヤロー解散」で流れ、総選挙後の一九五三年八月に成立した学校図書館法では司書教諭配置の部分は大きく変更されていた。それが現行の教諭の充て職としての司書教諭であり、その資格は文部大臣の委嘱を受けた大学が行う講習の修了によるとされたのである。変更の理由は、財務当局より財政的な事情で反対されたことであるが、同時に、文部省ができたばかりの教育職員免許制度を複雑なものにしたくなかったこともあった。二つの法案の間にこのような妥協を許す政治力学が働いたと考えることができる。

いくつかの都道府県で専任司書教諭を配置する動きもあったが、うまくいかないままに終了している。また、一九六〇年代以降、全国学校図書館協議会（SLA）の働きかけによって、与野党による学校図書館法改正案が検討され、国会審議が行われたこともあったが法改正には至らなかった(3)。その後一九七〇年代後半には、全国SLAが日教組、日高教（一ツ橋派）、日高教（麹町派）の三者に対して共同で学校図書館法改正運動を行うことの申し入れを行い、関係四団体が改正案の合意形成を目指したが、結果的に教員と職員の新制度に関する合意形成には至らなかった。こうして、民間運動としての学校図書館職員設置は宙に浮いたままになった。

法制化された司書教諭資格だが、養成は教員に対する講習で実施することになった。それすらもかつては減免措置があって、教員資格があれば最低一科目二単位の講習で取れるような簡便なものだった。司書教諭が学校図書館法改正によって配置が義務づけられたのは二〇〇三年度以降で、それも一二学級以上の学校に限られる。学校図書館法による司書教諭資格は、現在は、五科目一〇単位を要求しているが、教職課程における中等教育の教科に関する科目は最低でも二〇単位は課している状況からすると少ないと言えるだろう。

多くの学校で司書教諭は機能していなかった。機能しない司書教諭に取って代わって、学校には、事務職員や教務助手、私費雇用職員が図書館担当者として配置されることが常態となっていた。一部の地方教育委員会は司書を専門職として雇用して公立学校に配置することも行っていた。二〇世紀末に学校図書館への関心が強まると、非常勤職員を配置する例も多くなった。こうして配置された人たちは一般に学校司書と呼ばれてきた。これらの人たちの処遇に関して長く議論があったが、二〇一四年に学校図書館法の改正があって学校司書の法的な認知が進んだ。

学校司書が法定資格になるための条件はまだ整っていない。だが、司書教諭が中途半端なため、これを補う職員配置が行われ、学校司書を専門資格化するというのは明らかに現状優先の策でしかない。専門職は、専門的な職務範囲と権限が一定に保たれ、それを実行するにあたっては自立性が保障されることが前提であるから、どんな領域でも二つの専門資格は並立できない。だから、学校司書の養成制度が整っても、他方で司書教諭の養成が行われている限り根本的な解決にはならない(4)。

現在の学校図書館担当職員の配置状況

全国SLAは毎年、担当職員の配置状況の調査を行っている。二〇一七年までに行われた調査の結果を見ておこう(5)。担当職員は大きくは司書教諭と学校司書に分けられる。このうち、二〇一七年の司書教諭の配置率は小学校で八九・六パーセント、一校あたり平均二・八人、中学校で八六・二パーセント、一校あたり一・八人、高校で九三・三パーセント、一校あたり二・八人という結果だった。司書教諭として教育委員会から発令されている教員がいる学校は、小学校で五八・三パーセント、中学校で五五・七パーセント、高校で八四・八パーセントであり、これは一二学級以上の学校に司書教諭の配置が法的に義務づけられていることに対応した配置と言える。一校あたり複数の司書教諭がいるというが、有資格の教員が多数いることを意味するにすぎない。

発令された司書教諭が任務を果たすためには勤務時間中にそのための時間が確保されている必要があるが、その時間が確保されている学校は小学校で一一・三パーセント、中学校で七・二パーセント、高校で七・九パーセントにすぎない。また、確保されている学校でも、週平均の時間数は小学校で二・三時間、中学校で三・〇時間、高校で六・四時間ときわめて少ない。調査報告では、二〇一六年に比べて、二〇一七年になると中学・高校で司書教諭の時間を確保している学校の割合が大きく低下し、また、確保されている時間数も大きく低下している。それは学校司書配置政策の影響のためと思われる。以上に見るように、司書教諭が学校図書館の専門的仕事をする条件は整っていない。

学校司書について考えてみよう。高校ではここ一〇年ほどで配置率は八〇パーセント前後と高く（二〇一七年は七九・〇パーセント）なっていたが、小中学校についても、学校司書配置政策によって二〇一〇年までの五〇パーセント程度から徐々に上がっていき、二〇一七年には小学校七一・八パーセント、中学校七二・二パーセントとなっている。学校司書の雇用は、かつては私費雇用が多かったが、現在は多くが公費雇用になっている。だが、実際には正規職員は小学校で一五・一パーセント、中学校で一一・一パーセントと低く、多くは臨時職員である。他方、高校は六三・五パーセントが正規職員となっている。さらに、学校司書の勤務形態は、小学校で三二・〇パーセント、中学校で三二・六パーセントが複数校勤務であり、専任者が六〇パーセント程度である。小中学校の学校司書の多くが臨時職員であり、それも複数校を担当していることは以前から指摘されている。

こうしてみると、高校については一定のレベルでの専門職的な職員配置は行われているが、小中学校には大きな問題がある。さらには、高校も含めて司書教諭と学校司書の関係はあいまいなままに残されているだけでなく、そのような分散的な配置によって、教育職と事務職が分離されコミュニケーションが難しくなり、資格をもった教員が職務を遂行する環境が形成されないままになっている。

2　構成主義学習論と学校図書館

経験主義から構成主義へ

日本の戦後新教育におけるジョン・デューイの思想受容の特徴について、佐藤学はそれがゆがめられて導入されていたと述べている。佐藤は、デューイの言う経験が学校で組織される学習経験だけではなく、科学者の実践する学問的経験との間の「探究」における連続性を表現していたのに、新教育の推進者たちは学校外の日常生活の体験を重視して、探究の性格を剝奪する反知性主義的性格をもっていたとする。また、「生活教育」「なすことによって学ぶ」といった新教育で用いられた標語はデューイのものではなかったし、さらにデューイの経験論の重要な要素である共同体（community）が「地域」や「個性」に置き換えられて誤読されて実践されていたと言う(6)。

学校と社会をつなぐ第1章の図1－1の説明を見てもわかるように、デューイが強調した経験とは、学習者一人一人の経験から発するものであるとしても、それは他者の経験との交流をもって豊かなものになるとともに、図書館や博物館を間に介して資料やそれを扱う専門職員によってもたらされた知識との関係づけがあって初めて成り立つものである。日本の経験主義教育は、それ以前の知識注入主義を否定するあまりに、子どもの経験を狭く解釈して、自ら外部的学術知識や研究にまで辿り着くかたちを選択しなかった。第3章で見たように、当時アメリカの一部の学校で実施されていた新教育に学校図書館を重要な要素として組み込むことが、日本にも導入されようとしていた。だが、それはいかにも時期尚早であり、財務当局の抵抗や文部省の急激な政策転換によってうまくいかなかったと言うべきであろう。

当時の議論のなかにも、経験を探究的な学びと結びつける議論は存在したし、実際にそのような学習過程を重視する学校プログラムもあった。城戸幡太郎が図書教育を唱えた背景には学習者が言語を媒介にした知識の獲得を拡張する考え方があったし、それと同じ頃に活動していた図書館教育研究会もまた、言語資料を図書館が集めて活用することそのものが新教育の理念に叶うものであるという考え方をもとに議論を展開していた。さらには、波多野完治のように、言語を媒介にした知識の獲得を研究し、文章心理学として発展させながら、さらにこれを言語資料に限らないとして映像資料や視聴覚資料をベースにした視聴覚教育を主張した人もいた。当時、コア・カリキュラムや地域教育運動など、教育課程論を議論し実践する教育学者が学習者の直接経験を重視する考え方から出発しようとしていたのに対して、心理学者は資料という媒体を用いる代理経験ないし間接経験もまた経験の一部であるという重層的な理解を示していたことを指摘できるだろう。

デューイは後年の著書『経験と教育』（一九三八年）で自身の経験主義教育の哲学を明示している。そのなかでは、まずデカルト以来の心身二元論の立場を否定し、経験自体が子どもの心身の発達をもたらすというプラグマティックな立場を主張する。その上で、経験を教育カリキュラムとして組織することの重要性を説く。その際に経験は第一の素材（subject matter）となる(7)。子ども自身が素材としての経験を自分自身で組織化することが進歩主義教育の中心的な概念になる。『経験と教育』の訳書ではsubject matterは教材と訳されている。現在、教材は学習のための参考資料や道具と理解されるのが一般的だが、本来、教材とは教育に用いられる手段的な素材を指していた。デューイを踏まえれば、教育とは子ども自身が経験を自己組織化する過程であり、それを醸成する場が学校であって、先に見たように学校ではそのような教材が多様に配置されていることを見て取ることができる。

教育方法学において、デューイの経験主義教育学はレフ・ヴィゴツキーの学習論を経て一九八〇年代に構成主義教育学に発展したとされている。構成主義（constructionism）とは、主体の意識が構成することによって現実や意味が成り立つとする立場で、現実や意味が客観的に存在しているという客観主義、あるいは現実や意味を示すことができるという実証主義と対立するものである(8)。構成主義が教育に適用される場合には、真理や科学的知識が最初から存在していて、それを効率的に伝えるという伝統的な教授法に対して、子どもは自ら周りのさまざまな学習環境や教育的素材（教材）を通して自らの知を構成するということになる。経験主義では子どもの自己経験を中心とするが、構成主義では子どもが自己の経験をさらに知的行為に結びつける視点を重視している。

二〇世紀末からの国際的な教授学習理論の精緻化の動きのなかで、構成主義学習論はもっとも基本的なパラダイムとなっていく。この場合の教授理論、学習理論は認知科学の影響が強い。認知科学は学習者が知を獲得する過程を総合的に研究するもので、脳神経系の科学や身体科学的なアプローチに加えて、人の学習が状況に埋め込まれているという立場からの議論を進めていく。その際にメタ認知という概念が用いられる。梶田正巳は、学び方の獲得過程が先人の学び方を言葉によって理解するだけでは不十分であり、それを実際の学習や生活の場に適用し、その効果を自分で経験して自己効力感を得ることによって初めて高次の認識に達すると述べ、こうして得られるものが「学び方の知」であるという[9]。構成主義的な教育論はこうした学び方の知を貫くメタ認知的な考え方をベースにして発展したものである。

久保田賢一は、構成主義的な教育論の哲学的な前提を次のように整理している。まず、存在論的には、真理は多様であり、真理はそれぞれの人間の心のなかで社会的、経験的な過程を通じて形づくられる。認識論的には、知る人と知る対象は分離できない同一の実体である。知識はこの相互作用のなかで構成される。方法論的には、知識は経験と反省(reflection)の繰り返しで構成されるという意味で弁証法的である。そして、人間論的には人間は、自ら知識を構築するために、積極的に対象と関わる能動的な存在である[10]。

さらに構成主義の学習理論を用いた学習方法として、「学習者中心の学習環境(learner-centered learning environment)」「問題解決学習(problem-based learning)」「相互教授(reciprocal teaching)」があるとされる。問題解決学習とは、医学部の学生が実際の患者の病状を診断することを通して学習する方法として開発されたもので、「学習者は問題を解決するために、どのような知識が必要か分析し、学習計画を立て、それに基づき必要な情報を収集し、考察を加える。さらに、グループで問題を討議し、解決策を見つけ出していく」ものとされている[11]。問題解決学習は戦後新教育で実施され、その後の系統主義的な教育課程のなかにも少しずつ取り入れられた。とくに一九九〇年代以降の総合的学習の時間の導入時には有力な方法とされた。本書では、これも含めて探究型学習として論じている。

探究型学習のための言語論的前提

学校図書館の設置とそれを支える職員配置は、探究型学習を支えるものとして行われる。学校図書館は大きく言えば、伝統的な知識伝達主義の教育から知識構成主義への教育の移行とともに、その必要性が認識されて整備されるものと考えられる。

ここで忘れてはならないのは、構成主義教育を支える図書館サービスを進める前提として、二つの要素があることである。一つは、学習者の学ぶ態度を導くための言語論的な前提である。それは西欧社会が前提とする知識を獲得するとは言語の操作を通じて行うという哲学的な命題であることである。そして、もう一つは知識を構成するのは教員でも教科書執筆者でも、まして、学習指導要領の執筆者でもなくて、学習者自身だという前提である。この二つの前提を踏まえた構成主義教育の立場に立たなければ、探究型の学習は成立しえないだろう。学んだ結果として知識内容を問うような学習ではなくて、方法を学び、その方法を使えば日常的な経験を素材にして自分で知識を構成することができるわけである。

まず、言語論的な前提について述べる。第7章でフランスの哲学教育について見た。哲学とはまさに知の獲得方法を論ずる領域である。その教育は哲学者の主張を学説史的に学ぶのでもなければ、現代に至る哲学思想の成果をまとめて学ぶのでもない。弁証法的な論の立て方（レトリック）を学び、どのようなテーマについても自分なりの論述を展開できるような「弁論術」を修得することである。そのような技法を身につけていれば自分の考え方をどのような場面でも主張することができるようになる。西欧的な市民社会においては、市民とはそのような能力をもつものであり、そのために中等教育ではその基本的な型を教えるわけである。フランスほど徹底してそうした教育を施す国はないが、古代ギリシア以来の哲学の系譜に連なる欧米の国々の中等教育は、多かれ少なかれ市民とは自ら探究することができる人であるということを前提に市民育成のための教育課程が構築されてきた。

そこで重要な概念はロゴス（λόγος）である。この古代ギリシア語は言語とも論理とも法とも訳せる多義性をもち、言葉や論理を通じて世界を表現できるという考え方である。ロゴス的前提は、ギリシアのポリス社会の基本原理として確立され、それはローマ帝国の拡張によって伝播した。「はじめに言葉ありき」（『ヨハネによる福音書』冒頭）が示唆するように、それはキリスト教神学を構成する考え方ともなった。これが近代になると中世の神学からの桎梏を壊し、自由学芸（リベラルアーツ）を導く力となった。その過程で、古代以来の言葉に関する学である文法、修辞学（弁論術）そして弁証法（レトリック）が教育のツールとして中心に置かれ、中等教育を支える基本的な方法とされた。フランス哲学教育の淵源を検討した綾井桜子の整理によると、このロゴスをもとにした中等教育のレトリック教育においては、ディセルタシオン（dissertation）型の文章が書けることが重要とされた。これは、現在は学位論文と訳されているが、ヨーロッパ近代においては弁証法を適用した文章のことである。つまり、主題についてある見方を定立し（正）、それと異なる見方を示し（反）、両者を統合することでまとめる（合）というものである。[12]

弁証法はヘーゲルが近代哲学の方法論として集大成したものであるが、ヨーロッパには古くからある基本的な思考の態度である。前に見たようにフランスの哲学教育は、文章を書く際の型としてこれを教えており、だからこそ、学習者は与えられた材料に対して自分で論を組み立てることができるようになる。日本でも必要性が説かれている批判的思考は弁証法の考え方を学習理論として言い換えたものである。現代のカリキュラム論ではこうしたロゴスの存在を前提にした弁証法や弁論術について語られることは多くはないが、実は学習理論の前提とされていると考えられる。

欧米の教育課程のさまざまなものがロゴスの存在を前提に成り立っている。[13] フランスの大学入学資格試験（バカロレア）は徹底的に書くこと、また口頭試問を通して、ロゴス作動の能力を測ろうとしている。ドイツ語圏のアビトゥーアも同様である。大陸諸国はディセルタシオンの伝統を保持していると言うことができる。これに対して、アメリカやイギリスの大学での入学者選抜では、ペーパーテストによる獲得知識を確認するのは基礎的なレベルのみにとどめ、競争的な部分については、中等教育までの成績や社会活動歴、エッセイ執筆、よく知る人からの推薦文、そして面接などによる多面的な評価を行う。一見、大陸諸国とは異なるように見える。だが、そこでもまた、多面的なロゴスの発動の場を評価の対象としてそれらを組み合わせていることがわかる。つまり、見方は異なるが大学入学の前提能力が、入学後の知識獲得が可能なロゴスを作動する能力があるかを確認するために行われるという点で共通している。[14]

日本の言語技術教育

日本の教育学では構成主義教育の考え方を議論する際に、認知科学的な学習理論を参照することが多いが、このような哲学的前提が存在していることが見失われがちである。だが、学校図書館を論じるときには、この前提をしっかり見据えておかなければならない。言葉を獲得する過程と知識を獲得する過程は密接に関わっていて、読書とは書き手の思想を読み取ることではなく、言語的な資料を駆使して自分の考えを確立することだという前提である。この言語論的前提は日本の教育課程論では直接語られることが少なかった。ただ、少数ながら、城戸幡太郎の言語作業主義や波多野完治の文章心理学、視聴覚教育など、日本の戦後教育学の初期に一部の論者によって言及されてきたことについてはすでに触れた。

第I部で論じきれなかったことに、経験主義に基づく戦後新教育の初期に、言語技術教育が設定されようとしていたことがある。[15] 一九四七年の『学習指導要領（国語科編）』には、目標として、聞く、話す、読む、書くことによって「あらゆる環境におけることばのつかいかたに熟達させるような経験を与えること」が掲げられ、経験を与える単元の方法として「児童・生徒が解決しなければならないような問題をだし、児童・生徒が問題を解くときのすべての経験・到達した結論、達成した結果をまとめていくことであると定義できるであろう」としている。経験主義教育をすすめる前提として言語の問題があることを明確に示している。一九五一年に改訂された「学習指導要領（国語科編）」でもその考え方は継続し、さらに展開を示している。とくに中学校では従来の読むことを中心とした教科書から「生徒が楽しんで文学を読みながら、そこから話したり、書いたりするような活動が起り、必要な言語技術や文法の力が学ばれるような教科書も要求されている」としている。

そのために中学校用国語教科書を「言語編」と「文学編」に分ける例もあった。時枝誠記編『国語　言語編』（一九五三―五七年使用）には、会話の仕方、討論の仕方、漢和辞書の引き方、図書館の利用、ありのままに書くこと、意見を書くことなどの言語技術に関する単元が置かれていた。[16] ちなみに、時枝は、思考が言語表現とそれを受ける行為に還元されることを説いた「言語過程説」で知られる言語学者である。彼は一九五四年には『国語教育の方法』を著して、国語教育が従来の文学鑑賞を中心としたものから、言語を通じて表現し理解する能力や技術を育成するものへと変化させることを主張していた。その考え方は、小学校の国語教師大村はまの作文教育に引き継がれた。これは一貫して学習者が表現したいことを論理的に表現できるようにするための基礎を育てるものである。その後も『理科系の作文技術』（一九八一年）で知られる物理学者木下是雄が中心となった言語技術教育研究会が一連の教科書や教材を発表したり、ドイツで教育を受けて日本の言語教育の限界を感じた三森ゆりかが一九九〇年代からつくば言語技術研究所を設立して活動したりしているように、言語技術を実践する運動は継続している。

言語力や言語技術を重視する考え方は戦後の新教育において注目されたが、経験主義から系統主義への転換に伴い見失われがちだった。それがここ二〇年くらいのカリキュラムにおいて再度重視されるようになる。

言語的素材としての図書館資料

構成主義的な教育論の立場によって展開されるのが、これまで取り上げてきた探究型学習である。探究型学習において、学び手は基本的に研究者となる。知識は先験的に存在するのではなくて自ら獲得するものである。自らの経験をもとにして仮説を立て、仮説に対する認識を自ら検証しそれを反復することによって得られるより高次の認識（反省）とのやりとりとの循環的な過程が研究にほかならない。そうした過程を共有するとはいえ、学問あるいは科学の方法を身につけている研究者とそうした前提をもたない学習者とは同じではない。学習者の探究的方法はあくまでもこうした過程を経験することを通じて、自己とその対象を弁証法的に認識することである。対象の観察、すでに確立されている実験の再現、対象事象の関係者に対するインタビュー、同じことを経験した者どうしの意見交換等々の探究の方法は、科学的方法に照らせばいかに素朴なものであろうとも、学習者本人にとっては新しい知的探究なのである。

日常の経験のなかに学習素材が埋め込まれているという考え方は、ジーン・レイヴとエティエンヌ・ウェンガーの「状況に埋め込まれた学習」論で主張され、現在の世界的な学習論の源泉となっている。(17) そのなかでは、学習とは共同体への参加過程であり、その場合の参加とは、初めは正統的ではあっても周辺的なものだが、次第に関わりを深めて、複雑さを増してくるものだとした。この考え方は学び手の主体的な学びが学習であり、先に学ぶべき知識が存在しているという立場をとらない。その際の学習過程はあくまでも方法的なものが採用されるのであって、方法を身につけることによって知識や技能が獲得できるとする。これは、学習指導要領によって学ぶべき知識の内容があらかじめ用意されているとする教育課程論とは大きく異なるものである。「状況に埋め込まれた学習」論の立場に立てば、体系的な学ぶべき知識というものはありえず、共通カリキュラムは学習方法を示すだけであり、何を学ぶかは学習者一人一人によって違うことになる。そして、教育評価は何を知っているのかを問うものではなくて、どのように知ることができるのかを問うものになるはずである。

先ほどの言語論的前提に立つ探究型学習においては、学習者が自ら他者の言葉を参照しながら学ぶことが基本になる。そのために言語的素材を用意しておかなければならない。直接語られた言葉のこともあれば、書物や雑誌・新聞記事のこともある。映像や音声による資料やネット上のコンテンツであってもかまわない。しかしながら、探究的な学びを意識するときに、そこでの中心になるのが書物であることは、書物が印刷術の発明以来人類が知を流通させる手段として確立させてきたことから明らかである。ピーター・バークは『知識の社会史』のなかで、一五世紀から一八世紀に至る時代、学者は自分たちのことを「書物の共和国（Respublica literaria）の市民と称していた」としている[18]。その後も書物は、コンパクトに知識を集約してもっとも効果的に流通させることのできるメディアであり続けた。かつての系統主義的な学習においては、教科書を使った学習が効果的とされたのも理由があることだ。だが、構成主義的な知の獲得を意識するときには教科書もあくまで多数の言語的素材の一つである。学習者は自らの直接的経験を出発点として、書物で提供される間接的な知識を参照しつつ思考を深めていくことになる。

だから経験主義を発展させた探究型学習を行うために、書物を中心とした言語的素材を豊富に備えた図書館が中心的な施設として配置されることになる。このことは欧米の教育改革の議論において声高に主張されることはないが、当然のこととして了解されている。先に見た、フランスの中等教育での学校図書館設置と二人のドキュマンタリスト教員の配置はその典型であるが、初等教育においては専門職員配置が難しい場合でも中等教育では必須とされることが多い。

これは中等教育と高等教育を接続する「高大接続」が課題になっているからである。つまり、中等教育においては高等教育につなげるための探究型学習を実施することが中等教育の課題である。

欧米ではこのような動向が一般的である。基本は構成主義の立場で学びを行う。構成主義においては学ぶべき知識体系を事前に用意することはしない。学び手にとって知識を獲得する方法こそが重要であり、実際の獲得には探究型の学習を多用する。教科のなかに探究を含め、それ以外に教科を超えた探究型学習を実施することが一般的である。そのために学校図書館の整備が課題になる。また、学習者が自ら構成した知識をエッセイや論文として実現したり、まとめて口頭発表したものに対して教育評価を行う。

教育改革が進んでいるとされているフィンランドの学校では探究型学習が多用されているが、学校図書館の整備およびその専門職の配置は十分ではない。その分、地域の公共図書館が学校での探究型学習を支援している。[19] フィンランドが世界一の公共図書館大国であることとＰＩＳＡで高得点をとっていることは密接に結びついているのである。[20]

高大接続をテーマとした場合に見逃せないものに、国際バカロレア（ＩＢ：International Baccalaureate）がある。一九六八年にスイスに本部を置く国際バカロレア機構が一定の基準のもとに総合的な教育プログラムのカリキュラムを提案し、国際的に通用する大学入学資格（国際バカロレア資格）を与え、大学進学へのルートを確保することを目的としてつくられたものである。二〇一七年で世界一四〇以上の国・地域において四八四六校が参加し、日本でも近年、文部科学省が積極的に推進し二〇の認定校がある。

国際バカロレアの高校レベルにあたるディプロマプログラムにおいては、教科にあたるカリキュラム以外に次の二つの課題がある。

・課題論文（ＥＥ：Extended Essay）

履修科目に関連した研究分野について個人研究に取り組み、研究成果を四〇〇〇語（日本語の場合は八〇〇〇字）の論文にまとめる。

・知の理論（ＴＯＫ：Theory of Knowledge）

「知識の本質」について考え、「知識に関する主張」を分析し、知識の構築に関する問いを探求する。批判的思考を培い、生徒が自分なりのものの見方や、他人との違いを自覚できるよう促す。最低一〇〇時間の学習。[21]

課題論文は探究型のプログラムで、フランスのリセにおける個別課題研究（ＴＰＥ）にあたり、知の理論は哲学に相当すると考えることができる。知の理論では知識とは何か、それはどのように獲得できるかを体系的に学んだ後に、エッセイやプレゼンテーションの仕方についての実践的課題に取り組む。[22]そして、課題論文では各自の個人研究を進める。このために、国際バカロレア教育においては図書館を設置してカリキュラムに沿ったサービスを行うことが前提になっており、そのための図書館運営マニュアルが刊行されている。[23]

国際バカロレアは、日本の教育制度にさまざまなインパクトを与える存在である。国際バカロレアのグローバリゼーションを前提にしたカリキュラムの国際化、構成主義に基づく教授法および評価法、高大接続を前提としたカリキュラムが注目される。これらは日本の学校教育に不足していたものばかりである。だが、見落とされがちなのはこうした教育課程のラディカルな変化を支えているのは構成主義的な教育理論であり、それはＴＯＫ（知の理論）というかたちでカリキュラム化されていて、その方法を学ぶためには図書館の仕掛けが必要だということだ。

3　教育政策との整合性

ＯＥＣＤの学力政策のインパクト

ＯＥＣＤ（経済開発協力機構）が二〇〇〇年より三年おきに実施しているＰＩＳＡ（Programme for International Student Assessment、生徒の学習到達度調査）は加盟国に大きなインパクトを与えている。これは、義務教育の終了段階にある一五歳の子どもたちを対象に、読解力（reading literacy）、数学リテラシー、科学リテラシー、問題解決を調査するもので、国際比較により教育方法を改善し標準化する観点から、生徒の成績を研究することを目的としている。

ＰＩＳＡは人間の知的能力のなかで、実生活のさまざまな場面で直面する課題に知識や技能をどの程度活用できるかを評価するものである。主要な三つの能力として、読解リテラシー（文科省は「読解力」としている）、数学リテラシー、科学リテラシーのように「リテラシー」という言葉が使われているのは、これまでの読み書き能力を広く解釈し、日常生活において数学や科学のような領域でも文を読み、書くことで円滑にコミュニケーションできる力を問題にしているからである。

たとえば、科学リテラシーに関連して「温室効果」の問題が出題されている。[24] 温室効果について説明した一定の長さの文章と、地球全体の二酸化炭素排出量と平均気温の関係を時系列的に図示した二つのグラフによって、「地球の平均気温が上昇したのは二酸化炭素排出量が増加したためであるという結論」を仮に示している。問いとして、①この結論をどのようにして得たのかについて書かせる、②この結論に反する点について書かせる、③この結論を受け入れるためには、他にどのような要因をコントロールする必要があるかを書かせる、の三点が出されている。[25] この問題は、科学知識を問うためには温室効果についての科学的知識そのものが必要なことはもちろんのこと、それをもとに考察をするための論理的な思考能力や、思考の結果を表現する言語能力が要求されていることがわかる。

表10－1は、過去五回のＰＩＳＡの各カテゴリーにおいて日本がＯＥＣＤ加盟国中何位であったか、そしてカッコ内には全体で何位だったかを示している。[26] 一般には全体で何位かを示すことが多いが、ＯＥＣＤ加盟ではない上海、香港、シンガポールなどが途中から参加して最上位を占めており、それを含めた順位の比較には大した意味はないと考えられる。これで見ると、日本の科学リテラシーは常に一から三位であり、読解力は最初一〇位前後だったが急に上がり、数学リテラシーは一位からスタートしたが一時期低下し、また上がってきたことがわかる。

二〇〇〇年代初頭に始まったばかりの新指導要領は、週五日制を導入することで全体の授業時間が減るのに合わせて、主要教科の時間数を削減し、総合的な学習を導入するといったゆとり教育の側面が強いものであった。そしてこの新指導要領は教育畑の外側の人たちから学力低下の原因だと批判され、大きな論争があったことは記憶に新しい。[27] だが、二

○一二年以降の結果は全カテゴリーにおいてOECD諸国中五位以内であり、これをもって日本の学校教育がうまく機能していることの証左だと考えられるようになった。

学力低下論争とこのPISAの最近の結果がどのような関係にあるのかについては予断を許さない。というのは、試験におけるカテゴリー別の順位の変化が学習指導要領における変化とどのように対応しているのかははっきりしないからである。一方には、二〇〇三年の調査で順位が急落したことによる「PISAショック」をきっかけに、「脱ゆとり教育」へ転換したことが功を奏したという見方があった。確かにこの批判があった後に、文部科学省は一〇年周期で改訂する慣例を破って、二〇〇三年に学習指導要領の一部改訂を行った。しかし、これは教師の指導性を確認するとともに総合的な学習の時間の徹底を指示するもので、どちらかというとゆとり教育批判をかわそうとするものであり、指導要領の内容そのものに実質的変化はなかったと考えられる。むしろ、PISAの受験者は一五歳であるから、二〇〇九年、二〇一二年と順位が上がってきたときの受験者は、二〇〇〇年代の新しい学習指導要領のもとで学習をしたゆとり教育の申し子であり、彼らがこうした成果を上げたという見方の方が妥当性をもつだろう。

何よりも、読解力の順位が急速に向上したことがそれを示している。探究を志向する新しい学力観のなかで、一人一人の学習者の読みをもとに考え発言することを強調するリテラシーの重要性については繰り返し指摘される。従来の国語の読みが、文の書き手の意図を探ることを基調とするものであったのに対して、読解力は読み手が生活者として表現し、他者を理解し、相互にやりとりするコミュニケーション能力を強調する考え方で、言語力と呼ばれることもある。二〇〇六年から文部科学省に読解力を育成するための協力者会議がつくられ、集中的に議論の上、報告書案が作成され、育成に向けての方策が強調された。読解力重視の姿勢は二〇一〇年代の学習指導要領

表 10-1　PISA における OECD 加盟国中の日本の順位

	読解力	数学リテラシー	科学リテラシー
2000	8（8）	1（1）	2（2）
2003	12（14）	4（6）	2（2）
2006	12（15）	6（10）	3（6）
2009	5（8）	4（9）	2（5）
2012	1（3）	2（7）	1（4）
2015	5（8）	2（5）	1（2）

（カッコ内は参加国全体における順位）

に反映されている。

先に見たように科学リテラシーにおいても多様な能力が要求されており、そのなかでは言語的な表現も重要な役割をしている。読解力のみならず、日本の学習者が数学、科学のいずれのリテラシーにおいても国際的順位を上げ、ほぼ頂点に立っているとすれば、それはこの一〇年あまりの教育改革の力が大きかったのではないだろうか。

リテラシーとコンピテンス、コンピテンシー

ところで、OECDがPISAを実施することで明らかにしようとしている能力は一般的にコンピテンシー（competency）と呼ばれている。実生活のさまざまな場面で直面する課題に知識や技能を活用する能力とされる。これがリテラシーという概念やさらにコンピテンス（competence）という概念とどのような関係にあるのかを見ておこう。

OECDは、一九九七年に、二一世紀の新自由主義的な世界情勢を反映し、経済政策、労働政策、教育政策を超えて評価すべき能力を定義するために、DeSeCo（Definition and Selection for Competencies：コンピテンシーの定義と選択）プログラムを設置した。DeSeCoは「個人の諸属性（知識、スキル、性向、価値観）を個人が自分の生のある局面において引き受ける要素、課題、活動と結びつける能力」と定義されるコンピテンス（competence）概念を設定し、これがさらに複数のキー・コンピテンシーから成り立つとした。キー・コンピテンシーとは、「道具を相互作用的に用いうる」「異質な人々からなる集団で相互にかかわりあう」「自律的に行動する」という三つである[28]。PISAはこのなかの最初の「道具を相互作用的に用いる」というキー・コンピテンシーを評価するために開発されたものである。道具には言語・シンボル・テクスト、知識・情報が含まれ、そうした道具を使って対象世界と対話する能力が先の三つのリテラシーである[29]。

OECD／DeSeCoにおけるコンピテンスの概念は、学び手が自分のいる状況とは異なった世界を理解して適切に行動するための総合的な能力という意味合いで定義された。二〇世紀後半の構成主義的な教育観をもとに、先進国クラブとも言われるOECDという国際機関が、そうした異なった局面で行動するための能力を自ら作り出すことを重視するのは自然な展開であった。学問間の差異を超えて、社会における経験知のようなものも含んだ総合的な概念を打ち出したのである。コンピテンスは学校や大学における学びとその外部の現場や職といったものと結びつけるのに必要な能力である。それは生涯学習の理念とも対応するものであった。

福田誠治は、コンピテンスを支える三つのキー・コンピテンシーのなかで、ＰＩＳＡは一部に対応するだけであり、それが一人歩きしてしまったことを指摘している。(30) リテラシーという用語が用いられるのは、読解（テクスト）、数学、科学の三つの対象世界をとらえるための認知的ツールを使って世界と対話するコミュニケーション能力を重視しているからである。本来はこれら三つのリテラシーは全体的なコンピテンスの部分でしかなかったが、他のキー・コンピテンシーについてはこうした評価の手法がつくられなかったこともあって、「道具を相互作用的に用いる」能力を測定するためのＰＩＳＡは、世界的な教育改革のツールとして大きな話題を呼ぶことになり、先に見たように日本でも従来の「学力」に代わるものとして注目された。それは、二〇二〇年の大学入試改革と二〇一七年学習指導要領改訂を先導する力ともなっている。

ここではとくに読解力について検討しておきたい。日本では文章読解というとかつては文学的な文章の解釈と受容が中心的テーマとなっていた。そこにおいては「文は人なり」の観念が張り付いていた。テクストには著者の表現意図あるいは思想が込められており、それをその意図や思想通りに読み解くことが求められた。だが、構成主義的な知識観によれば、テクストは学びのための素材にほかならず、それが意味をもつのは読み手がそこから何らかの知を構成する行為にある。さらに、ＯＥＣＤのコンピテンス概念には構成したものを活用して行動に結びつけることまでが含められる。これは従来の読解とは大きく異なる点である。読解力はこのように、テクストを読むことで自ら意味を構成し、知へと変換して、さらに外部世界に対する働きかけを行う能力のことである。

先に見たように、言語資料や視聴覚資料のようなメディアを用いる学びは、従来から学校図書館と結びつけられてきた。科学リテラシーや数学リテラシーについては、科学的数学的方法や記号操作法が重要であるが、同時に言語的な資料で構成された世界に自らの関心を合わせ、そこから知を取得することも行われてきた。

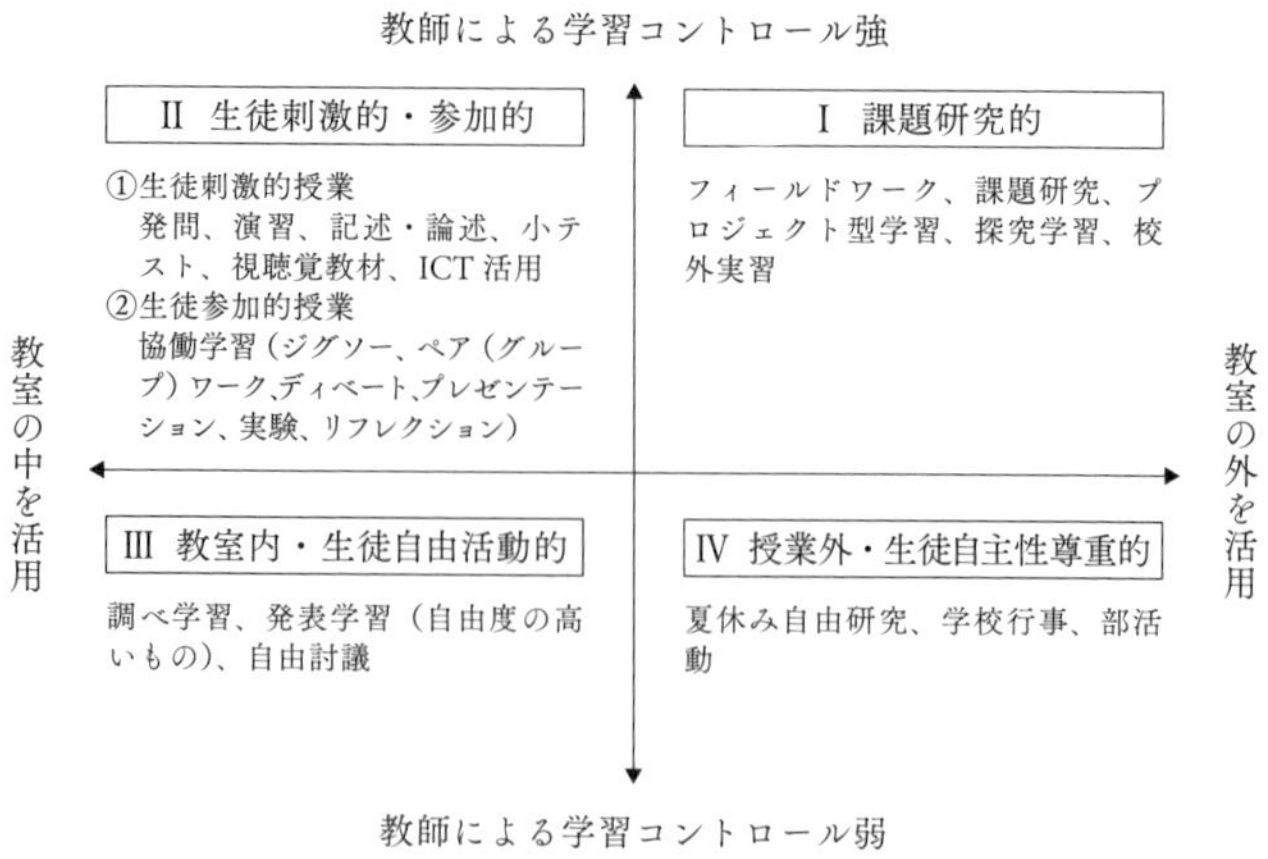

図 10-1　アクティブラーニングの視点に立った学習の分類

日本でも二一世紀型の学習理論においてはアクティブラーニングが重要視されている。このアクティブラーニングこそが、OECD／DeSeCoで強調されたコンピテンスを実現するものであった。日本の学校教育においてアクティブラーニングが導入されたのは、コア・カリキュラム運動以来のこととすればもう半世紀以上になる。それがいまだにアクティブラーニングのあり方を議論しているというのは遅きに失しているのだが、教室の現実はこんなものであろう。近年刊行されたアクティブラーニングの解説書に図10－1が所収されている。この図は、教室の中と外、そして教師によるコントロールが強いか弱いかでマトリックスをつくっている。一般的にアクティブラーニングというと教室内で教師のコントロールが強い第Ⅱ象限のことを指すものと理解されている。他方、教師によるコントロールが弱いⅢとⅣの象限にあるものが探究型学習に近いものだろう。また、コントロールが強いものでも教室外で行われるⅠもまたこれにあたる。[31]

文部科学省は、アクティブラーニングがあまりに多義的に使われることで焦点があいまいになるとして、「主体的、対話的で深い学び」と言い換えた。日本での学習論は集団主義的なものを重視する傾向があって、「対話」や「相互」という要素が学習者どうしや教授者と学習者の協同的な学びを連想させ、それが中心になりがちだからである。アクティブラーニングにそうした要素が含まれることは確かではあるが、それはあくまでも学習者個人の学びの深まりがあって成り立つものだ。「主体的な学び」とは構成主義的な学びを言い換えたものにすぎない。客観的な知識が提示されているものとして講義を聴き、教科書や教材資料を読むのではなく、さまざまな教育素材を用いて自分で知識を構成することが目的となる。「対話」とは他者とだけでなく、多様な教育素材との対話でもある。学びの主体が教育素材に含まれる知と対話し、それを繰り返すことで「深い学び」となっていく。これが哲学的・弁証法的な学びである。

先に論じたようにＰＩＳＡは「道具を相互作用的に用いる」能力に関わっていた。この場合の道具の中心は言語資料である。ＯＥＣＤの学習論の前提は古代ギリシア以来の言語を介した知の学びにあり、その場合に言語資料を反復的に用いて深く理解することが最重要視される。知識の表現はさまざまあろうが、構成主義的な学びにおいて知識は言語を通して獲得され、言語を通して表現されるのである。これが、リテラシーが重視される理由である。

情報リテラシーと知の階梯

こうして最終的には、言語資料を蓄積しそれを提示する図書館の役割の問題に辿り着く。言語資料の重要性については述べてきたが、言語資料は決して書籍や雑誌、新聞のようなメディアだけを指しているのではない。言語資料とは有意味の記号を介しての表現のことであり、視覚・聴覚を対象とするさまざまな表現資料、映像資料も含めている。また、デジタルネットワークの導入を前提とする状況において、学校に取り入れられるだろうデジタルメディアも教育の素材として重要なものである。

アクティブラーニングが導入される高等教育の動向を分析した溝上慎一は「教授学習パラダイムの転換」が生じていると述べている。溝上の議論では、現代は知識経済社会であり、とくに「検索型の知識基盤社会」が到来しているとの認識を示し、これに対応するためには、学び手が「情報・知識リテラシー」をもつことの重要性について述べられている。[32] 筆者もまた、現代社会においては市民、学習者、研究者いずれもがそれぞれの状況に応じた情報リテラシーをもつことが必要であると論じた。[33] 第9章で触れた坂本旬のメディア情報教育学も同じ方向を示している。

こうしたコンテクストでの情報リテラシーとは、言語資料を中心とした学ぶための素材を学習者が自分で探し、評価し、使いこなせる能力のことである。従来型のカリキュラムでは学ぶべき知識内容は最初から提示されていた。あるいは、図10－1の第Ⅱ象限にあったように、教室で行うアクティブラーニングにおいても、最終的にそこで学びとる知識は最初から用意されているものである。これに対して、構成主義の立場の情報リテラシーあるいは情報・知識リテラシーは、得るべき知識を学び手自身が獲得することを前提にし、それを支援するためのさまざまな施設の構築や工夫を行うというものである。もともとアメリカの大学図書館員が自らの仕事を大学での教育研究過程に位置づけるためにつくった概念であるので、情報リテラシーの支援の中心には図書館がある。

ところで、これまで教育的な素材によって学習者が知識を獲得するという表現をしてきたが、これをより具体的に見ておきたい。まず、先に述べた言語力という要素が重要である。言語力は、リテラシーと言い換えてもいいかもしれないが、ロゴスの発動が論理的な言語表現ないし記号表現として作用することである。それはテクストから一定の論理を読み取り、またそれに応じて論理的に表現すること、さらに数や図形の概念を操作できること、あるいは科学の方法を学ぶことである。ＰＩＳＡの三つのリテラシーのテストはそうした能力の基礎的な部分を問うものである。これがしっかり身についていないと次の過程にスムーズに移行できないのである。言語や記号の論理的な操作能力が身につくことで、経験は知識に変換されることになる。

経験と知識の関係を、ナレッジマネジメントの領域では、「事実」から「知恵」に至る変移を示す三角形の図を使用して説明している[34]（図10－2）。この図においては、人が受け止めた経験を言語や記号で表現したものが事実であり、これにその事実の文脈が付与されて示されるのが情報である。情報を一定の実践的な目的に照らして体系的に収集して推論されたものが理解であり、そうした理解をさまざまな材料によって確信を深めることで得られるのが知識である。知識のなかでも時間の審判に耐え、有効性が示されてきたものが知恵である。そして、経営組織は、事実を情報に、情報を理解に、理解を知識に、知識を知恵に変換することによって、よりよい行動や意思決定をすることができるとされる。過程を上昇すると価値判断の領域になり、過程を下降すると量的には増え、客観性が重視されるものになる。

ナレッジマネジメントでは知が動的な階梯としてとらえられている。この考え方は経営組織に限らず、学習組織にも

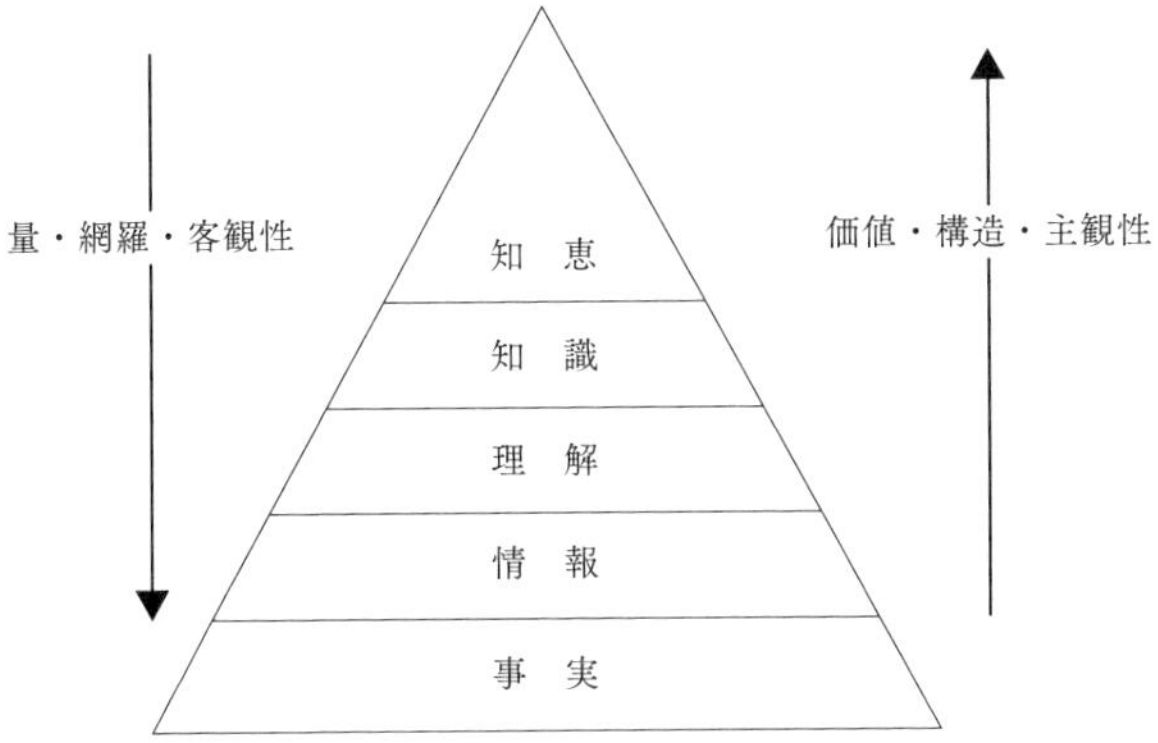

図 10-2　ナレッジマネジメントにおける知の階梯

そっくりそのままあてはまる。集められたデータを分析して情報にすることや、情報を体系化して知識にするのは、学習者が自分で目標を立て、自分で行う行為である。教育課程や教育方法はその行為ができるようにするための支援的な仕組みとなる。学習者が構築しようとする知識が、科学的知識や普遍的真理とされるものと一致するかどうかは保証されていない。だからといって外部から提示された科学的知識や普遍的真理を使用する限り、それは自らのものとはならない。情報、理解、知識、知恵を志向し、その際に、獲得する外部的な教育的素材と照らし合わせることが重要である。そのために学習者は言語力や分析能力をもつことが必要である。それも受動的ではなく、ロゴスによって表現することで主体的・能動的に知識を得ることができる。

さらにはこの階梯を上るためには、すでにあるデータ、情報、知識を評価して使い分ける情報リテラシーをもつことが重要である。学校においては、この過程を実現する場としての学校図書館、そして、これを学習過程として支援する専門職員が必要になる。このような過程において得られた知識は、その後時間をかけて自らの経験や他の知識と融合されて知恵となっていくはずである。

ＯＥＣＤ／ＤｅＳｅＣｏのコンピテンスの議論に含まれた三つのキー・コンピテンシーのうち、ＰＩＳＡで問われたリテラシー以外の「異質な人々からなる集団で相互にかかわりあう」「自律的に行動する」という部分は、このようなデータから知恵に至る動的な知識獲得プロセスにおのずと含まれる。こうして情報リテラシーはコンピテンスの学習理論ともうまく融合するものであることがわかる。この議論を踏まえると、ＩＣＴ活用も含めて、総合的なメディア情報リテラシーを学ぶ場に学校図書館がなりうるかが問われることになる。そのことは本章の最終節で論じることにしたい。

学力格差と教育改革

教育改革は常に学力問題と重ねて論じられる。それは、近代においては教育が社会的な階層的差異を作り出す要因として機能し、学習の動機づけに使われてきたからである。

明治政府は身分制度を廃止して四民平等を打ち立てた。他方、帝国主義的国際情勢に対しては軍備増強をはかるとともに、内的には産業立国による近代化政策を推進した。学校教育はこの政策において重要な位置づけを占める。まず普通教育を実施して国民に基本的なリテラシーを提供する。これにより近代国家を支える統率のとれた兵士と近代化の要員となる働き手とを生み出した。次に中等教育は、社会・組織の管理、秩序維持、人的再生産のための要員（公務員、事務員、警察官、教員など）を育成し、高等教育は国家や産業社会を支えるエリートを輩出するものとなった。身分制度が解消されているため、この学歴階梯を上るには、公平に学力を評価する試験に合格することが一番の道であった。これに対して、竹内洋のように、そもそも出発点で階層による文化資本や教育資本の格差があるのだから、あくまでも見かけの公平さにすぎないという意見もあるが、学校選択が大都市への人口集中と社会移動の重要な要因になったことは間違いない。(35)

こうした学習の動機づけが行われる前提として、知識を移転できるものとする実証主義の考え方があったことは言うまでもない。戦後新教育は実証主義を経験主義に転換できる機会ではあったが、独立を取り戻した日本国家は拒否し、以前のものに戻そうとした。その際に新教育が学力低下をもたらすという論理が用いられたが、その因果関係は明確ではない。学力低下は、戦災や疎開による混乱と新憲法下の制度改革の不安によるものであった可能性が強い。このときに、科学教育や数学教育、歴史教育に関わる大学研究者がこぞって新教育に反対する論陣を張った。大学研究者は、教科別の学習による系統主義教育の重要性を主張し、往々にして経験主義と、その後の構成主義に対する敵対者としての役割を果たすことになった。その後、総合学習や探究型学習を導入するといった変化はあったが、一般的には学力については基本的に教科別試験の成績に対する信頼は保持されたままであり、国際的な教育政策において主流を占める構成主義的な教育論は一部の教育学者が主張するものにすぎない。

一九八〇年代以降、文部科学省は国際情勢を踏まえながら、構成主義的知識観に基づく学習指導要領改革を推進しようとしたが、外部からの抵抗は大きかった。それは文化の基層に関わる相違が存在しているからである。先ほど述べたように、欧米における構成主義的な考え方は、古代ギリシア以来の言語＝知識観に基づく教育文化をベースにして、現在へと引き継がれている。一九世紀末にデューイが経験主義を唱えてから一世紀以上が経過して、十分な準備期間があったと言うことができる。だが、そこから遅れて近代化が始まった国々では社会統制手段として教育制度が用いられる傾向が強い。

ロナルド・ドーアは『学歴社会　新しい文明病』（一九七八年）で、開発途上国に特有であるが、教育機能が社会的な選別の道具になっていて、卒業証書のために競争する状況が世界的に進行していると警告を発した(36)。とくに東アジア諸国は中国の儒教思想と科挙の伝統があるために人々の意識のより深いところでこうした選別が作用している。だから、構成主義を日本に根づかせ、学力観を変化させるのには相当な時間がかかるものと考えなければならない。

根本的なカリキュラム改革は、新しいタイプの教員の養成・採用やすでにいる教員への研修、設備の新設やメディアの導入などに多大な費用がかかる。しかし、そうした費用をどのように公私で分担するのかについての議論は十分に行われていない。また、そのための入試改革の費用やカリキュラム改革のための費用を誰がどのように負担するのか、どの部分を改革するのかについては不明な点が少なくない。

これを考える際に二一世紀になって急激に進行した経済格差との関係が問題になる。経済格差が教育格差を生み、それがさらにまた経済格差につながるという循環構造がある。とくに従来型の学習の場合には、時間をかけ努力をするほど効果が上がることを前提にしていたので、私立学校への進学や塾・予備校通学など私的な費用負担の可否が反映して教育格差に結びついているとされた。

中澤渉は、国際的に日本社会が医療や高齢者福祉の支出水準が高いのに対し、公教育費の支出が低い理由として、教育が社会全体の利益（公益）ではなく、個人的な達成手段（私益）ととらえられているために、結果としての平等よりも手段としての平等を求める傾向があると指摘する。[37] すなわち公平性に基づいて達成度を測る物差しである指標を変えたくないという心理が強く働いてきたのである。入試改革に民間のものを導入しようとして、公平性などの点から抵抗を受けるのも、これが文化の根幹に関わる問題であるからであり、公私の分担にとどまらない議論が必要になる。

しかしながら、現在の教育改革の方向性は、学ぶことが喜びになるようなオーセンティックな学び（本物の学び）をすることで教育それ自体の充実を目的としている。学び方を変えても、教育的選抜の社会構造的位置づけに関しては従来通りであり、結果の平等性を志向しているのではない。巨額の国債発行によって支えられている国費による高等教育を含んだ無償化を議論するよりも、学び方を変えることに対する財政支出の方が、国民感情に沿った改革になるものと考えられる。

問題はどのような学びが喜びになるのかということである。そこでは学び手が使用する教育資源をどのようにとらえるかが重要である。自らの直接経験、そして周りの家族や友人、隣人、所属コミュニティの人々との交流、知の階梯の上の方を担当する学術教育機関、といったものが教育的な素材となって、自らが学びの階梯を上っていくためには、それを媒介するための仕組みが必要であり、そうしたものに改革の焦点を合わせるべきである。それが学校図書館である。

4　来るべき学校図書館職員論のためのメモ

本書の概要

これまで述べてきた論理の流れを箇条書きで示しておこう。

①世界的に見て教育方法および教育課程は、知識に関する伝達主義の伝統的モデルから構成主義モデルへと変化し

つつあり、欧米では二〇世紀のうちにそれが進展した。OECDやユネスコのような国際機関はそれをさらにグローバルに展開しようとしている。PISAはその一部を担うものである。

②この構成主義教育においては、読解力をはじめとする言語を介したリテラシーが重要な要素となっている。その起源を辿れば哲学的対話法を前提とする古代ギリシア哲学に遡ることができる。そうした言語論的前提において一貫して重視されるのは、学び手が自分で読んで書き議論する行為を通して、自分自身の考え方を作り出すことである。

③こうした学びを支えるものは、自らの経験を反復しながら知識として構成する際に参照する教育的な言語素材である。言語素材は現在では教材としての教育メディアと呼ばれるものであるが、これを制度的に提供する仕組みが必要である。だからそのための有用な教育装置として学校図書館が存在し、そこには学び手に教育的な媒介機能を果たす専門的職員が必要である。

④本書で検討してきたフランスの中等教育の学校では一校につき一—二人の司書教諭にあたる専任職員が配置されている。アメリカのハワイ州では基本的に学校司書一人と補助的職員一人が配置されている。フィンランドは専門の司書が配置された公共図書館が学校図書館の役割も果たすのが一般的である。また、国際バカロレアにおいても、学校図書館を制度化することが基本になっている。

⑤他方、日本では、戦後教育改革の際に言語教育や経験主義的教育方法が検討され、学校図書館についても一部の学校で積極的に研究され、文部省も途中までは専任司書教諭の導入も含めて制度化をしようとした形跡がある。だが、占領の終了と冷戦体制の開始を背景とした一九五五年の保守合同による一党支配体制により、教育課程行政は系統主義を前提とするものに戻され、学校図書館法は成立したが、その実質的制度化はきわめて限定されたものになった。

⑥教育課程においては一九八〇年代以降、たびたび経験主義的な総合学習や探究型学習の導入が行われるが、そのたびに学力低下を理由とする批判にさらされて、安定して続けることができなかった。ただ、専門的職員を置い

て学校図書館を教育課程に組み込みながら探究型の学習活動を進めた学校は少数ではあったが存在している。

⑦探究型学習を実施している学校で教育効果が上がっているという報告はあるし、地域全体で探究型学習を政策的に実施している自治体においてもプラスの効果を指摘する人は多い。その効果は、自分を表現する力や集中力や意欲、自己肯定感などの側面で見られ、上級学校への進学実績に結びついているとの声もある。

⑧その後の学校図書館法の改訂により、司書教諭の一二学級以上の学校への義務的配置が制度化され、学校司書の法的認知が進んでいる。一九六〇年代から七〇年代には都道府県によっては専任司書教諭を配置したところもあったがうまくいかなかった。それでも私立学校には専任司書教諭が配置されているところがあるし、公立高校では専任司書を配置している学校は多い。それ以外は、実質的な勤務体制がつくられていない司書教諭と、非正規職員が多い学校司書の組み合わせによる職員体制では教育制度として中途半端である。

新学習指導要領における探究学習と学校図書館

二〇一七年三月に公示された学習指導要領は学校図書館配置の方向を導くものになるだろうか。[38] 全体の傾向としては、まず「生きる力」という概念を前面に出して、「何ができるようになるか」を明確に示している。その際に、知識及び技能、思考力・判断力・表現力、そして学びに向かう力・人間性の三つの柱によって内容を整理している。その際の合言葉は「主体的・対話的で深い学び」というものである。ここには、先に検討してきたコンピテンスの考え方が色濃く反映されている。つまり、学校内だけでなくて、上級学校や社会でも使えるための実践的な力を重視する考え方である。

これを実現する際に必要なこととして、カリキュラム・マネジメントの確立を挙げている。カリキュラム・マネジメントは、学校全体として、教育内容や時間の適切な配分、必要な人的・物的体制の確保、実施状況に基づく改善などを通して、教育課程に基づく教育活動の質を向上させ、学習の効果の最大化をはかるものとされている。

学習内容の点で見逃せないのは、学習の基盤となる資質・能力として言語能力、情報活用能力、問題発見・解決能力や、現代的な課題に対応できる資質・能力の育成のために、教科横断的な学習を充実することを挙げていることである。

国語教育において、語彙の確実な習得、意見とその根拠をおさえ、具体と抽象を区別するなど、情報を正確に理解し適切に表現する力としての言語能力の確実な育成をすることを強調し、各教科を横断して、実験レポートの作成、立場や根拠を明確にして議論することといった言語活動のための学習が強調されている。

高校だと、さらには高大接続や生涯学習を前提として、情報教育、主権者教育、消費者教育などが強調されている。そこでは、公民や特別活動、地理歴史といった科目において資料を読み解き報告書にまとめ、発表するなどの学習や、情報教育や理数教育ではデータを収集し、分析するためのデータサイエンスや統計教育を行うことが示されている。さらには、学術研究との連続性や社会に出ることを想定して理数科目や地理歴史には探究的科目の設置が示され、教科横断的な「総合的な探究の時間」がつくられている。

新学習指導要領は、全面的に、コンピテンスの考え方を取り入れており、以前のものと比べても大きな進展があるように見える。本書でこれまで述べてきた諸外国の教育改革の動向を積極的に取り入れたものと言うことができる。しかしながら、カリキュラム・マネジメントという概念を提示しただけで容易に実現できるとは考えられない。なぜなら、すでに述べたようにこうした構成主義的なカリキュラムは、前提として学び手の言語能力が形成されている必要があるが、その形成は人間形成の根本に関わるものであるため短期的に達成することができないからである。何よりも教育者側の意識の変革が必要であるため、自らがこのような構成主義カリキュラムで学んだ人が教員になるまでに時間がかかる。それも何世代もそのサイクルを繰り返すことでようやく定着していく性質のものである。

新しい学習指導要領における学校図書館については、小中高ともに、教育課程の実施と学習評価の項目のところに、「学校図書館を計画的に利用しその機能の活用を図り、児童の主体的・対話的で深い学びの実現に向けた授業改善に生かすとともに、児童の自主的、自発的な学習活動や読書活動を充実すること」（小学校）という記述があり、学校図書館の利用を視野に入れた教育課程を組もうとしていることがわかる。ほかには教科ごとに学校図書館に触れた項目がある。小中学校では、国語、社会、美術、総合的な学習の時間、特別活動で、高校では、国語、公民、書道、美術、特別活動、地理歴史、音楽、総合的な探究の時間で学校図書館に触れている。

探究型の教育課程が全面的に導入されているため、学校図書館についての記述が増えていることは確かである。だが、そうした個々の教科、単元のなかで学校図書館がどのように関わるのかについては具体的に書かれているわけではない。とくに、実質的に学校司書の手による学校図書館の運用が行われるわけだが、その際に教員と学校司書の連携協力がどのように行われるのかについては示されていない。

新しい学校図書館専門職員制度を考えるために

探究型学習を導く構成主義教育はアメリカでの経験主義新教育に始まって一世紀をかけてヨーロッパに浸透し、さらには国際機関を通じて世界中に拡まりつつある。その教育学的前提は、学習者が知を獲得するために言語的素材を自在に使いこなす能力（コンピテンス）をもつことと、それを知的探究につなげるための学習方法を確立することである。これら二つの側面のいずれにおいても、言語資料を中心としたメディアを扱う学校図書館は必須の要素となるはずである。今、確かなこととして言えるのは、構成主義の教育を行うためのインフラのうち、学校図書館については、日本においてもすでにすべての学校に設置されていて、職員配置も進み、半世紀以上のノウハウの蓄積もあるということである。つまり、新たに一から整備する必要はないということである。学校図書館の整備とそれを行う専門職員のしっかりとした配置は新しい学びの方法、読解力の向上、教育メディアの導入、学びの場の提供などの点で大いに貢献するはずである。これまでの中途半端さを克服して、これを教育改革に活かさない手はあるまい。

その際の学校図書館の具体的な機能と整備の方向性に関して、本書で詳述する余裕はない。さしあたっては、二〇一六年一一月に、文部科学省「学校図書館の整備充実に関する調査研究協力者会議」が提案した「学校図書館ガイドライン」、および会議の座長を務めた堀川照代による解説書を参照すべきである[39]。このガイドラインは、本書の第2章、第3章で言及した文部省「学校図書館基準」（一九四九年、一九五九年改訂）の六〇年ぶりの改訂版に相当するものと考えられる。また、新しい教育改革の動向を踏まえて、本書と類似の視点から学校図書館論を展開している著作として、塩見昇や鎌田和宏、稲井達也らのものがあるので合わせて参照するとよい[40]。

学校図書館について議論するときに、専門職員養成の問題を避けて通れない。最後に職員問題の今後の課題について簡単に触れておこう。

学校司書の制度化の過程で国が直接運用する資格制度とすることが見送られたのは、本書でこれまで述べたように教育課程論としての学校図書館の役割の議論が不足し、教育関係者にその必要性の認識が十分になかったからである。筆者は、現在の司書教諭と学校司書の二職種併存の状況は過渡期のものであり、教育改革に資する学校図書館の役割が広く認知されることにより、将来的にはこれを一つのものに統合的に発展させることが可能になると考える。

その道は大まかには次の四つが考えられる。

まず、現行の司書養成、司書教諭養成、そして議論中の学校司書養成を踏まえた、統合的なプラン（プラン1）が考えられる。教員免許状をもった学校司書というイメージである。学校司書の資格が司書および司書教諭の教育課程を合わせたものに若干新しい科目を加えることで成り立っていることから、これは比較的実現しやすいものだろう。第二に、第9章で紹介したLIPER学校図書館班の提案（プラン2）がある。ここで提案した「学校内情報メディア専門職」は教育課程に関わることができる図書館情報専門職であり、さらに、学校で使用する情報メディア全般を扱えることができる専門的トレーニングを経た専門職である。プラン1の発展系としてとらえることができる。

さらには、学校図書館専門職員の養成・配置制度を一から作り直すことも視野に入れるとすれば、その際にも、アメリカのスクールライブラリアン養成制度のような司書養成をベースにする考え方（プラン3）とフランスのドキュマンタリスト教員（PD）のように教員養成に位置づける考え方（プラン4）がある。[41]

学校図書館専門職を考える際には、この職が図書館職と教育職の中間にあって両者の性格をもつことと、職制上どちらかに位置づけざるをえない場合でも他方の専門性を十分に実現できることに配慮する必要がある。LIPER学校図書館班の報告にあった、教育メディアを扱える専門職務も含めた情報専門職の考え方はプラン2だけでなく、他のプランでも十分に検討に値する考え方である。また、フランスでリセ、コレージュに二人のドキュマンタリスト教員を配置していたり、アメリカでスクールライブラリアンに加えて専門的訓練を受けた学校図書館補助職が配置されていたりすることを踏まえ、複数の職員配置も制度化することも視野に入れておく必要がある。[42]

今のところ、それぞれに実現可能性や他の制度との整合性などに一長一短がある。だが、本書で述べたような、学校教育の教育課程に必要な理論的前提、歴史的経緯、国際的な動向を踏まえ継続した議論をしていく必要があるだろう。教育改革が世紀をまたぐような長期的なプランによって構想され実現されていくものであることを忘れてはならない。

注

（1）今井福司『日本占領期の学校図書館——アメリカ学校図書館導入の歴史』勉誠出版、二〇一六年。

（2）日本の現行の学力テストがいかに「教育的でないか」については次の文献を参照。北野秋男・下司晶・小笠原喜康『現代学力テスト批判——実態調査・思想・認識論からのアプローチ』東信堂、二〇一八年。

（3）詳しくは、安藤友張「1960年代の日本における文部省の学校図書館施策と学校図書館法改正論議」『九州国際大学教養研究』第二二巻第三号、二〇一五年、一—二三ページ。

（4）日本では、アメリカ的な意味での専門職が成立する条件は著しく制限されている。そのため、専門職は行政と関係団体によるパワーポリティクス状況のなかでつくられる。筆者はかつて司書職についてそのような検討をしたことがある。根本彰・松本直樹・青柳英治「日本的専門職養成構造における司書の位置づけ——「管理栄養士」「臨床心理士」との比較において」『生涯学習基盤経営研究』第三七号、二〇一二年、五七—七一ページ。しかしながら、ここではそうした制度構築的議論ではなく、すでに存在している学校図書館法という法的制度に見出される論理矛盾を指摘し、これを解消するための方策のことを指している。

（5）以下の数値はすべて、「2017年学校図書館調査報告・全国SLA調査部」（『学校図書館』第八〇五号、二〇一七年、四八—五二ページ）に基づく。なお表4-3（一五二ページ）に示している。

（6）佐藤学『学びの快楽——ダイアローグへ』世織書房、一九九九年、四三—四四ページ。

（7）ジョン・デューイ『経験と教育』（市村尚久訳）講談社、二〇〇四年、「第7章　教材の進歩主義的組織化」。

（8）佐藤学『教育方法学』岩波書店、一九九六年、六〇—七〇ページ。

（9）梶田正巳編『授業の知——学校と大学の教育革新』有斐閣、二〇〇四年、四三—六三ページ。

（10）久保田賢一『構成主義パラダイムと学習環境デザイン』関西大学出版部、二〇〇〇年、四二ページ。

(11) 久保田賢一「構成主義が投げかける新しい教育」『コンピュータ&エデュケーション』第一五号、二〇〇三年、一四―一五ページ。

(12) 綾井桜子『教養の揺らぎとフランス近代――知の教育をめぐる思想』勁草書房、二〇一七年。

(13)「ロゴス」によって人間の考えを表現できるというとらえ方が西欧思想の基盤にあることをロゴス中心主義 logocentrism と呼んで批判したのは、二〇世紀のポスト構造主義を主導した哲学者の一人であるジャック・デリダであった。一九七〇年代にリセにおける哲学教育の廃止の議論に対して、彼がそれを継続する運動に関わったことについては、高橋哲哉『デリダ――脱構築と正義』(講談社、二〇一五年)を参照。そこから読み取れるのは、彼がロゴス中心主義を克服するための思想が哲学教育で展開できると考えていたことである。

(14) 書き言葉が自律して存在しうることを主張するためにロゴスが方法的な概念になりうることについて、さしあたっては廣川洋一『ギリシア人の教育――教養とはなにか』(岩波書店、一九九〇年)および森田伸子編『言語と教育をめぐる思想史』(勁草書房、二〇一三年)を参照。また、言葉がもつ力が日本においてまったく異なった現れ方をしていることについて、鎌田東二『言霊の思想』(青土社、二〇一七年)を参照。図書館や文書館が社会制度として成り立つためには、今後、書き言葉に対する西欧的(一神教的)な思想が前提となっていたことを明らかにしていかなければならないと同時に、日本ではロゴスに還元されない言葉の作用を明示化しないと、教育と図書館との関係をうまく構築することはできないだろう。これについては今後の課題としたい。

(15) 浜本純逸「言語技術教育の歴史」『現代教育科学』第三三巻第九号、一九九〇年、四一―四七ページ。

(16) 八木雄一郎「「言語編」「文学編」分冊教科書の関連性に関する考察」『人文科教育研究』(筑波大学)第三二号、二〇〇五、七九―八七ページ。

(17) ジーン・レイヴ、エティエンヌ・ウェンガー『状況に埋め込まれた学習――正統的状況参加』(福島真人訳)産業図書、一九九三年。

(18) ピーター・バーク『知識の社会史――知はいかにして商品化したか』(井山弘幸・城戸淳訳)新曜社、二〇〇四年、三七ページ。

(19) 桂啓壮「フィンランド図書館の教育への貢献」『人文社会科学論叢』(宮城学院女子大学人文社会研究所)第二二号、二〇一三年、一―一七ページ。

(20) 福田誠治『競争やめたら学力世界一――フィンランド教育の成功』朝日新聞社、二〇〇六年。

（21）「国際バカロレアのプログラム」（文部科学省ウェブサイト、http://www.mext.go.jp/a_menu/kokusai/ib/1308000.htm）。

（22）Wendy Heydorn, Susan Jesudason『ＴＯＫ（知の理論）を解読する――教科を超えた知識の探究』Ｚ会編集部、二〇一六年。

（23）International Baccalaureate Organization, *Ideal Libraries: A Guide for Schools*, International Baccalaureate Organzation (UK), 2018. また、概説書に次のものがある。Anthony Tilke, *The Internatinal Baccalaureate Diploma Program and the School Library: Inquiry-Based Education*, Libraries Unlimited, 2011.

（24）ＯＥＣＤ『ＯＥＣＤ生徒の学習到達度調査――２０１５年調査国際結果の要約』文部科学省国立教育政策研究所、二〇一六年（http://www.nier.go.jp/kokusai/pisa/pdf/2015/03_result.pdf）。

（25）ＯＥＣＤ『ＯＥＣＤ生徒の学習到達度調査～ＰＩＳＡ調査問題例』文部科学省国立教育政策研究所、二〇一三年（http://www.nier.go.jp/kokusai/pisa/pdf/pisa2012_examples.pdf p.21-22）。

（26）ＯＥＣＤ『ＯＥＣＤ生徒の学習到達度調査』前掲。

（27）市川伸一『学力低下論争』筑摩書房、二〇〇二年。

（28）なお、この三つのキー・コンピテンシー概念がやや変形されて「主体的、対話的で深い学び」という、今次の学習指導要領を形容するための文部科学省のスローガンと対応している。

（29）松下佳代「序章〈新しい能力〉と教育」松下佳代編『〈新しい能力〉は教育を変えるか――学力・リテラシー・コンピテンシー』ミネルヴァ書房、二〇一〇年、二〇―二二ページ。

（30）福田誠治『ネオリベラリル期教育の思想と構造――書き換えられた教育の原理』東信堂、二〇一七年、二二〇ページ。この大部の著書は、二〇世紀末から二一世紀初頭にかけてのＯＥＣＤ、ユネスコ、ユニセフなどのグローバルな教育政策形成を批判的に検討した上で、今後の日本の教育もそのコンテクストに置くことで考察すべきことを主張している。

（31）教育課程研究会『アクティブ・ラーニングを考える』東洋館出版社、二〇一六年、一三七ページ。

（32）溝上慎一『アクティブラーニングと教授学習パラダイムの転換』東信堂、二〇一四年、五四―五九ページ。

（33）根本彰『情報リテラシーのための図書館――日本の教育制度と図書館の改革』みすず書房、二〇一七年。

（34）根本、同右、六一ページ。溝上、前掲、六一ページでもう少し簡略化されたかたちで同様の図が示されている。もともとの出典は、Michael B. Eisenberg et al., *Information Literacy: Essential Skills for the Information Age*, 2nd ed. Libraries Unlimited, 2004.

（35）竹内洋『学歴貴族の栄光と挫折』（日本の近代12）中央公論新社、一九九九年。

(36) ロナルド・ドーア『学歴社会　新しい文明病』（松居弘道訳）岩波書店、一九七八年。

(37) 中澤渉『なぜ日本の公教育費は少ないのか――教育の公的役割を問いなおす』勁草書房、二〇一四年。

(38) 「学習指導要領「生きる力」」文部科学省初等中等教育局（http://www.mext.go.jp/a_menu/shotou/new-cs/1384661.htm）。また、この学習指導要領についての「改訂のポイント」が示されていて同時に参照できる（http://www.mext.go.jp/a_menu/shotou/new-cs/1384662.htm）。

(39) 堀川照代『「学校図書館ガイドライン」活用ハンドブック　解説編』悠行堂、二〇一八年。

(40) 塩見昇『学校図書館の教育力を活かす――学校を変える可能性』日本図書館協会、二〇一六年。鎌田和宏『入門・情報リテラシーを育てる授業づくり――教室・学校図書館・ネット空間を結んで』少年写真新聞社、二〇一六年。稲井達也『資質・能力を育てる学校図書館活用デザイン――「主体的・対話的で深い学び」の実現』学事出版、二〇一七年。

(41) 二〇一八年一〇月より、文部科学省の機構改革が行われ、これまで生涯学習政策局にあった公共図書館行政と初等中等教育局にあった学校図書館行政の管轄が、新設の総合教育政策局地域学習推進課のもとに統合された。このことが何を意味するのかは、まだ不明なことが多い。しかしながら、地域において公共図書館と学校図書館が同一の行政的基盤で扱われ、司書と学校司書の関係も扱いやすくなるかもしれない。それでも、学校図書館専門職の制度をしっかりつくらなければならないだろう。

(42) すでに高校で専任司書の配置が進んでいる状況があること、新学習指導要領の高校の部において高大接続および外部社会との連携を前提にした探究型学習の実施が強調されていること、フランスでリセ、コレージュにのみドキュメンタリスト教員が配置されている状況があることなどに鑑みて、戦略的に、高校から学校図書館専門職員を配置するプランを優先する考え方を選択することもありうるかもしれない。ただし、その場合も、小学校であっても言語力を重視する学習を支援する専門職員の配置は必要である。

初出一覧

（既発表の文章をベースにしている部分がある。それぞれにかなりの修正および書き足しを行っている。）

第1章　戦後学校図書館制度成立期研究の現状

1節、4節、5節書き下ろし

2節「序文」中村百合子『占領下日本の学校図書館改革――アメリカの学校図書館の受容』慶應義塾大学出版会、二〇〇九年、i―viページ

3節「序文」今井福司『日本占領期の学校図書館――アメリカ学校図書館導入の歴史』勉誠出版、二〇一六年、一―五ページ

第2章　占領期における教育改革と学校図書館職員問題

『戦後教育文化政策における図書館政策の位置づけに関する歴史的研究』平成一四年度・一五年度科学研究費補助金研究成果報告書、東京大学大学院教育学研究科図書館情報学研究室、二〇〇五年、一―二二ページ

第3章　戦後教育の出発と学校図書館の関係

書き下ろし。ただし次の文章を一部使用。

「IFEL図書館学講習について」『占領期教育指導者講習会研究集録　昭和25年度　図書館学』すずさわ書店、二〇〇一年、三―一〇ページ

第4章　学校図書館における「人」の問題

「学校図書館における「人」の問題――教育改革における学校図書館の位置づけの検討を通して」日本図書館情報学会研究委員会編『学校図書館メディアセンター論の構築に向けて』勉誠出版、二〇〇五年、一九―四三ページ

第5章　教育改革と学校図書館の関係を考える

1節「学校教育と図書館の関係に寄せて――物語からの脱却」『月刊国語教育』第二七巻第五号、二〇〇七年、一二―一五ページ

2節「学校図書館の重要性を示唆する新指導要領」『学校図書館』第六九三号、二〇〇八年、一五―一八ページ

3節「学校図書館問題への一つの視点」『学校図書館』第六八七号、二〇〇八年、一六―一七ページ

4節「21世紀の学校図書館理論は可能か」『学校図書館』第七二三号、二〇一一年、二〇―二二ページ、四一ページ

第6章　教育改革と学校図書館制度確立のための調査報告

1節、3節　次の文献の第1章および調査の概要をまとめ直した。
根本彰編『探究学習と図書館――調べる学習コンクールがもたらす効果』学文社、二〇一二年
2節　大学院生との共同研究による次の調査の概要をまとめ直した。
松田ユリ子・今井福司・金昭英・根本彰「現行学習指導要領における探究型学習の現状分析――学校図書館とのかかわりから」『東京大学大学院教育学研究科附属学校教育高度化センター「学校教育の質の向上」プロジェクト平成20年度報告書』東京大学大学院教育学研究科附属学校教育高度化センター、二〇〇九年、一―四九ページ
第7章　フランス教育における学校図書館CDI
根本彰・足立幸子「フランス共和国調査報告」『子どもの読書活動と人材育成に関する調査研究【外国調査ワーキンググループ】報告書』国立青少年教育振興機構、二〇一三年、八三―一〇八ページ
第8章　米国ハワイ州の図書館サービスと専門職養成システム
「米国ハワイ州の図書館サービスと専門職養成システム」『図書館界』第六八巻第一号、二〇一六年、二―一四ページ
第9章　学校内情報メディア専門職の可能性
次の研究報告の概要をまとめ直した。
「第一部研究成果報告　V学校図書館班」LIPER報告書（2006-01-23）http://old.jslis.jp/liper/report06/report.htm
第10章　日本の教育改革の課題と学校図書館の可能性
書き下ろし。ただし次の文章を一部使用
「探究学習のあり方と学校図書館」東京大学教育学部カリキュラム・イノベーション研究会編『カリキュラム・イノベーション――新しい学びの創造へ向けて』東京大学出版会、二〇一五年、七七―九三ページ

あとがき

四〇年前に大学院で図書館情報学研究の道に入るにあたって「図書館」は所与の対象だった。これまで所属した東京大学、図書館情報大学（現筑波大学）、そして慶應義塾大学のいずれも第二次大戦後に図書館員養成のための教育研究組織ができたところだから、そこに居れば図書館について語ることは前提だった。図書館関係者に対して語りかければそれなりの反応があった。しかしながら、一歩、図書館という場を離れてみれば、図書館をテーマに語る機会は稀にしかないことを痛感せざるをえなかった。中央官庁しかり、地方自治体しかり、大学しかり、学校しかり。図書館は存在していてもそれぞれの組織が存続するのに不可欠な機能をもった機関であるものとして認知されたり、図書館員が専門職として活躍する場が用意されたりしていることは少なかった。その状況は二〇世紀が終わる頃に新公共経営論が導入されると、ますます困難さを極めていった。日本の公共セクターでは、図書館を通じた知の共有という観念そのものが存在しないのではないかと嘆くことが多かった。

図書館の学問は占領期にアメリカから与えられたものだった。あちらで常識とされていることを実践しようとしても日本では例外的となる事例を多々見ているうちに、何かが根本的に違っているのではないかと思うようになった。そして、還暦を過ぎて初めて自分が何にいらだっていたのかがわかってきた。それは日本社会における書き言葉の作用が、近代以降モデルとしてきた西欧社会と似ているようでもっとも基本的なところで違っているのではないかということである。

近年、日本の官公庁で、法の趣旨に反する公文書の取り扱いが政治問題になる状況がたびたび報道されるが、これこそが公文書（組織として書き残されたもの）が本来の位置づけと異なっていることを示している。公文書は法に基づく行政行為の証拠である。組織で何らかの重要なやりとりなり意思決定が生じれば、その記録としての公文書を残すことが西欧社会の常識である。それが何かを実行した証しとなり、時間がたてば次に何かを行うための参照すべき先例になるし、歴史的な検証をするための史料ともなる。こういう考え方が公文書および公文書館の思想の根幹にあるわけだが、日本ではそうした書かれたものへの絶対的信頼がないように見える。むしろ、公文書を操作すること自体が行政ないし政治の手段とされている。また、日本の社会科学も歴史学もこれまでそうした日本社会の特質を前提として扱ってきたことがあることも否定できない。

そして、これは図書館に対する信頼感のなさと同根ということができる。日本の近代社会において間違いなく書物に対する信頼はあった。だが、書物を社会的に共同利用するための機関である図書館は軽んじられてきた。この状況を説明するための私の仮説は、明治以来、上からの啓蒙と社会的達成の手段となった学校教育制度により、正典としての書物(古典であったり教科書であったりするもの)の流通で十分という考え方が形成され、書物と利用者を自由に媒介する機関としての図書館の発展を妨げたというものである。

このような見極めがつけばやるべきことは必然的に見いだせる。書物の扱いを狭いところに閉じ込めてきたという歴史的事実を検証し、それを解放することである。本書では、学校教育を対象にして情報アクセスのための装置である学校図書館がどのように扱われてきたのか、今の教育改革の動向に照らして今後どのように展開すべきかについて述べた。すでに行ってきた占領期を中心とする歴史研究を出発点に、その後の教育政策をレビューしながら、フランスとアメリカの実地調査を交えて、今後の学校図書館の展開についてまとめた。その際には歴史的展開を探ることと外国の事例を参照軸にすることを意識した。従来の学校図書館研究では、アメリカの学校図書館が占領期に導入されて以来の重要な参照軸であったが、本書ではさらにフランスを取り上げた。フランスの教育制度は明治政府が行政制度をつくるときに参考にしたものであり、中央集権的な枠組みはよく似ているが、そこでの教授と学びの方法はかなり違っているところがあった。だが、よく見るとフランスは二〇世紀後半にアメリカの影響を強く受けて学びの方法を変えたときに、学校図書館制度を大幅に充実させたことがわかった。フランスを見ることで制度は変えうることを示したいのである。

本書を書き終えた今、今後の研究課題の一つは知へのアクセス方法と学習理論との関係を明らかにすることである。本書の最後の章で、言語論的前提について述べた。結局のところは、西欧哲学のもっとも根本的なところにあるロゴスを意識するところでしか学びの問題は解決できないとの確信に達したからである。西欧的な言語観と、間人主義や言霊思想の存在を前提とする日本人の言語観に相容れないところがあり、それは新しい学習指導要領に対する評価のなかでも厳しい対立をもたらしている。これを止揚するところにしか、学校図書館を要請するような教育課程は生まれないと考える。

本書は過去二〇年間に個別に実施した研究に、書き下ろしの章（3章、10章）を加えてまとめ直したものである。もとになった研究のいくつかは共同研究者なしに進めることはできなかった。それらの方々に改めて御礼申し上げる。また、東京大学出版会の木村素明さんには本書の企画から刊行に至るまで一貫してお世話をいただいた。御礼申し上げたい。

最後に、卒寿を過ぎてなお矍鑠たる両親に本書を捧げる。中学校教師だった父と専業主婦だった母は私たち兄弟を特別な教育的な働きかけをすることもなくごく自然に育ててくれた。そのことがもつ意味は、家を離れて四五年を経た今、本書を書くことで示せたと思う。

根本　彰

事項索引

さ行

人名索引

根本　彰（ねもと・あきら）

1954年生．慶應義塾大学文学部教授，東京大学名誉教授．専門は，図書館情報学，教育学．著書に，『情報リテラシーのための図書館――日本の教育制度と図書館の改革』（みすず書房，2017）『理想の図書館とは何か――知の公共性をめぐって』（ミネルヴァ書房，2011）『探究学習と図書館――調べる学習コンクールがもたらす効果』（編著，学文社，2012）『シリーズ図書館情報学』全3巻（編著，東京大学出版会，2013）など．

教育改革のための学校図書館

2019年 6 月27日　初　版

［検印廃止］

著　者　根本　彰

発行所　一般財団法人　東京大学出版会

代表者　吉見俊哉

153-0041 東京都目黒区駒場4-5-29

http://www.utp.or.jp/

電話 03-6407-1069　Fax 03-6407-1991

振替 00160-6-59964

装　幀　水戸部功

組　版　有限会社プログレス

印刷所　株式会社ヒライ

製本所　牧製本印刷株式会社

ISBN 978-4-13-001008-5　Printed in Japan